RITUAL DE LA INICIACIÓN CRISTIANA DE ADULTOS

RITUAL ROMANO

REFORMADO POR MANDATO DEL CONCILIO VATICANO II
Y PROMULGADO POR SU SANTIDAD PABLO VI

RITUAL DE LA INICIACIÓN CRISTIANA DE ADULTOS

TRADUCCIÓN AL ESPAÑOL DE ACUERDO A LA EDICIÓN TÍPICA

Para el uso en las diócesis de los Estados Unidos de América

Aprobado por la
Conferencia de Obispos Católicos de los Estados Unidos
y confirmado por la Sede Apostólica

2024

Concordat cum originali:
✠ Steven J. Lopes
Presidente, Comité sobre el Culto Divino de USCCB
después de la revisión por el Rev. Dustin P. Dought
Director Ejecutivo, Secretariado del Culto Divino de USCCB

Imprimatur:
✠ Most Rev. Patrick M. Neary, C.S.C., Bishop of St. Cloud, September 13, 2024

La Conferencia de Obispos Católicos de los Estados Unidos reconoce la ayuda de la Comisión Episcopal Española de Liturgia en la traducción original (1976) de esta obra.

El diseño de la cubierta por Monica Bokinskie.

Library of Congress Control Number: 2024940793

ISBN 978-0-8146-8955-4

ÍNDICE

PRESENTACIÓN DE LA EDICIÓN REVISADA

Por su muerte y resurrección, Cristo ha abierto para nosotros un manantial de santidad y gracia. Este don se pone a nuestra disposición de manera especialmente poderosa en los sacramentos de la Iglesia. Los sacramentos de Iniciación son aquellos a través de los cuales los cristianos reciben el nacimiento, el crecimiento y la nutrición. Ya sea que se celebren en la Pascua o en algún otro momento del año, estos sacramentos proporcionan a la Iglesia un nuevo nacimiento en Cristo a través del agua y del Espíritu Santo.

Una revisión de la historia de la edición inglesa utilizada en los Estados Unidos arroja luz sobre la producción de la primera traducción provisional al español y de este nuevo texto definitivo. Siguiendo el mandato del Concilio Vaticano II de reformar los ritos bautismales de adultos en la Iglesia católica, la edición típica latina del *Ordo initiationis christianæ adultorum* se publicó en 1972, y su primera traducción provisional al inglés se utilizó en este país desde 1974 a 1988. Las experiencias aprendidas en ese tiempo llevaron a la Comisión Internacional para el Inglés en la Liturgia (ICEL, por sus siglas en inglés) a preparar una edición más completa en 1985: todo el texto fue traducido de nuevo, su contenido fue reorganizado en un orden pastoralmente más útil, los textos de otros libros litúrgicos fueron introducidos y referenciados, y se agregó un "rito combinado" de la celebración de la Vigilia Pascual tanto de los sacramentos de Iniciación como del Rito de recepción. Para realzar aún más el excelente trabajo de ICEL, se incorporaron las adaptaciones rituales y textuales aprobadas por los obispos de los Estados Unidos, y se agregaron diez ritos adicionales para su uso en este país.

Casi al mismo tiempo, se determinó que la nueva disposición del ritual de Iniciación en inglés también debería implementarse en español. Utilizando como texto base la traducción aprobada para España en 1976, el Subcomité para los Hispanos en la Liturgia reorganizó cuidadosamente los contenidos y adaptó la traducción para una mayor armonía con la edición inglesa. La traducción provisional al español fue aprobada en 1990.

A lo largo de estos últimos 30 años, el Pueblo de Dios ha sido bien servido por el *Rito de la Iniciación Cristiana de Adultos,* que fue implementado por los obispos de los Estados Unidos en 1991. Los rituales han ayudado a innumerables hombres, mujeres y niños a llegar a conocer a

Jesucristo en su Iglesia a medida que avanzaban a través de los pasos que conducen a la Iniciación. Estamos agradecidos por este crecimiento y renovación, y estamos en deuda con los numerosos hombres y mujeres que se han dedicado a ayudar a sus pastores con este proceso.

Esta edición revisada al español, el *Ritual de la Iniciación cristiana de adultos*, conserva sustancialmente la traducción utilizada desde 1990, aunque ahora se han corregido varios errores que se descubrieron a lo largo de los años. Aprobada por los obispos en 2021 y confirmada por la Santa Sede en 2024, esta traducción también mantiene el orden de la edición anterior al español. La numeración es idéntica a la edición anterior, y se han conservado las adaptaciones estadounidenses aprobadas previamente. Sin embargo, la traducción es ahora coherente con la tercera edición del *Misal Romano* y las traducciones actuales al español del *Ritual para el Bautismo de los niños* y el *Ritual para la Confirmación*.

También se han introducido algunas modificaciones, destinadas a apoyar el uso pastoral del libro. Por ejemplo, la traducción al español de 1990, al igual que la edición latina, utiliza el término "candidato" en un sentido amplio para referirse a cualquier persona que se prepara para atravesar un paso en el proceso o para recibir un sacramento. Para corresponder mejor a la práctica pastoral común en este país, esta edición reserva ahora ese término para su uso solo en referencia a una persona bautizada que se está preparando para recibir los otros sacramentos de Iniciación. En otras instancias, el término ha sido reemplazado por una alternativa apropiada, como "simpatizante" o "catecúmeno".

Además, el rito combinado para su uso en la Vigilia Pascual (Apéndice I, 4) ahora incluye ejemplos de instrucciones para el uso del celebrante en los nn. 567, 584 y 588. Estas moniciones ayudan a mantener las distinciones, a menudo importantes desde una perspectiva ecuménica, entre las diversas categorías de personas que podrían estar recibiendo los sacramentos: adultos, niños e infantes no bautizados; cristianos bautizados válidamente recibidos a la plena comunión; y católicos válidamente bautizados que buscan la Confirmación y la Sagrada Comunión. Esta nueva versión del rito combinado también introduce material del *Ritual para el Bautismo de los niños*, que facilita el Bautismo de los niños en la Vigilia Pascual, ya que tanto el *Ritual para el Bautismo de los niños* como el *Misal Romano* prevén esta forma de celebración.

Por último, los *Estatutos nacionales para la Iniciación cristiana de adultos*, las normas que regulan la disciplina de la Iniciación cristiana, así como los deberes y prerrogativas de los catecúmenos, también han sido revisados para reflejar mejor la experiencia de la Iglesia en los Estados Unidos. Estos estatutos, que derogan los Estatutos nacionales de 1988, son menos numerosos e incluyen sólo aquellos estatutos que son verdaderamente legislativos, complementarios a la ley universal, y exclusivos de los Estados Unidos. No reiteran normas ya contenidas en el texto ritual o en la ley universal.

La Conferencia de Obispos Católicos de los Estados Unidos espera que esta edición revisada sea una ocasión para que cada uno de nosotros viva más profundamente las promesas de nuestro propio Bautismo y nos dediquemos más intensamente al crecimiento del santo Pueblo de Dios.

✠ STEVEN J. LOPES
Obispo del Ordinariato de la Cátedra de San Pedro
Presidente, Comité para el Culto Divino
Conferencia de Obispos Católicos de los Estados Unidos

19 de mayo de 2024
Domingo de Pentecostés

SAGRADA CONGREGACIÓN PARA EL CULTO DIVINO

Prot. n. 15/72

DECRETO

El Concilio Ecuménico Vaticano II prescribió la revisión del Ritual del Bautismo de adultos, ordenando que se restableciera el catecumenado de adultos dividido en varias etapas; de manera que el tiempo del catecumenado, establecido para la conveniente instrucción, pudiera ser santificado con ritos sagrados, celebrados en tiempos sucesivos. Igualmente ordenó el Concilio que, teniendo en cuenta la restauración del catecumenado, se revisaran los ritos del Bautismo de adultos, tanto el solemne como el simple.

En cumplimiento de estos decretos, la Sagrada Congregación para el Culto Divino ha preparado el nuevo *Ritual de la Iniciación cristiana de adultos*, que, con la debida aprobación del Sumo Pontífice Pablo VI, ha sacado a luz en la presente *editio typica*, para que sustituya el Ritual del Bautismo de adultos, hasta ahora en vigor en el Ritual Romano. Esta Sagrada Congregación ordena que este nuevo Ritual puede emplearse desde ahora en lengua latina; en cuanto a las versiones en lengua vernácula, podrán emplearse desde el día que cada Conferencia Episcopal determine, después de que las adaptaciones en lengua popular hayan sido confirmadas por la Santa Sede.

Sin que obste nada en contrario.

Desde la sede de la Sagrada Congregación para el Culto Divino, el día 6 de enero de 1972, en la Solemnidad de la Epifanía del Señor.

Arturo Card. Tabera
Prefecto

A. Bugnini
Secretario

DICASTERIUM DE CULTU DIVINO ET DISCIPLINA SACRAMENTORUM

Prot. n. 235/22

CIVITATUM FŒDERATARUM AMERICÆ SEPTENTRIONALIS

Instante Excellentissimo Domino Iosepho Horatio Gomez, Archiepiscopo Angelorum in California, tunc Conferentiæ Episcoporum Civitatum Fœderatarum Americæ Septentrionalis Præside, litteris die 4 mensis aprilis 2022 datis, vigore facultatum huic Dicasterio a Summo Pontifice FRANCISCO tributarum, textum translationis in linguam *hispanicam* partis Ritualis Romani cui titulus est *Ordo initiationis christianæ adultorum*, ab eadem Conferentia Episcoporum ad normam iuris die 17 mensis novembris 2021 approbatum, prout in adiecto exstat exemplari, legitimis aptationibus recognitis, perlibenter probamus et confirmamus.

In textu imprimendo inseratur ex integro hoc Decretum. Eiusdem insuper textus impressi duo exemplaria ad hoc Dicasterium transmittantur.

Contrariis quibuslibet minime obstantibus.

Ex ædibus Dicasterii de Cultu Divino et Disciplina Sacramentorum, die 14 mensis februarii 2024, in feria quarta Cinerum.

ARTURUS Card. ROCHE
Præfectus

✠ VICTORIUS FRANCISCUS VIOLA, O.F.M.
Archiepiscopus a Secretis

CONFERENCIA DE OBISPOS CATÓLICOS DE LOS ESTADOS UNIDOS

DECRETO DE PROMULGACIÓN

Según las normas establecidas por la Santa Sede, esta edición del *Ritual de la Iniciación cristiana de adultos* se declara como la traducción española definitivamente aprobada del *Ordo initiationis christianæ adultorum, editio typica* (1972) y se promulga con la autoridad de la Conferencia de Obispos Católicos de los Estados Unidos.

El *Ritual de la Iniciación cristiana de adultos* fue canónicamente aprobado por la Conferencia de Obispos Católicos de los Estados Unidos el 17 de noviembre de 2021, y confirmado después por la Sede Apostólica por el decreto del Dicasterio del Culto Divino y la Disciplina de los Sacramentos el 14 de febrero de 2024 (Prot. n. 235/22).

Este ritual podrá ser utilizado en la liturgia a partir del primer domingo de Adviento, el 1° de diciembre de 2024. Desde el Miércoles de Ceniza, el 5 de marzo de 2025, su uso es obligatorio. A partir de esta fecha no podrá usarse otra edición en español del ritual en las diócesis de los Estados Unidos de América.

Dado en el Secretariado General de la Conferencia de Obispos Católicos de los Estados Unidos, Washington, DC, el 31 de marzo de 2024, Domingo de Pascua de la Resurrección del Señor.

✠ Timothy P. Broglio
Arzobispo de los Servicios Militares, USA
Presidente, Conferencia de Obispos Católicos de los Estados Unidos

Rev. Michael J.K. Fuller
Secretario General

CONFERENCIA DE OBISPOS CATÓLICOS DE LOS ESTADOS UNIDOS

DECRETO DE PROMULGACIÓN

El 15 de noviembre de 2023, los miembros de la Iglesia Latina de la Conferencia de Obispos Católicos de los Estados Unidos aprobaron los *Estatutos nacionales para la Iniciación cristiana de adultos* que implementan el canon 788 §3 del Código de Derecho Canónico para las diócesis de los Estados Unidos de América.

De acuerdo con el artículo 110 de la Constitución Apostólica del Papa Francisco, *Prædicate Evangelium*, los Estatutos aprobados fueron otorgados el *recognitio* por la Sede Apostólica, en un decreto fechado el 9 de enero de 2024 (Prot. N° 778/2005) firmado por el Cardenal Robert Prevost, O.S.A., Prefecto del Dicasterio para los Obispos, y Su Excelencia Monseñor Ilson de Jesus Montanari, Secretario del Dicasterio.

Por lo tanto, como presidente de la Conferencia de Obispos Católicos de los Estados Unidos, por el presente decreto que la fecha de entrada en vigor de los *Estatutos nacionales para la Iniciación cristiana de adultos* en las diócesis de los Estados Unidos de América será el 1° de diciembre de 2024, el primer domingo de Adviento. Después de la fecha de entrada en vigor, quedan abrogados los Estatutos nacionales para el catecumenado aprobados por la Conferencia Nacional de Obispos Católicos del 11 de noviembre de 1986.

Dado en la sede de la Conferencia de Obispos Católicos de los Estados Unidos, en la ciudad de Washington, el Distrito de Columbia, el 25 de abril de 2024, fiesta de san Marcos, evangelista.

✠ TIMOTHY P. BROGLIO
Arzobispo de los Servicios Militares, USA
Presidente, Conferencia de Obispos Católicos de los Estados Unidos

Reverendo MICHAEL J.K. FULLER
Secretario General,
Conferencia de Obispos Católicos de los Estados Unidos

LA INICIACIÓN CRISTIANA

OBSERVACIONES GENERALES

1. Por los sacramentos de la Iniciación cristiana, los hombres, libres del poder de las tinieblas, muertos, sepultados y resucitados con Cristo, reciben el Espíritu de los hijos de adopción y celebran con todo el Pueblo de Dios el memorial de la muerte y resurrección del Señor[1].

2. En efecto, incorporados a Cristo por el Bautismo, constituyen el Pueblo de Dios, reciben el perdón de todos sus pecados, son arrancados del dominio de las tinieblas y pasan al estado de hijos adoptivos[2], convertidos en una nueva criatura por el agua y el Espíritu Santo. Por esto, se llaman y son hijos de Dios[3]. Marcados luego en la Confirmación por el don del Espíritu, son más perfectamente configurados al Señor y llenos del Espíritu Santo, a fin de que den testimonio de él ante el mundo, para llevar cuanto antes el Cuerpo de Cristo a su plenitud[4]. Finalmente, participando en la asamblea eucarística, comen la carne del Hijo del hombre y beben su sangre, a fin de recibir la vida eterna[5] y expresar la unidad del Pueblo de Dios; y, ofreciéndose a sí mismos con Cristo, contribuyen al sacrificio universal en el cual se ofrece a Dios, a través del Sumo Sacerdote, toda la ciudad misma redimida[6]; y

[1] Cfr. Concilio Vaticano II, Decreto sobre la actividad misionera de la Iglesia, *Ad gentes*, n. 14.

[2] Cfr. Col 1, 13; Rom 8, 15; Gál 4, 5; cfr. Concilio Tridentino, sesión 6, *Decretum de iustificatione*, cap. 4: Denz.-Schön. 1524.

[3] Cfr. 1 Jn 3, 1.

[4] Cfr. Concilio Vaticano II, Decreto sobre la actividad misionera de la Iglesia, *Ad gentes*, n. 36.

[5] Cfr. Jn 6, 55.

[6] Cfr. S. Agustín, *De civitate Dei*, lib. X, cap. 6: PL 41, 284; Concilio Vaticano II, Constitución dogmática sobre la Iglesia, *Lumen gentium*, n. 11; Decreto sobre el ministerio y la vida de los presbíteros, *Presbyterorum ordinis*, n. 2.

piden que, por una efusión más plena del Espíritu Santo, llegue todo el género humano a la unidad de la familia de Dios[7]. Por lo tanto, los tres sacramentos de la Iniciación cristiana se ordenan entre sí para llevar a su pleno desarrollo a los fieles, que ejercen la misión de todo el pueblo cristiano en la Iglesia y en el mundo[8].

I. Dignidad del Bautismo

3. El Bautismo, puerta de la vida y del reino, es el primer sacramento de la nueva ley, que Cristo propuso a todos para que tuvieran la vida eterna[9] y que después confió a su Iglesia juntamente con su Evangelio, cuando mandó a los Apóstoles: "Vayan, pues, y enseñen a todas las naciones, bautizándolas en el nombre del Padre y del Hijo y del Espíritu Santo"[10]. Por ello, el Bautismo es, en primer lugar, el sacramento de la fe con que los hombres, iluminados por la gracia del Espíritu Santo, responden al Evangelio de Cristo. Así, pues, no hay nada que la Iglesia estime tanto ni hay tarea que ella considere tan suya como reavivar en los catecúmenos o en los padres y padrinos de los niños que se van a bautizar, una fe verdadera y activa, por la cual, uniéndose a Cristo, entren en el pacto de la nueva alianza o lo ratifiquen. A esto se ordenan, en definitiva, tanto la institución pastoral del catecumenado y la preparación de los padres y padrinos como la celebración de la Palabra de Dios y la profesión de fe en el rito bautismal.

4. El Bautismo es, además, el sacramento por el que los hombres son incorporados a la Iglesia, integrándose en la construcción, para ser morada de Dios, por el Espíritu[11], "estirpe elegida, sacerdocio real"[12]; es también vínculo sacramental de la unidad que existe

[7] Cfr. Concilio Vaticano II, Constitución dogmática sobre la Iglesia, *Lumen gentium*, n. 28.

[8] Cfr. Ibid., n. 31.

[9] Cfr. Jn 3, 5.

[10] Mt 28, 19.

[11] Cfr. Ef 2, 22.

[12] 1 Pe 2, 9.

entre todos los que son marcados con él[13]. Este efecto indeleble, expresado por la liturgia latina en la misma celebración con la crismación de los bautizados en presencia del Pueblo de Dios, hace que el rito del Bautismo merezca el sumo respeto de todos los cristianos y no esté permitida su repetición cuando se ha celebrado válidamente, aunque lo haya sido por hermanos separados.

5. El Bautismo, baño del agua en la palabra de vida[14], limpia a los hombres de toda mancha de culpa, tanto original como personal, y los hace partícipes de la naturaleza divina[15] e hijos de Dios[16]. En efecto, el Bautismo, como lo proclaman las oraciones de bendición del agua, es un baño de regeneración[17] por el que nacen hijos de Dios de lo alto. La invocación de la Santísima Trinidad sobre los bautizados hace que los que son marcados con su nombre le sean consagrados y entren en la comunión con el Padre y el Hijo y el Espíritu Santo. Las lecturas bíblicas, la oración de los fieles y la triple profesión de fe están encaminadas a preparar este momento culminante.

6. Estos efectos, muy superiores a las purificaciones de la antigua ley, los realiza el Bautismo por la fuerza del misterio de la Pasión y Resurrección del Señor. Los bautizados, que han unido su existencia con la de Cristo en una muerte como la suya y han sido sepultados con él en la muerte[18], son también, juntamente con él, vivificados y resucitados[19]. El Bautismo en efecto, conmemora y actualiza el Misterio Pascual, haciendo pasar a los hombres de la muerte del pecado a la vida. Por lo tanto, en su celebración debe brillar la alegría de la resurrección, principalmente cuando tiene lugar en la Vigilia pascual o en domingo.

[13] Cfr. Concilio Vaticano II, Decreto sobre el ecumenismo, *Unitatis redintegratio*, n. 22.

[14] Cfr. Ef 5, 26.

[15] Cfr. 2 Pe 1, 4.

[16] Cfr. Rom 8, 15; Gál 4, 5.

[17] Cfr. Ti 3, 5.

[18] Cfr. Rom 6, 5. 4.

[19] Cfr. Ef 2, 5. 6.

II. Funciones y ministerios en la celebración del Bautismo

7. La preparación al Bautismo y la formación cristiana es tarea que incumbe muy seriamente al Pueblo de Dios, es decir, a la Iglesia, que transmite y alimenta la fe recibida de los Apóstoles. A través del ministerio de la Iglesia, los adultos son llamados al Evangelio por el Espíritu Santo, y los niños son bautizados y educados en la fe de la Iglesia.

Es, pues, muy importante que los catequistas y otros laicos presten su colaboración a los sacerdotes y a los diáconos ya desde la preparación del Bautismo. Conviene, además, que, en la celebración del Bautismo, tome parte activa el Pueblo de Dios, representado no solamente por los padrinos, padres y parientes, sino también, en cuanto sea posible, por sus amigos, familiares y vecinos, y por algunos miembros de la Iglesia local, para que se manifieste la fe y se exprese la alegría de todos al acoger en la Iglesia a los recién bautizados.

8. Según costumbre antiquísima de la Iglesia, no se admite a un adulto al Bautismo sin un padrino, tomado de entre los miembros de la comunidad cristiana. Este padrino le habrá ayudado al menos en la última fase de preparación al sacramento y, después de bautizado, contribuirá a su perseverancia en la fe y en la vida cristiana.

En el Bautismo de un niño debe haber también un padrino: representa a la familia, como extensión espiritual de la misma, y a la Iglesia Madre, y, cuando sea necesario, ayuda a los padres para que el niño llegue a profesar la fe y a expresarla en su vida.

9. El padrino interviene, por lo menos, en los últimos ritos del catecumenado y en la misma celebración del Bautismo, bien para dar testimonio de la fe del bautizando adulto, bien para profesar, juntamente con los padres, la fe de la Iglesia, en la cual es bautizado el niño.

10. Por lo tanto, es conveniente que el padrino elegido por el catecúmeno o por la familia reúna, a juicio de los pastores, las cualidades requeridas para que pueda realizar los ritos que le corresponden y que se indican en el n. **9**, a saber:

1) que haya sido elegido por quien va a bautizarse o por sus padres o por quienes ocupan su lugar o, faltando estos, por el párroco o ministro: y que tenga capacidad para esta misión, e intención de desempeñarla;
2) que tenga la madurez necesaria para cumplir con esta función, lo cual se presupone si ha cumplido dieciséis años, a no ser que el obispo diocesano establezca otra edad, o que, por justa causa, el párroco o el ministro consideren admisible una excepción;
3) que haya recibido los tres sacramentos de la Iniciación cristiana: Bautismo, Confirmación y Eucaristía, y lleve una vida congruente con la fe y con la misión que va a asumir;
4) que no sea el padre o la madre de quien se ha de bautizar;
5) que sea un solo padrino o una sola madrina, o uno y una;
6) que pertenezca a la Iglesia católica y no esté incapacitado, por el derecho, para el ejercicio de la función de padrino. Sin embargo, cuando así lo deseen los padres, se puede admitir como testigo cristiano del Bautismo a un bautizado que no pertenece a una comunidad católica, siempre que lo sea juntamente con un padrino católico o una madrina católica[20]. En lo que respecta a los orientales separados, si se da el caso, hay que atender a la disciplina peculiar para las Iglesias orientales.

11. Es ministro ordinario del Bautismo el obispo, el presbítero y el diácono.

1) Siempre que celebren este sacramento, recuerden que actúan como Iglesia, en nombre de Cristo y por la fuerza del Espíritu Santo. Sean, pues, diligentes en administrar la Palabra de Dios y en la forma de realizar el sacramento.

[20] Cfr. *Código de Derecho Canónico*, cáns. 873 y 874, §1 y §2.

2) Eviten también todo lo que puede ser interpretado razonablemente por los fieles como una discriminación de personas[21].
3) Exceptuando el caso de necesidad, no han de bautizar en territorio ajeno sin la debida licencia, ni siquiera a sus súbditos.

12. Por ser los Obispos los principales administradores de los misterios de Dios, así como también moderadores de toda la vida litúrgica en la Iglesia que les ha sido confiada[22], corresponde a ellos regular la administración del Bautismo, por medio del cual se concede la participación en el sacerdocio real de Cristo[23]. Por lo tanto, no dejen de celebrar ellos mismos el Bautismo, principalmente en la Vigilia pascual. A ellos les está encomendado particularmente el Bautismo de los adultos y el cuidado de su preparación.

13. Los sacerdotes con cura de almas deben prestar su colaboración al obispo en la instrucción y Bautismo de los adultos que tienen encomendados, a no ser que el obispo haya previsto de otra manera. Es también de su incumbencia, valiéndose de la colaboración de catequistas y otros seglares idóneos, preparar y ayudar con medios pastorales aptos a los padres y padrinos de los niños que van a ser bautizados, así como, finalmente, conferir el Bautismo a estos niños.

14. Los demás presbíteros y diáconos, por ser los colaboradores del obispo y de los párrocos en su ministerio, preparan al Bautismo y lo confieren también, de acuerdo con el obispo o el párroco.

15. Pueden ayudar al celebrante otros presbíteros o diáconos, y también los laicos en las funciones que les correspondan, tal como se prevé en las respectivas partes del rito, sobre todo si el número de los bautizados es muy grande.

[21] Cfr. Concilio Vaticano II, Constitución sobre la sagrada Liturgia, *Sacrosanctum Concilium*, n. 32; Constitución pastoral sobre la Iglesia en el mundo actual, *Gaudium et spes*, n. 29.

[22] Cfr. Concilio Vaticano II, Decreto sobre el ministerio pastoral de los obispos, *Christus Dominus*, n. 15.

[23] Cfr. Concilio Vaticano II, Constitución dogmática sobre la Iglesia, *Lumen gentium*, n. 26.

16. No habiendo sacerdote ni diácono, en caso de peligro inminente y especialmente en "artículo mortis", cualquier fiel, y aún cualquier hombre que tenga la intención requerida, puede, y algunas veces hasta debe, administrar el Bautismo. Pero si no es tan inmediata la muerte, el sacramento debe ser administrado, en lo posible, por un fiel y según el rito abreviado (nn. 370–399). Conviene que, aún en este caso, esté presente una comunidad reducida, o, al menos, que haya, si es posible, uno o dos testigos.

17. Todos los laicos, como miembros que son de un pueblo sacerdotal especialmente los padres y, por razón de su oficio, los catequistas, las comadronas, las asistentes sociales, las enfermeras, los médicos y los cirujanos, deben tener interés por conocer bien, cada cual según su capacidad, el modo correcto de bautizar en caso de necesidad. Corresponde a los párrocos, diáconos y catequistas el instruirlos. Cuiden los Obispos de que dentro de su diócesis existan los medios aptos para esta formación.

III. Requisitos para celebrar el Bautismo

18. El agua del Bautismo debe ser agua natural y limpia, para manifestar la verdad del signo, y hasta por razones de higiene.

19. La fuente bautismal o el recipiente en que se prepara el agua cuando, en algunos casos, se celebra el sacramento en el presbiterio, deben distinguirse por su limpieza y estética.

20. Según las necesidades locales, provéase a la posibilidad de calentar el agua.

21. A no ser en caso de necesidad, el sacerdote y el diácono no deben bautizar sino con agua bendecida para este fin. Si en la Vigilia pascual se ha hecho la consagración del agua, consérvese, en lo posible, el agua bendita durante todo el Tiempo Pascual, y empléese para afirmar con más claridad la conexión de este sacramento con el Misterio Pascual. Pero, fuera del Tiempo Pascual, es de desear que se bendiga el agua en cada una de las celebraciones; de este modo, las mismas palabras de la bendición del agua declaran abiertamente el misterio redentor que conmemora y proclama la Iglesia. Si el bautisterio está construido de manera que se utilice una fuente de agua viva, se bendecirá la corriente de agua.

22. Tanto el rito de la inmersión –que es más apto para significar la participación en la Muerte y Resurrección de Cristo– como el rito de la infusión, pueden utilizarse con todo derecho.

23. Las palabras con las cuales se confiere el Bautismo en la Iglesia Latina, son: ***Ego te baptizo in nomine Patris, et Filii, et Spiritus Sancti*** (*Yo te bautizo en el nombre del Padre, y del Hijo, y del Espíritu Santo*).

24. Dispóngase un lugar adecuado para la celebración de la liturgia de la palabra, bien en el bautisterio, bien en la Iglesia.

25. El bautisterio, es decir: el lugar donde brota el agua de la fuente bautismal o, simplemente está colocada permanentemente la pila, debe estar reservado al sacramento del Bautismo, y ser verdaderamente digno, de manera que aparezca con claridad que allí los cristianos renacen del agua y del Espíritu Santo. Bien sea que esté situado en alguna capilla dentro o fuera de la iglesia, bien esté colocado en cualquier parte de la iglesia, a la vista de los fieles, debe estar ordenado de tal manera que permita la cómoda participación de una asamblea numerosa. Una vez concluido el tiempo de Pascua, conviene que el cirio pascual se conserve dignamente en el bautisterio; durante la celebración del Bautismo debe estar encendido, para que con facilidad se puedan encender en él los cirios de los bautizados.

26. Aquellos ritos que, en la celebración del Bautismo, se hacen fuera del bautisterio deben realizarse en los distintos lugares de la iglesia que respondan más adecuadamente tanto al número de los asistentes como a las distintas partes de la liturgia bautismal. En cuanto a aquellos ritos que suelen hacerse en el bautisterio, se pueden elegir también otros lugares más aptos, si la capilla del bautisterio no es capaz para todos los catecúmenos o para los asistentes.

27. Todos los niños nacidos recientemente serán bautizados, a ser posible, en común en el mismo día. Y, si no es por justa causa, nunca se celebre dos veces el sacramento en el mismo día y en la misma iglesia.

28. En su lugar se hablará más detalladamente del tiempo del Bautismo, tanto de los adultos como de los niños. De todos modos, a la celebración del sacramento se le debe dar siempre sentido pascual.

29. Los párrocos deben anotar, cuidadosamente y sin demora, en el libro de bautizos los nombres de los bautizados, haciendo mención también del ministro, de los padres y padrinos, del lugar y del día del Bautismo.

IV. Adaptaciones que competen a las Conferencias Episcopales

30. A tenor de la Constitución sobre la sagrada Liturgia (n. 63b), compete a las Conferencias Episcopales preparar en los Rituales particulares el apartado que corresponde a esta parte del Ritual Romano, acomodado a las necesidades peculiares de cada región, para que pueda emplearse en los respectivos países, una vez que sus decisiones hayan recibido la *recognitio* de la Sede Apostólica.

En concreto, será propio de la Conferencia Episcopal lo siguiente:

1) Determinar las adaptaciones a que se refiere el n. 39 de la Constitución sobre la sagrada Liturgia, una vez que sus decisiones hayan recibido la *recognitio* de la Sede Apostólica.
2) Considerar cuidadosa y prudentemente aquello que conviene oportunamente admitir de las tradiciones y genio de cada pueblo, y, por lo tanto, proponer a la Sede Apostólica otras adaptaciones que se consideren útiles o necesarias, e introducirlas, una vez que hayan recibido la *recognitio.*
3) Retener o adaptar los elementos de los Rituales particulares, siempre que sean compatibles con la Constitución sobre la sagrada Liturgia y con las necesidades actuales, una vez que sus decisiones hayan recibido la *recognitio* de la Sede Apostólica.

4) Preparar la traducción de los textos, de tal manera que esté verdaderamente acomodada al espíritu de cada lengua y cultura, y también aprobarla, una vez que sus decisiones hayan recibido la *confirmatio* de la Sede Apostólica. Pueden añadir, según indiquen las circunstancias, las melodías idóneas para el canto de aquellas partes que convenga cantar.
5) Adaptar y completar las introducciones que figuran en el Ritual Romano, a fin de que los ministros entiendan y hagan realidad la significación de los ritos, una vez que sus decisiones hayan recibido la *recognitio* de la Sede Apostólica.
6) En los libros litúrgicos que deben editar las Conferencias Episcopales, ordenar la materia de la manera que parezca más útil al uso pastoral.

31. Teniendo principalmente en cuenta las normas de los nn. 37–40 y 65 de la Constitución sobre la sagrada Liturgia, en los países de misión pertenece a las Conferencias Episcopales el juzgar si ciertos elementos de Iniciación, que se encuentran en uso en algunos pueblos, pueden ser acomodados al rito del Bautismo cristiano, y decidir si se han de incorporar a él, una vez que sus decisiones hayan recibido la *recognitio* de la Sede Apostólica.

32. Siempre que en el Ritual Romano se presente más de una fórmula para elegir, los Rituales particulares pueden añadir otras del mismo tenor, una vez que sus decisiones hayan recibido la *recognitio* de la Sede Apostólica.

33. Dado que el canto enriquece en gran manera la celebración del Bautismo –porque aviva la unanimidad, fomenta la oración comunitaria y, finalmente, expresa la alegría pascual que debe manifestar este rito–, procuren las Conferencias Episcopales estimular y ayudar a los peritos en música, a fin de que musicalicen los textos litúrgicos con melodías aptas para el canto de los fieles.

V. Acomodaciones que competen al ministro

34. Haga uso el ministro, gustosa y oportunamente, de las opciones que le ofrece el rito, según las circunstancias, necesidades particulares y deseos de los fieles.

35. Aparte de aquellas adaptaciones que se prevén en algunos diálogos y en las bendiciones del Ritual Romano, pertenece al ministro, teniendo en cuenta las diversas circunstancias, introducir otras acomodaciones, de las cuales se habla más detalladamente en las introducciones al Bautismo, tanto de adultos como de niños.

ESTATUTOS NACIONALES PARA LA INICIACIÓN CRISTIANA DE ADULTOS

ETAPA DE EVANGELIZACIÓN Y PRECATECUMENADO

Norma 1 Durante la etapa de evangelización y precatecumenado, la evangelización de las personas no bautizadas las llevará mediante la Sagrada Escritura, la oración y el diálogo fraterno al encuentro con la persona de Jesucristo, plenitud de la revelación de Dios.

Norma 2 Al inicio de la etapa de evangelización y precatecumenado, un ministro de la parroquia se reunirá individualmente con los simpatizantes para escuchar acerca de su "primera fe" (véase *Ritual de la Iniciación cristiana de adultos* [RICA] 42) discernir el impacto continuo de su encuentro con el Señor y discutir cualquier problema (por ejemplo, un matrimonio irregular) que pudiera afectar su eventual celebración de los sacramentos de la Iniciación.

ETAPA DEL CATECUMENADO

Norma 3 El término "catecúmeno" se debe reservar estrictamente para las personas no bautizadas que han entrado en el catecumenado y que están unidos a la Iglesia de manera especial mientras se esfuerzan por llevar una vida de fe, esperanza y caridad (*Código de Derecho Canónico,* can. 206 §1).

Norma 4 De ordinario, una persona que ha entrado en el catecumenado debe permanecer en él por lo menos desde el tiempo de Pascua de un año hasta el comienzo del tiempo de Pascua del año siguiente; preferiblemente, el catecumenado debería comenzar antes de la Cuaresma de un año y extenderse hasta la Pascua del año siguiente.

Norma 5 §1. Por regla general, la preparación de los catecúmenos para los sacramentos de Iniciación tiene lugar en un contexto parroquial o su equivalente.

§2. Los catecúmenos que se preparan en un centro, escuela, prisión u otra institución, deben ser introducidos a la vida cristiana de la parroquia o comunidad similar, en la medida de lo posible desde el inicio del catecumenado, de modo que, después de su Iniciación y mistagogia, no se vean aislados de la vida ordinaria del pueblo cristiano.

Norma 6 Para que sea integral, la formación de los catecúmenos estará:

1° adecuada al año litúrgico y apoyada por la liturgia de la Iglesia;

2° enraizada en la Sagrada Escritura y las verdades de la doctrina católica y la vida moral, y ayudada por los textos catequéticos, como el *Catecismo de la Iglesia Católica*, textos basados en ese Catecismo, como el *Catecismo Católico de los Estados Unidos para los Adultos*, y otros textos aprobados por el Ordinario del lugar;

3° ejercitada en obras de servicio y caridad (véase RICA 75).

Norma 7 Aunque las personas no bautizadas que se encuentran en matrimonios irregulares pueden entrar en el catecumenado, no podrán celebrar el Rito de la Elección hasta que estén libres de entrar en un matrimonio canónico.

Norma 8 Al entrar en el catecumenado, los catecúmenos asumen las siguientes obligaciones:

1° Han de participar en la Liturgia de la Palabra, preferentemente los domingos y otros días de precepto, de ser posible, con la comunidad (véase RICA 81);

2° Continuarán purificando su motivación para el Bautismo, llevando una vida recta y estando dispuestos a dar testimonio de su conversión a Cristo, al mismo tiempo que buscan crecer en su conocimiento y afirmación en lo que cree y enseña la Iglesia (*Código de Derecho Canónico*, cáns. 206 y 865 §1).

Norma 9 §1. Además de las prerrogativas concedidas en la ley universal (véase *Código de Derecho Canónico,* cáns. 1170 y 1183 §1 y RICA 47), los catecúmenos pueden:

1° participar en las obras de apostolado y de caridad de la Iglesia, especialmente las obras de misericordia;

2° aprovechar las oportunidades otorgadas a los padres católicos en la parroquia o región en relación a la inscripción de sus hijos en escuelas católicas;

3° ser sepultados en un cementerio católico.

§2. Si lo considera oportuno, el obispo diocesano puede establecer otras prerrogativas.

Norma 10 Es laudable que, al menos los domingos, después de la homilía y antes del Credo, los catecúmenos sean despedidos de la asamblea litúrgica para reflexionar sobre la Palabra de Dios que se acaba de proclamar.

Norma 11 Ya que los ministerios litúrgicos brotan del Bautismo cristiano, no es apropiado que los catecúmenos proclamen la Palabra de Dios o sirvan al altar durante la liturgia.

Etapa de purificación e iluminación

Norma 12 Se exhorta a los elegidos, así como a aquellos que los asisten y participan en la celebración de la Vigilia Pascual con ellos, a observar y extender el ayuno pascual del Viernes Santo, como se determina en el canon 1251 del *Código de Derecho Canónico,* a todo el día del Sábado Santo y hasta el final de la misma Vigilia (véase *Sacrosanctum Concilium* 110 y RICA 185/1).

Etapa de la mistagogia

Norma 13 Después de la etapa de la mistagogia, y en la medida de lo posible, los neófitos pueden beneficiarse de reunirse periódicamente para profundizar su formación cristiana, especialmente a través de oportunidades que mejoren su participación en la vida de la parroquia o en una comunidad similar (véase RICA 244 y 245).

Inscripción de actos relacionados con la Iniciación

Norma 14 §1. El registro de los que han entrado en el catecumenado se ha de guardar en el archivo parroquial.

§2. Además de los requisitos del RICA 46, el párroco ha de cuidar que se inscriba en el registro la fecha y lugar de nacimiento de los catecúmenos.

Norma 15 El Libro de los Elegidos, en el que los catecúmenos inscriben sus nombres en anticipación de los sacramentos de Iniciación (RICA 119), debe guardarse en los archivos de la parroquia o de la diócesis, a no ser que la ley diocesana indique lo contrario.

Norma 16 §1. El registro de aquellos que son recibidos en la plena comunión de la Iglesia católica se debe guardar en el archivo parroquial.

§2. Además de los requisitos del RICA 486, el párroco ha de cuidar que se inscriba en el registro la fecha y lugar de nacimiento del candidato, indicando el ministro, los padres y padrinos, así como la fecha y lugar de la recepción en la plena comunión.

§3. Si está casado, se inscribirá en el registro una notación sobre el cónyuge, fecha y lugar de matrimonio. Si tuviera lugar un matrimonio en el futuro, este también deberá ser inscrito en el registro.

Ritos para circunstancias especiales

Norma 17 Corresponde al obispo diocesano:

1° designar a una persona cualificada para promover, dirigir y coordinar la Iniciación cristiana de adultos en su diócesis;

2° promulgar normas acerca de la cualificación y formación de los catequistas;

3° aprobar el uso de los textos catequéticos para la formación de catecúmenos y candidatos a la recepción en la plena comunión (véase Norma 6, 2° más arriba);

4° promulgar normas para el Ritual simplificado de la Iniciación de adultos y para la preparación de adultos bautizados, pero no catequizados para la Confirmación y la Eucaristía y para la recepción de los cristianos válidamente bautizados en la plena comunión de la Iglesia católica.

Norma 18 El término "converso" se reserva estrictamente para los convertidos a la fe cristiana y nunca se puede aplicar a los cristianos bautizados que son recibidos en la plena comunión de la Iglesia católica.

Cuando estos estatutos entren en vigor el 1° de diciembre de 2024, quedarán abrogados los Estatutos nacionales para el catecumenado aprobados por la Conferencia Nacional de Obispos Católicos el 11 de noviembre de 1986, y confirmados por la Congregación para el Culto Divino el 26 de junio de 1988.

RITUAL DE LA INICIACIÓN CRISTIANA DE ADULTOS

INTRODUCCIÓN

1. El Ritual de Iniciación cristiana, que se describe a continuación, 1
se destina a los adultos que, al oír el anuncio del misterio de Cristo, y bajo la acción del Espíritu Santo que les abre el corazón, consciente y libremente buscan al Dios vivo y emprenden el camino de la fe y de la conversión. Con la ayuda de Dios se les provee de la ayuda espiritual para su preparación y para la recepción fructuosa de los sacramentos en el momento oportuno.

2. El ritual presenta no solamente la celebración de los sacramentos 2
del Bautismo, la Confirmación y la Eucaristía, sino también todos los ritos del catecumenado que, probado por la más antigua práctica de la Iglesia, corresponde a la actividad misionera de hoy, y de tal modo era solicitado en todas partes, que el Concilio Vaticano II mandó a restablecerlo, revisarlo y adaptarlo de acuerdo con las tradiciones locales[1].

3. Para que mejor se compagine con la labor de la Iglesia y con la 3
situación de los individuos, de las parroquias y de las misiones, USA
el Ritual de Iniciación presenta en la Parte I la forma completa común, apta para la preparación colectiva (nn. **36–251**), de la cual los párrocos, por simple adaptación, obtienen la fórmula oportuna para la preparación individual.

En la Parte II de este libro se ofrecen los ritos para circunstancias extraordinarias: la Iniciación cristiana de niños (nn. **252–330**), la forma simple del Ritual de Iniciación de adultos en casos particulares (nn. **331, 336–369**), o en diversas celebraciones (nn. **332–335**)

[1] Cfr. Concilio Vaticano II, Constitución sobre la sagrada Liturgia, *Sacrosanctum Concilium*, nn. 64–66; Decreto sobre la actividad misionera de la Iglesia, *Ad gentes*, n. 14; Decreto sobre el ministerio pastoral de los obispos, *Christus Dominus*, n. 14.

y la forma abreviada para los que se encuentran en peligro de muerte (nn. **370–399**). Esta Parte II incluye también las normas para preparar adultos católicos no catequizados para la Confirmación y la Eucaristía (nn. **400–410**) y cristianos ya bautizados válidamente para la recepción a la plena comunión con la Iglesia (nn. **473–486**), junto con cuatro ritos opcionales que pueden usarse con esos candidatos (nn. **411–472**) y el Rito de recepción a la plena comunión con la Iglesia católica de cristianos bautizados (nn. **487–504**).

En el Apéndice I se presentan los ritos que se celebran en combinación para catecúmenos y candidatos ya bautizados válidamente (nn. **562–594**). Finalmente, el Apéndice II contiene las aclamaciones, himnos y tropos (nn. **595–597**).

I. Estructura de la Iniciación de adultos

4. La Iniciación de los catecúmenos se hace gradualmente, dentro 4
de la comunidad de los fieles que, juntamente con los catecúmenos, consideran el valor del Misterio Pascual y, renovando su propia conversión, inducen con su ejemplo a los catecúmenos a obedecer con generosidad al Espíritu Santo.

5. El Ritual de la Iniciación se adapta al camino espiritual de los 5
adultos, que es muy variado según la gracia multiforme de Dios, la libre cooperación de los individuos, la acción de la Iglesia y las circunstancias de tiempo y lugar.

6. En este camino, además del tiempo de instrucción y maduración 6
(cfr. n. **7**), hay "pasos" o grados mediante los cuales el catecúmeno ha de avanzar, atravesando un umbral o, por así decirlo, subiendo escalones.

a) El primer paso o grado es cuando, al llegar a la conversión inicial, la persona desea ser cristiana y es recibida por la Iglesia como catecúmeno.
b) El segundo paso es cuando va madurando ya la fe, y, finalizado casi el catecumenado, es admitido a una preparación más intensa de los sacramentos de Iniciación.

c) El tercer paso es cuando, completada la preparación espiritual, recibe los sacramentos de la Iniciación cristiana.

Tres, pues, son los pasos, grados o puertas que se deben considerar como los momentos más importantes o intensos de la Iniciación. Estos tres pasos están marcados por tres ritos litúrgicos: el primero, por el Rito de entrada en el catecumenado (nn. **41–74**); el segundo, por la elección o inscripción de los nombres (nn. **118–137**); y el tercero, por la celebración de los sacramentos (nn. **206–243**).

7. Los pasos que llevan a o preparan para las "etapas" de búsqueda y maduración son: 7

a) La primera etapa, que exige que la persona se dedique al estudio y a la reflexión, se dedica por la Iglesia a la evangelización y "precatecumenado", y concluye con el ingreso en el orden de los catecúmenos.
b) La segunda etapa comienza con el ingreso en el orden de los catecúmenos, puede durar varios años y se emplea en la catequesis y ritos asociados. Acaba en el día de la "Elección".
c) La tercera etapa, bastante más breve, que de ordinario coincide con la preparación cuaresmal de las solemnidades pascuales y de los sacramentos de Iniciación, se emplea en la purificación e iluminación, e incluye la celebración de los ritos que pertenecen a este tiempo.
d) La última etapa, que dura todo el Tiempo Pascual, se dedica a la "mistagogia", o sea a la experiencia espiritual, y a gustar de los frutos del Espíritu, así como a estrechar más profundamente el trato y los lazos con la comunidad de los fieles.

Cuatro son, pues, los tiempos que se suceden: el "precatecumenado", caracterizado por la primera evangelización (nn. **36–40**); el "catecumenado", destinado a la catequesis integral y a los ritos de esta etapa (nn. **75–117**); el de "purificación e iluminación" (preparación cuaresmal), para adquirir una preparación espiritual más intensa (nn. **138–205**); y el de la "mistagogia", señalado por la nueva experiencia de los sacramentos y de la comunidad (nn. **244–251**).

8. Además, como la Iniciación de los cristianos no es otra cosa que la primera participación sacramental en la muerte y resurrección de Cristo y como, además, la etapa de purificación e iluminación coincide de ordinario con el Tiempo de Cuaresma[2], y la mistagogia con el Tiempo Pascual, conviene que toda la Iniciación se caracterice por su índole pascual. Por esto la Cuaresma logrará su pleno vigor en la intensa preparación próxima de los elegidos, y la Vigilia Pascual debe ser el tiempo legítimo de los sacramentos de la Iniciación. Sin embargo, cuando las necesidades pastorales así lo requieran, no se prohíbe que estos sacramentos se celebren fuera de este tiempo (cfr. nn. **26–30**). 8

II. Ministerios y oficios

9. Además de lo que se dijo en *La Iniciación cristiana*, Observaciones 41
generales (n. 7), el Pueblo de Dios, representado por la Iglesia 57
local, siempre debe entender y mostrar que la Iniciación de adultos le incumbe muy directamente y es responsabilidad de todos los bautizados[3]. La comunidad debe estar, pues, preparada y dispuesta, siguiendo su vocación apostólica, para ayudar a los que buscan a Cristo. En las diversas circunstancias de la vida cotidiana, así como en el apostolado, incumbe a todo discípulo de Cristo la obligación de propagar la fe[4]. Por tanto, toda la comunidad debe ayudar a otros durante todo el curso de su Iniciación, en el precatecumenado, en el catecumenado, en la etapa de purificación e iluminación y en la etapa de la mistagogia. En concreto:

1) En la etapa de la evangelización y del precatecumenado, los fieles deben recordar que el apostolado de la Iglesia, y de todos sus miembros, se dirige en primer lugar a que el anuncio de Cristo con palabras y hechos sea patente al mundo y a que

[2] Cfr. Concilio Vaticano II, Constitución sobre la sagrada Liturgia, *Sacrosanctum Concilium*, n. 109.

[3] Cfr. Concilio Vaticano II, Decreto sobre la actividad misionera de la Iglesia, *Ad gentes*, n. 14.

[4] Cfr. Concilio Vaticano II, Constitución dogmática sobre la Iglesia, *Lumen gentium*, n. 17.

este reciba la gracia del Señor[5]. Deben estar, pues, dispuestos a mostrar el espíritu de comunidad cristiana, a recibir a los simpatizantes en las familias, a dialogar personalmente con ellos, y a admitirlos incluso en algunas de las reuniones de la comunidad.

2) Deben asistir, según lo aconsejen las circunstancias, a las celebraciones o actos del catecumenado y participar activamente en las respuestas, en las oraciones, en el canto y en las aclamaciones.

3) Puesto que en el día de la elección se celebra un incremento de la propia comunidad, la comunidad debe dar, en el momento oportuno, un testimonio justo y prudente de los catecúmenos.

4) En Tiempo de Cuaresma, o sea durante la etapa de purificación e iluminación, deben acudir con asiduidad a los ritos del escrutinio y de las entregas y dar ejemplo a los catecúmenos de la propia renovación en el espíritu de penitencia, de fe y de caridad. En la Vigilia Pascual deben tener empeño en renovar las promesas del Bautismo.

5) En la etapa de la mistagogia deben participar en las Misas de los neófitos (cfr. n. **25**), abrazarlos con caridad y ayudarlos para que se sientan gozosos en la comunidad de los bautizados.

10. A la persona que solicita ser admitida entre los catecúmenos 42
la guía el acompañante, a saber, un varón o una mujer que la conozca, la ayude y sea testigo de sus costumbres, de su fe y de su intención. Este acompañante normalmente ejerce después como padrino durante los tiempos de purificación e iluminación, y también de la mistagogia; en caso contrario, deberá elegirse a otro fiel cristiano como padrino (madrina).

11. El padrino por su parte (para cada persona un padrino o una 43
madrina o los dos)[6], elegido por el solicitante a causa de su buen ejemplo, de sus dotes y de su amistad, delegado por la comunidad

[5] Cfr. Concilio Vaticano II, Decreto sobre el apostolado de los laicos, *Apostolicam actuositatem*, n. 6.

[6] Cfr. *La Iniciación cristiana*, Observaciones generales, n. 8 y 10.1.

cristiana local y aprobado por el sacerdote, acompaña al catecúmeno en el día de la elección, en la celebración de los sacramentos y en la etapa de la mistagogia. A él (a ella o a ellos) le atañe mostrar familiarmente al catecúmeno la práctica del Evangelio en la vida propia y en el trato con la sociedad, ayudarle en las dudas y ansiedades, darle testimonio y velar por el crecimiento de su vida bautismal. Escogido antes de la elección, cumple su oficio públicamente desde el día de la elección, al dar testimonio del catecúmeno ante la comunidad, y sigue su importante oficio, cuando el neófito, recibidos los sacramentos, necesita ayuda para permanecer fiel a las promesas del Bautismo.

12. Es propio del obispo[7], por sí o por su delegado, organizar, 44
orientar y fomentar el programa de formación pastoral de los 48
catecúmenos y admitirlos a la elección y a los sacramentos. Es de desear que, en cuanto sea posible, además de presidir la liturgia cuaresmal, él mismo celebre el Rito de elección y en la Vigilia Pascual confiera los sacramentos de la Iniciación, por lo menos a aquellos que hayan cumplido los catorce años o más edad. Finalmente, como parte de su solicitud pastoral, el obispo debe designar a catequistas dignos y debidamente preparados para la celebración de los exorcismos menores (nn. **90–94**) y las bendiciones de los catecúmenos.

13. Incumbe a los presbíteros, además del acostumbrado ministe- 45
rio en cualquier celebración del Bautismo, Confirmación y Eucaristía[8], atender al cuidado pastoral y personal de los catecúmenos[9], auxiliando especialmente a los que se vean enfrentados a dudas o aflicciones y proporcionándoles la catequesis adecuada con ayuda de los diáconos y catequistas. Deben aprobar la elección de los padrinos, escucharlos y ayudarles generosamente; y finalmente, velar con diligencia para que se sigan perfectamente los ritos aptos en el curso de todo el Ritual de la Iniciación (cfr. n. **35**).

[7] Cfr. Ibid., n. 12.

[8] Cfr. Ibid., nn. 13–15.

[9] Cfr. Concilio Vaticano II, Decreto sobre el ministerio y la vida de los presbíteros, *Presbyterorum ordinis*, n. 6.

14. El presbítero que bautiza a un adulto o niño en edad catequé- 46
tica, en ausencia del obispo, debe conferirle también la Confirmación, a no ser que este sacramento haya de ser conferido en otro tiempo (cfr. n. **24**)[10].

Cuando sean muy numerosos los que han de confirmarse, el ministro de la Confirmación puede auxiliarse de otros presbíteros para administrar el sacramento.

Es necesario que estos presbíteros:

a) desempeñen algún cargo u oficio peculiar en la diócesis, a saber: sean ya Vicarios Generales, ya Vicarios o Delegados episcopales, ya Vicarios regionales o de distrito;
b) o bien sean párrocos de los lugares en que se confiere la Confirmación, o párrocos de los lugares a que pertenecen los que van a confirmarse, o presbíteros que hayan tenido intervención especial en la preparación catequética de los confirmandos[11].

15. Es conveniente que los diáconos ofrezcan su ayuda a los cate- 47
cúmenos. Si la Conferencia de Obispos ha decidido establecer el diaconado permanente, debe cuidar también de que su número sea proporcionado para que puedan tenerse en todos los sitios, donde lo requieran las necesidades pastorales, todos los grados, etapas y ejercicios del catecumenado[12].

16. Los catequistas, cuyo oficio tiene verdadera importancia para el 48
progreso de los catecúmenos y el aumento de la comunidad, deben tomar parte activa en los ritos siempre que sea posible. Más aún, delegados por el obispo (cfr. n. **12**), pueden celebrar los exorcismos menores y las bendiciones[13], de que se trata en el Ritual (cfr. nn. **94–97**). Cuando enseñan, deben procurar que su doctrina esté llena del espíritu evangélico, acomodada a los símbolos y tiempos litúrgicos, adaptada a las necesidades de los catecúmenos y enriquecida, en cuanto sea posible, con las tradiciones y usos locales.

[10] Cfr. *Ritual para la Confirmación*, Observaciones previas, n. 7b.

[11] Cfr. Ibid., n. 8.

[12] Cfr. Concilio Vaticano II, Constitución dogmática sobre la Iglesia, *Lumen gentium*, n. 26; Decreto sobre la actividad misionera de la Iglesia, *Ad gentes*, n. 16.

[13] Cfr. Concilio Vaticano II, Constitución sobre la sagrada Liturgia, *Sacrosanctum Concilium*, n. 79.

III. Tiempo y lugar de la Iniciación

17. Los párrocos deben distribuir el Ritual de la Iniciación de tal manera que la elección tenga lugar en el primer domingo de Cuaresma y los sacramentos se celebren en la Vigilia Pascual. Los demás ritos han de distribuirse teniendo en cuenta la disposición descrita en otras partes (nn. **6–8**, **41–43**, **46–47**, **75–77**, **119–120**, **122**, **124**, **138–141**, **147**, **185**, **206**, **209–217**, **244–247**). Sin embargo, por necesidades pastorales graves, se puede disponer el curso de todo el Ritual de otra manera, como se indica después detalladamente (nn. **26–30**). 49

A. Tiempo legítimo o acostumbrado

18. En lo que toca al tiempo de celebrar el Rito de entrada en el catecumenado, hay que advertir lo siguiente (nn. **41–74**): 50

1) Que no sea prematuro: debe esperarse hasta que los solicitantes, según su disposición y condición, hayan tenido el tiempo necesario para concebir la fe inicial y para mostrar los primeros indicios de su conversión (cfr. n. **42**).
2) Donde el número de solicitantes es menor de lo normal, debe esperarse hasta que se forme un grupo suficientemente grande para la catequesis y los ritos litúrgicos.
3) Se deben establecer dos días (o tres donde sea necesario) o "témporas" al año en los que normalmente se desarrolle el rito.

19. El Rito de elección o inscripción de los nombres (nn. **118–137**) se celebrará, ordinariamente, el primer domingo de Cuaresma. Oportunamente puede anticiparse unos días o celebrarlo dentro de la semana. 51

20. Los "Escrutinios" (nn. **150–156**, **164–170**, **171–177**) se celebrarán en los domingos III, IV y V de Cuaresma, o si fuera necesario, en otros domingos de Cuaresma, o aun en las ferias más convenientes de la semana. Deben celebrarse tres escrutinios; sin embargo, por graves impedimentos, el obispo puede dispensar de uno, o en circunstancias extraordinarias, de dos de los escrutinios (cfr. nn. 52

34.3, **331**). Si se dispone de poco tiempo y se ha anticipado la elección, puede anticiparse también el primer escrutinio, pero procúrese, en ese caso, que el período de preparación próxima, es decir, "la etapa de la purificación e iluminación" no se prolongue más de ocho semanas.

21. Desde la antigüedad, las "Entregas" se tienen después de los 53
escrutinios y pertenecen a la misma etapa de la purificación e iluminación; deben celebrarse, pues, dentro de la semana. El Credo se entrega (nn. **157–163**) en la semana que sigue al primer escrutinio; la Oración del Señor (nn. **178–184**), después del tercero. Sin embargo, por razones pastorales, para enriquecer la liturgia de la etapa del catecumenado, las entregas se pueden trasladar y celebrar dentro del catecumenado al modo de "rito de transición" (cfr. nn. **79**, **104–105**).

22. El Sábado Santo, mientras los elegidos, dejando su trabajo, se 54
entregan a la meditación, pueden hacerse varios ritos inmediatamente preparatorios: recitación del Credo, rito *effetá* y la elección del nombre cristiano (nn. **185–205**).

23. En la misma Vigilia Pascual (cfr. nn. **8** y **17**) tendrá lugar la 55
celebración de los sacramentos de la Iniciación (nn. **206–243**). Pero si los catecúmenos son muchos, la mayoría de ellos recibirán los sacramentos esa misma noche, dejando los demás para los días de la octava de Pascua, en las iglesias principales o en capillas secundarias. En este caso, se puede usar la Misa propia del día o la Misa ritual "Para el Bautismo". Las lecturas se toman de las que se usan en la Vigilia Pascual.

24. En algunos casos cuando existe una razón seria, la Confirma- 56
ción puede posponerse hasta el fin de la etapa de la mistagogia, v.gr., hasta el domingo de Pentecostés (cfr. n. **249**).

25. En todos y cada uno de los domingos después del primero de 57
Pascua deben tenerse las llamadas "Misas de neófitos," a las que se invita encarecidamente a toda la comunidad y a los recién bautizados con sus padrinos (cfr. n. **247**).

B. Fuera del tiempo propio

26. Aunque el curso del Ritual de la Iniciación cristiana debe dis- 58
ponerse ordinariamente de modo que los sacramentos se celebren en la Vigilia Pascual, a causa de circunstancias inesperadas y de necesidades pastorales, se permite que el Rito de elección y la etapa de la purificación e iluminación se celebren fuera de Cuaresma, y los sacramentos de la Iniciación sean celebrados fuera de la Vigilia Pascual o del día de Pascua. Incluso en circunstancias normales, pero sólo por necesidades pastorales graves, por ejemplo, cuando es grande el número de los que van a ser bautizados, se permite escoger otro día distinto, especialmente durante el Tiempo Pascual, para celebrar los sacramentos de Iniciación, además del programa de Iniciación que se lleva a cabo normalmente durante la Cuaresma. Cuando se cambia el tiempo en cualquiera de los dos casos, aunque el Ritual de la Iniciación cristiana tenga lugar en un punto diferente del año litúrgico, la estructura del Ritual en su totalidad, con sus debidos intervalos, debe quedar intacta. Pero las adaptaciones se hacen del modo siguiente.

27. En la medida de lo posible, los sacramentos de la Iniciación se 59
celebrarán en domingo, siguiendo, según se juzgue oportuno, la Misa del domingo o la Misa ritual propia (cfr. nn. **23**, **208**).

28. El Rito de entrada en el catecumenado debe celebrarse en el 60
tiempo conveniente, como se dijo en el n. **18**.

29. El Rito de elección se celebrará unas seis semanas antes de los 61
sacramentos de la Iniciación, de modo que quede tiempo suficiente para los escrutinios y entregas. Se debe tener cuidado de que la celebración de la elección no coincida en una solemnidad del año litúrgico. Se proclamarán las lecturas señaladas en el Rito de elección y el formulario de la Misa será el del día o el de la Misa ritual.

30. Los escrutinios no deben celebrarse en solemnidades, sino en 62
domingos o días de semana, con los intervalos acostumbrados entre ellos y usando las lecturas señaladas en el Ritual. El formulario para la Misa será el del día o de la Misa ritual en el *Misal Romano*.

C. Lugar de la Iniciación

31. Los ritos deben tomar lugar en lugares idóneos, como se indica en el Ritual. Deben tenerse en cuenta las necesidades peculiares que se presenten en los centros secundarios de los países de misión. 63

IV. Adaptaciones que pueden hacer las Conferencias de Obispos que usan este Ritual Romano

32. Además de las adaptaciones previstas en *La Iniciación cristiana,* Observaciones generales (nn. 30–33), el Ritual de la Iniciación de adultos admite otras adaptaciones a juicio de las Conferencias de Obispos, una vez que sus decisiones hayan recibido la *recognitio* de la Sede Apostólica. 64

33. A juicio de estas Conferencias se puede establecer lo siguiente: 65

1) Antes del catecumenado, donde sea oportuno, se puede establecer algún modo de recibir a los "simpatizantes" (cfr. n. **39**). En las diócesis de los Estados Unidos de América, esto se lleva a cabo según los *Estatutos nacionales para la Iniciación cristiana de adultos* (cfr. Normas 1–2).
2) Si en alguna parte florecen cultos paganos, se puede introducir un primer exorcismo y una primera renuncia al culto falso en el Rito de entrada en el catecumenado (nn. **69–72**). En los Estados Unidos, esto compete al obispo diocesano.
3) Se puede establecer que el gesto de signar la frente (nn. **54–55**) se haga sin tocar la frente, donde ese tacto no parezca oportuno. En los Estados Unidos, esto compete al obispo diocesano.
4) En lugares en que se da un nombre nuevo al iniciado en la práctica de religiones no cristianas, puede decidirse que las personas reciban un nombre nuevo durante el Rito de entrada en el catecumenado (n. **73**). En los Estados Unidos, la norma es que no se dé un nombre nuevo, pero compete al obispo diocesano permitirlo para los catecúmenos de culturas donde existe la práctica.
5) Según las costumbres locales pueden admitirse en el mismo rito, n. **74**, algunos ritos auxiliares para significar la recepción

en la comunidad. En los Estados Unidos, se ha incluido una entrega opcional de la cruz, y compete al obispo diocesano incluir ritos adicionales.

6) En la etapa del catecumenado, además de los ritos acostumbrados (nn. **81–97** y **106–117**), se pueden establecer "ritos de transición" como sería anticipar las entregas (nn. **157–163**, **178–184**), o el rito *effetá*, o la recitación del Credo, o también la unción con el óleo de los catecúmenos (nn. **98–103**). En los Estados Unidos, se permite la unción durante la etapa del catecumenado, y cuando sea apropiado, se pueden anticipar las otras celebraciones mencionadas.

7) Se puede decretar la omisión de la unción con el óleo de los catecúmenos o su traslado a los Ritos de preparación inmediata o su realización dentro de la etapa del catecumenado como "rito de transición" (nn. **98–103**). En los Estados Unidos, se permite la unción solamente durante las etapas del catecumenado y de purificación e iluminación, y por tanto, se omite tanto en los Ritos de preparación inmediata como en la celebración de los sacramentos de Iniciación.

8) También pueden hacerse más específicas o detalladas las fórmulas de la renuncia para el Rito de entrada en el catecumenado (nn. **70–72**) y en la celebración del Bautismo (n. **224**). En los Estados Unidos, la norma es que las fórmulas no se deben adaptar, pero compete al obispo diocesano permitirlas para los catecúmenos de culturas que practican cultos falsos.

V. Adaptaciones que competen al obispo

34. Corresponde a cada obispo en su diócesis: 66

1) Establecer la institución del catecumenado y decidir las normas oportunas para cada necesidad (cfr. n. **12**).
2) Determinar, según las circunstancias, si se puede celebrar, y cuándo, el Ritual completo de la Iniciación cristiana fuera de los tiempos propios (cfr. n. **26**).
3) Dispensar por impedimentos graves de un escrutinio, o en circunstancias extraordinarias, también de dos (cfr. n. **331**).
4) Permitir que parcial o totalmente se use el Ritual abreviado (cfr. n. **331**).

5) Confiar a catequistas verdaderamente dignos y bien preparados, la misión de realizar los exorcismos y las bendiciones (cfr. nn. **12** y **16**).
6) Presidir el Rito de elección y dar por válida la admisión de los elegidos, por sí o por medio de un delegado (cfr. n. **12**).
7) Según las indicaciones del Derecho Canónico, estipular la edad requerida para los padrinos[14] (cfr. *La Iniciación cristiana*, Observaciones generales, n. 10.2).

VI. Adaptaciones que corresponden al ministro

35. El celebrante puede servirse plenamente y con conocimiento de causa de la libertad que se le otorga en *La Iniciación cristiana*, Observaciones generales, n. 34, o en las rúbricas del Ritual. En muchos lugares consultados no se ha determinado el modo de actuar o de rezar, o se han ofrecido dos alternativas, para que el celebrante, según su prudente juicio pastoral, pueda acomodarse a las condiciones de los solicitantes y de los asistentes. Se ha dejado la máxima libertad en cuanto a las moniciones y a las súplicas, que según las circunstancias siempre se pueden abreviar o cambiar o enriquecer con otras intenciones, que respondan a la especial condición de los solicitantes (v.gr., algún luto o gozo familiar ocurrido a alguno de ellos) o de los asistentes (v.gr., algún luto o gozo común de la parroquia o de la ciudad). 67

Será propio del celebrante adaptar el texto, variando el género y el número para adecuarse a cada circunstancia.

Abreviaturas

MR	*Misal Romano*
R	Apéndice del *Ordo initiationis christianæ adultorum* (Rito de recepción a la plena comunión con la Iglesia católica de los cristianos bautizados)
UEAP	*Ritual de la Unción de los enfermos y de su atención pastoral*
USA	Adaptación ritual o textual para las diócesis de los Estados Unidos de América

[14] Cfr. *Código de Derecho Canónico*, can. 874 § 1, 2º.

PARTE I

INICIACIÓN CRISTIANA DE ADULTOS

CAPÍTULO I

ORDEN DEL CATECUMENADO POR PASOS

ETAPA DE EVANGELIZACIÓN Y PRECATECUMENADO

36. Aunque el Ritual de la Iniciación comienza con la admisión o entrada en el catecumenado, la etapa precedente o "precatecumenado" tiene una gran importancia y no se debe omitir ordinariamente. En ese período se realiza la evangelización, que es el anuncio claro y decidido del Dios vivo y de Jesucristo, enviado por aquel para la salvación de todos, a fin de que los no cristianos, abriendo su corazón por el Espíritu Santo, crean, se conviertan a Cristo y se adhieran sinceramente al que es el camino, la verdad y la vida y satisface con creces infinitas todas sus aspiraciones[1]. 9

37. De la evangelización, llevada a cabo con el auxilio de Dios, brotan la fe y la conversión inicial, con las que cada uno se siente llamado a apartarse del pecado e inclinado al misterio del amor divino. A esta evangelización se dedica íntegramente la etapa del precatecumenado, para que madure la verdadera voluntad de seguir a Cristo y de pedir el Bautismo. 10

38. En este tiempo, los simpatizantes deben recibir una adecuada explicación del Evangelio hecha por catequistas, diáconos y sacerdotes, o incluso por otros laicos; se les debe prestar también 11

[1] Cfr. Concilio Vaticano II, Decreto sobre la actividad misionera de la Iglesia, *Ad gentes*, n. 13.

una solícita ayuda, para que, purificada y clarificada su intención, cooperen con la gracia de Dios y para que se facilite su trato con familias y comunidades cristianas.

39. Compete a las Conferencias de Obispos, además de la evan- 12
gelización propia de esta etapa, determinar, dado el caso, y según las costumbres de la región, el modo preliminar de recibir a los que están interesados en el precatecumenado y que se podrían llamar "simpatizantes" es decir, a los que muestran alguna inclinación a la fe cristiana, aunque todavía no crean plenamente.

1) Si se lleva a cabo la recepción o admisión de estos, se ha de hacer sin ningún rito; es una expresión de su recta intención, pero todavía no de la verdadera fe.
2) La recepción se adaptará a las condiciones locales y a las circunstancias pastorales. A unos simpatizantes se les ha de mostrar principalmente el espíritu cristiano que ellos quieren conocer y experimentar, mientras que, a otros, cuyo catecumenado por diversas razones tiene que demorarse, convendrá más bien comenzar por algún acto externo de ellos mismos o de la comunidad que exprese que su recepción puede ser apropiada.
3) La admisión se hará en una reunión de la comunidad local, con tiempo suficiente para que brote la amistad y el diálogo. Presentado por algún amigo, el "simpatizante" será saludado y recibido con palabras amistosas por un sacerdote o por algún miembro representativo de la comunidad.

40. Durante la etapa del precatecumenado, los párrocos han de 13
ayudar a los "simpatizantes" con oraciones apropiadas. Se pueden 111
celebrar exorcismos menores para el bien espiritual de los simpa- 120
tizantes y del mismo modo, se permite bendecir a los simpatizantes para su bien (nn. **94**, **97**).

PRIMER PASO: RITO DE ENTRADA EN EL CATECUMENADO

41. De gran importancia es el rito llamado "Rito de entrada en el catecumenado", porque entonces los solicitantes, habiendo terminado la etapa del precatecumenado, se presentan públicamente por primera vez y manifiestan a la Iglesia su deseo, y esta, cumpliendo su misión apostólica, admite a los que desean ser sus miembros. A estos solicitantes Dios les otorga su gracia, ya que su deseo se muestra patente en esta celebración, que también marca su recepción y primera consagración por parte de la Iglesia. 14

42. Para dar este paso se requiere en los solicitantes una vida es- 15
piritual inicial y los conocimientos fundamentales de la doctrina 68
cristiana[1], a saber: la primera fe concebida en la etapa de la evangelización y el precatecumenado, la conversión inicial y la voluntad de cambiar de vida y de entrar en relación con Dios en Cristo; por lo tanto, un primer sentido de penitencia y la práctica inicial de invocar a Dios y hacer oración, y un sentido de Iglesia, acompañados de las primeras experiencias en el trato y espiritualidad de los cristianos, por medio del contacto con un sacerdote o con miembros de la comunidad. También se debe instruir a los solicitantes sobre la celebración de este rito litúrgico.

43. Antes de celebrar el rito, por lo tanto, se debe reservar todo el 16
tiempo que sea necesario y suficiente, según cada caso, para evaluar 69
y, si es necesario, purificar los motivos y disposiciones de los solicitantes. Esto corresponde a los pastores de almas, con la ayuda de los acompañantes (cfr. n. **10**), catequistas y diáconos, según los indicios externos.[2] Además es oficio de los párrocos, atentos a la virtud de los sacramentos ya recibidos válidamente (cfr. *La Iniciación cristiana*, Observaciones generales, n. 4), cuidar de que ninguno de los ya bautizados pretenda, por razón alguna, repetir el Bautismo.

[1] Cfr. Concilio Vaticano II, Decreto sobre la actividad misionera de la Iglesia, *Ad gentes*, n. 14.

[2] Ibid., n. 13.

44. Se celebrará el rito en días determinados durante el año (cfr. 65
n. **18**) que se ajusten a las condiciones locales. A este rito, que 69
consiste en la admisión de los solicitantes, la celebración de la 72
Palabra de Dios, y la despedida de aquéllos, puede seguir la ce- USA
lebración de la Eucaristía.

Cuando se combina con el rito de introducción (nn. **48–60**), reemplaza a los ritos iniciales de la Misa acostumbrados. Cuando está prescrito, sigue el Gloria y la oración colecta de la Misa. En días en que se permiten Misas rituales, las lecturas se pueden tomar del Leccionario, n. 743. Después de la homilía, se ofrecen las intercesiones por los catecúmenos (n. **65**), que son despedidos a continuación (n. **67**). La Misa continua como de costumbre (n. **68**).

Por decisión de la Conferencia de Obispos, se puede incluir lo siguiente dentro de este rito: un primer exorcismo y renuncia a un culto falso (nn. **70–72**), el dar un nombre nuevo (n. **73**), y ritos adicionales que simbolicen la admisión en la comunidad (n. **74**). Véase n. **33** para las decisiones tomadas por la Conferencia de Obispos Católicos de los Estados Unidos en lo que toca a estos asuntos.

45. Es de desear que toda la comunidad cristiana, o alguna parte 70
de ella, compuesta por los amigos y familiares, por los catequistas 71
y sacerdotes, tome parte activa en la ceremonia. El celebrante que 73
preside es un sacerdote o un diácono. Los acompañantes deben asistir también para representar a la Iglesia los solicitantes avalados por ellos.

46. Después de la celebración del Rito de entrada, los nombres de 17
los catecúmenos se inscribirán debidamente en el libro destinado a este fin, añadiendo los nombres de los acompañantes y del ministro, así como la fecha y el lugar de la admisión.

47. A partir de este momento los catecúmenos (a los que, por estar 18
ya vinculados a ella, abraza la santa Madre Iglesia con amor y cuidados maternales), forman parte de la "casa de Cristo"[3]. Ella los alimenta con la Palabra de Dios y los sostiene en las celebraciones litúrgicas. Por tanto, los catecúmenos han de desear vehementemente tomar parte en las celebraciones de la Palabra de Dios

[3] Cfr. Concilio Vaticano II, Constitución dogmática sobre la Iglesia, *Lumen gentium*, n. 14; Decreto sobre la actividad misionera de la Iglesia, *Ad gentes*, n. 14.

y recibir bendiciones y otros sacramentales. Cuando los catecúmenos contraigan matrimonio, o cuando un catecúmeno contraiga matrimonio con una persona bautizada, se debe usar el rito apropiado[4]. La persona que muera durante el catecumenado recibirá exequias cristianas.

RITO DE INTRODUCCIÓN

48. Los solicitantes, sus acompañantes y un grupo de fieles se 73
reúnen fuera de la iglesia (o en el atrio o pórtico), o en alguna parte apropiada de la iglesia o bien, finalmente, en otro lugar idóneo. El sacerdote o diácono acude a su encuentro, revestido con alba (o roquete) y estola, y si se desea, con capa pluvial de color festivo, para encontrarse con los que están esperando, mientras los fieles entonan un salmo o himno apropiado.

Instrucción preliminar

49. El celebrante saluda cordialmente a los solicitantes. Después 74
les dirige la palabra a ellos, a sus acompañantes y a todos los asistentes, señalando el gozo y satisfacción de la Iglesia y, si lo juzga oportuno para los acompañantes y amigos, puede evocar las experiencias particulares y la respuesta religiosa con la que cada candidato se enfrentó al comenzar su itinerario espiritual, hasta llegar a dar el paso actual.

Después invita a los acompañantes y a los solicitantes a que se adelanten. Mientras se acercan y ocupan un lugar ante el celebrante, se puede entonar algún canto apropiado, v.gr., el salmo 63 (62), 2-9:

[4] Cfr. *Ritual del Matrimonio*, segunda edición típica, n. 118.

Salmo 63 (62), 2-9

2 Oh Dios, tú eres mi Dios, por ti madrugo,
mi alma está sedienta de ti;
mi carne tiene ansia de ti,
como tierra reseca, agostada, sin agua.
3 ¡Cómo te contemplaba en el santuario
viendo tu fuerza y tu gloria!

4 Tu gracia vale más que la vida,
te alabarán mis labios.
5 Toda mi vida te bendeciré
y alzaré las manos invocándote.
6 Me saciaré como con manjares exquisitos,
y mis labios te alabarán jubilosos.

7 En el lecho me acuerdo de ti
y velando medito en ti,
8 porque fuiste mi auxilio,
y a la sombra de tus alas canto con júbilo.
9 Mi alma está unida a ti,
y tu diestra me sostiene.

Diálogo

50. Entonces el celebrante pregunta a cada uno de los solicitantes, 75
si es necesario, su nombre y apellido, a no ser que sean conocidos los nombres por ser muy pocos. Aunque el interrogatorio se haga una sola vez, si hay un gran número de solicitantes, cada uno debe responder individualmente. Esto se puede hacer del modo siguiente, o de otro modo parecido.

A

Celebrante:

¿Cómo te llamas?

Solicitante:

N.

B

Si lo desea, el celebrante llama a cada solicitante por su nombre, y este responde:

Presente.

El celebrante continúa con las siguientes preguntas a los solicitantes individualmente o cuando hay un gran número, las adapta para que los solicitantes contesten como grupo. El celebrante también puede hacer las preguntas con palabras distintas a las que se sugieren aquí, y admitir respuestas libres y espontáneas de los solicitantes después de la primera pregunta: **¿Qué pides a la Iglesia de Dios?** o **¿Qué deseas?** o **¿Por qué razón has venido?** se puede responder: **La gracia de Cristo, El ingreso en la Iglesia**, o bien: **La vida eterna** y otras respuestas convenientes, a las cuales el celebrante acomodará sus preguntas sucesivas.

Celebrante:

¿Qué pides a la Iglesia de Dios?

Solicitante:

La fe.

Celebrante:

¿Qué te ofrece la fe?

Solicitante:

La vida eterna.

51. Se deja a la discreción del obispo diocesano (cfr. n. **33.2**), el que la primera adhesión de los solicitantes al Evangelio (n. **52**) sea reemplazada por el rito de exorcismo y renuncia a los cultos falsos (nn. **70–72**). USA

Primera adhesión al Evangelio de los solicitantes

52. Después, el celebrante, acomodando de nuevo sus palabras a las respuestas recibidas, se dirige otra vez a los solicitantes con estas u otras palabras semejantes: 76

A

Dios ilumina a todo ser humano que viene a este mundo
y, por medio de la creación,
manifiesta sus atributos invisibles
para que todos puedan aprender
a dar gracias a su Creador.

Para ustedes, que han seguido su luz,
he aquí que ahora se les abre el camino del Evangelio.
Sobre el sólido cimiento de la fe,
reconozcan al Dios vivo
que habla en verdad a todos.
Al caminar a la luz de Cristo,
confíen en su sabiduría.
Poniendo su vida en manos de él cada día,
lleguen a creer en él de todo corazón.

Este es el camino de la fe,
por el cual Cristo los conducirá en la caridad,
para que tengan la vida eterna.
¿Están ustedes, pues, dispuestos a empezar hoy,
guiados por él, este camino?

Solicitantes:

Sí, estoy dispuesto(a).

B 370.1

Dios es nuestro creador
y en él se mueven todos los vivientes.
Él ilumina nuestras mentes
para que le conozcamos y le demos culto.
Él nos envió a su testigo fiel, Jesucristo,
para que nos anunciara a nosotros lo que él vio y oyó,
en el cielo y en la tierra.

Para ustedes, que se alegran en la venida de Cristo,
ha llegado el tiempo
de escuchar su palabra
para que lo conozcan con nosotros,
para que amen a su prójimo y así alcancen la vida eterna.
¿Están ustedes dispuestos a abrazar esta vida, con la ayuda de Dios?

Solicitantes:
Sí, estoy dispuesto(a).

C 370.2

Esta es la vida eterna:
que conozcan al Dios verdadero
y a su enviado Jesucristo.
Porque él, resucitado de entre los muertos,
ha sido constituido
rey de la vida y Señor de todas las cosas,
visibles e invisibles.

Por tanto, si desean hacerse discípulos
y miembros de la Iglesia,
es necesario que sean introducidos en la verdad integral,
que él nos reveló,
para que tengan los mismos sentimientos de Cristo Jesús
y procuren conformar su proceder a los preceptos evangélicos,
y así amen a Dios nuestro Señor y al prójimo,
como Cristo nos mandó y nos dio ejemplo.

¿Está cada uno de ustedes dispuesto a aceptar sus enseñanzas evangélicas?

Solicitantes:

Sí, estoy dispuesto(a).

Afirmación por parte de los acompañantes y de la asamblea

53. Después, vuelto hacia los acompañantes y a toda la asamblea, 77
les interroga con estas palabras u otras semejantes:

Ustedes, los acompañantes de estos solicitantes que ahora presentan a la Iglesia
y todos ustedes hermanos aquí presentes,
¿están dispuestos a ayudarlos a encontrar y a seguir a Cristo?

Todos:

Sí, estamos dispuestos.

El celebrante, con las manos juntas, dice: 82

Padre de bondad,
te damos gracias por estos hijos tuyos que,
atendiendo a tu solicitud
te han buscado a ti,
que de maneras diversas los has precedido y has llamado a su puerta
y porque han respondido a tu llamada ante nosotros hoy.
Por eso todos nosotros te alabamos y te bendecimos, Padre de bondad.

Todos:

Te alabamos y te bendecimos,
Padre de bondad.

Signación de la frente y los sentidos

54. Luego el celebrante hace la señal de la cruz en la frente de los 83
solicitantes (o bien delante de la frente, si el obispo diocesano 85
juzga que en su cultura no es apropiado el tocar; cfr. n. **33.3**). Se deja a la discreción del celebrante el signar después uno, varios, o todos los sentidos. El celebrante solo dice la fórmula que acompaña a cada signación.

Signación de la frente

55. Se puede hacer una de las siguientes opciones, dependiendo del número de los solicitantes.

A 83

El celebrante se dirige a los solicitantes (si son pocos) y a sus acompañantes con estas u otras palabras semejantes:

Queridos amigos, acérquense ahora con sus acompañantes
para recibir la señal de su nuevo modo de vida como
catecúmenos.

Los solicitantes, con sus acompañantes, se van acercando uno a uno al celebrante. Este hace la señal de la cruz, con el pulgar, en la frente de cada uno de los solicitantes; luego, si no se va a signar ninguno de los sentidos, como en el n. **56**, los acompañantes hacen lo mismo. El celebrante dice:

N., recibe la señal de la cruz en la frente.
Cristo mismo te fortalece
con este signo de su amor
(si antes se ha hecho la renuncia: **con este signo de su victoria**).
Aprende ahora a conocerlo y a seguirlo.

Según lo indiquen las circunstancias, la signación se puede concluir 86
cantando una aclamación de alabanza a Cristo, por ejemplo:

¡Gloria y alabanza a ti, Señor Jesús!

B 84

Pero si el número de solicitantes es muy grande, el celebrante se dirige a ellos con estas u otras palabras semejantes:

Queridos amigos,
ya que, de acuerdo con nosotros
(si antes se ha hecho la renuncia: **y con la renuncia de ustedes a los cultos falsos**)
han afirmado nuestra vida y nuestra esperanza en Cristo,
junto con sus catequistas y acompañantes.
Ahora los signo con la señal de la Cruz de Cristo
para que sean catecúmenos.
Toda la comunidad los acoge con su amor
y los acompañará con su auxilio.

Entonces el celebrante hace la señal de la cruz sobre todos ellos, al mismo tiempo que un acompañante o catequista hace la señal de la cruz en la frente de cada persona. El celebrante dice:

Reciban la señal de la cruz en la frente.
Cristo mismo los fortalece
con este signo de su amor
(si antes se ha hecho la renuncia: **con este signo de su victoria**).
Aprendan ahora a conocerlo y a seguirlo.

Según lo indiquen las circunstancias, la signación se puede concluir 86
cantando una aclamación de alabanza a Cristo, por ejemplo:

¡Gloria y alabanza a ti, Señor Jesús!

Signación de los otros sentidos

56. Luego tiene lugar la signación de los demás sentidos (sin em- 85
bargo, a juicio del celebrante, se puede omitir parcial o incluso 86
totalmente).

Son los catequistas o acompañantes quienes hacen las signaciones (si las circunstancias lo requieren, pueden hacerlas varios presbíteros o diáconos). Todas y cada una de estas signaciones pueden concluir, si parece oportuno, alabando a Cristo, v.gr.: **¡Gloria y alabanza a ti, Señor Jesús!** Pero las fórmulas siempre las dice el celebrante, que dice:

Mientras signan los oídos: 85

Reciban la señal de la cruz en los oídos,
para que escuchen la voz del Señor.

Mientras signan los ojos:

Reciban la señal de la cruz en los ojos,
para que vean la gloria de Dios.

Mientras signan los labios:

Reciban la señal de la cruz en los labios,
para que respondan a la Palabra de Dios.

Mientras signan el pecho:

Reciban la señal de la cruz en el pecho,
para que Cristo habite por la fe en sus corazones.

Mientras signan los hombros:

Reciban la señal de la cruz en los hombros,
para que lleven el suave yugo de Cristo.

[Mientras signan las manos: USA

Reciban la señal de la cruz en las manos,
para que Cristo sea conocido por el trabajo que hagan.

Mientras signan los pies:

Reciban la señal de la cruz en los pies,
para que puedan caminar siguiendo a Cristo.]

Después el celebrante solo signa colectivamente a todos los cate- 85
cúmenos sin tocarlos, haciendo sobre ellos la señal de la cruz (o, si son pocos, sobre cada uno de ellos, con la fórmula en singular) mientras dice:

Los signo a todos ustedes
en el nombre del Padre, y del Hijo ✠, y del Espíritu Santo,
para que vivan por los siglos de los siglos.

Catecúmenos:

Amén.

57. Entonces el celebrante dice: 87

A

Oremos.

Padre de bondad,
escucha benignamente nuestras oraciones;
y a estos catecúmenos, N. y N.,
a quienes hemos marcado con la señal de la cruz de Cristo,
protégelos con su fuerza,
para que, atesorando lo que han llegado a conocer de tu gloria,
puedan llegar, por la observancia de tus mandamientos,
a la gloria del nuevo nacimiento bautismal.
Por Jesucristo, nuestro Señor.

℟. Amén.

B

Oremos.

Oh Dios todopoderoso,
que por la cruz y resurrección de tu Hijo
llenaste de vida a tu pueblo,

te rogamos nos concedas que tus siervos,
a los que hemos signado con la cruz,
siguiendo las huellas de Cristo,
posean en su vida la fuerza salvadora de la cruz,
y la manifiesten en su conducta.
Por Jesucristo, nuestro Señor.

℟. Amén.

58. A discreción del obispo diocesano, se puede dar un nombre nuevo (n. **73**) en este momento. USA

59. A discreción del obispo diocesano, la invitación a celebrar la Palabra de Dios puede ser precedida o seguida de ritos adicionales que manifiesten la admisión en la comunidad, por ejemplo, la entrega de una cruz (n. **74**) o alguna otra acción simbólica. USA

Introducción en la iglesia

60. Después el celebrante invita a los catecúmenos a entrar con sus acompañantes en la iglesia o en otro lugar idóneo donde se celebrará la liturgia de la Palabra, con estas palabras u otras semejantes: 90

N. y N., entren ustedes en la iglesia,
para que tengan parte con nosotros en la mesa de la Palabra
de Dios.

Luego, con un ademán, los invita a entrar.

Mientras tanto, se canta un himno apropiado o la siguiente antífona con el salmo 34 (33), 2-3. 6 y 9. 10-11 y 16:

Vengan, hijos míos, escúchenme:
les enseñaré el temor del Señor.

Salmo 34 (33), 2-3. 6 y 9. 10-11 y 16

2 Bendigo al Señor en todo momento,
su alabanza está siempre en mi boca;
3 mi alma se gloría en el Señor:
que los humildes lo escuchen y se alegren. ℟.

6 Contémplenlo, y quedarán radiantes,
su rostro no se avergonzará.
9 Gusten y vean qué bueno es el Señor,
dichoso el que se acoge a él. ℟.

10 Todos sus santos, teman al Señor,
porque nada les falta a los que lo temen;
11 los ricos empobrecen y pasan hambre,
los que buscan al Señor no carecen de nada.
16 Los ojos del Señor miran a los justos,
sus oídos escuchan sus gritos. ℟.

SAGRADA CELEBRACIÓN DE LA PALABRA DE DIOS

INSTRUCCIÓN

61. Cuando los catecúmenos han vuelto a sus asientos, el celebrante les habla brevemente, ayudándoles a comprender la dignidad de la Palabra de Dios, que se anuncia y se escucha en la Iglesia. 91

A continuación, se lleva procesionalmente el libro de las sagradas Escrituras, se le coloca con todo honor en el ambón y, si se juzga oportuno, se le inciensa.

Entonces se tiene la celebración litúrgica de la Palabra.

Lecturas

62. Las lecturas pueden escogerse de entre las que aparecen en el 92
Leccionario, n. 743, que sean apropiadas para los nuevos catecúmenos: 372

Primera lectura

Gén 12, 1-4a: *Deja tu país y ve a la tierra que yo te mostraré.*

Salmo responsorial

Sal 33 (32), 4-5. 12-13. 18-19. 20 y 22
℟. (12b) Dichoso el pueblo escogido por Dios.
O bien:
℟. (22) Señor, ten misericordia de nosotros.

Versículo antes del Evangelio

Jn 1, 41. 17b

Hemos encontrado a Cristo, el Mesías.
La gracia y la verdad nos han llegado por él.

Evangelio

Jn 1, 35-42: *Este es el Cordero de Dios. Hemos encontrado al Mesías.*

Homilía

63. Sigue la homilía. 92

Entrega de los Evangelios

64. Si así lo desea, el celebrante puede entregar con dignidad y reverencia una copia de los Evangelios a los catecúmenos. También puede entregarles una cruz, a no ser que se haya dado como uno de los ritos adicionales (cfr. n. **74**). El celebrante puede usar alguna fórmula apropiada al regalo que se da, v.gr.: 93

Recibe el Evangelio de Jesucristo, Hijo de Dios.

Es oportuno que los catecúmenos den una respuesta apropiada a las palabras y regalo del celebrante.

Intercesiones por los catecúmenos

65. Después, los acompañantes y toda la congregación se unen en estas súplicas u otras similares por los catecúmenos. Se añaden las peticiones acostumbradas por las intenciones de la Iglesia y de todo el mundo si, después de que se despide a los catecúmenos, se omite la Oración de los fieles de la celebración eucarística (cfr. n. **68**). 94

Celebrante:

Estos catecúmenos, que son nuestros hermanos y hermanas,
ya han seguido un largo recorrido.
Nos regocijamos con ellos por la suave guía de Dios
que los ha traído hasta este día.

Ahora nosotros vamos a orar por ellos,
para que tengan la fortaleza de completar el gran camino que se abre ante ellos
para la plena participación en nuestra vida.

Lector:

Para que el Padre celestial les revele cada día más a Cristo,
roguemos al Señor.

℟. Escúchanos, Señor.

Lector:

Para que abracen con alma y corazón magnánimos la entera voluntad de Dios,
roguemos al Señor.

℟. Escúchanos, Señor.

Lector:

Para que gocen de nuestro apoyo constante y sincero en todo su camino,
roguemos al Señor.

℟. Escúchanos, Señor.

Lector:

Para que encuentren en nuestra comunidad
signos visibles de unidad y amor generoso,
roguemos al Señor.

℟. Escúchanos, Señor.

Lector:

Para que sus corazones y los nuestros se conmuevan
más profundamente con las necesidades de los demás,
roguemos al Señor.

℟. Escúchanos, Señor.

Lector:

Para que a su debido tiempo sean hallados dignos
de recibir el Bautismo de la regeneración
y la renovación por el Espíritu Santo,
roguemos al Señor.

℟. Escúchanos, Señor.

Oración final

66. Al terminar las súplicas, el celebrante, extendiendo las manos 95
sobre los catecúmenos, dice una de las siguientes oraciones:

A

Oremos.

Oh (Dios de nuestros antepasados y) Dios creador del universo,
te rogamos con humilde súplica,
que te dignes mirar propicio a estos siervos tuyos N. y N.,
para que sean siempre fervorosos en el Espíritu,
gozosos en la esperanza
y siempre obedientes a tu nombre.
Llévalos, Señor, te pedimos,
hasta el baño purificador de la nueva regeneración,
para que, junto con tus fieles,
tengan una vida fructífera
y consigan los premios eternos que tú prometes.
Por Jesucristo, nuestro Señor.

℟. Amén.

B

Oremos.

Oh Dios omnipotente y eterno,
Padre de toda la creación,
que hiciste al ser humano a tu imagen,
recibe con amor a estos siervos queridos que vienen ante ti,
y concédeles, pues oyeron entre nosotros la palabra de Cristo,
que, renovados con su virtud,
lleguen por tu gracia a la plena conformidad con tu Hijo.
Él, que vive y reina por los siglos de los siglos.

℟. Amén.

Despedida de los catecúmenos

67. Si se va a celebrar la Eucaristía, normalmente se despide a los catecúmenos en este momento usando la opción A o B; sin embargo, si los catecúmenos tienen que permanecer durante la celebración eucarística, se usa la opción C; si no se celebra la Eucaristía, se despide a toda la asamblea usando la opción D. USA

A 96

El celebrante recuerda brevemente con cuánto gozo han sido recibidos los catecúmenos y los exhorta a vivir según la Palabra de Dios que han oído. Una vez despedidos, el grupo de los catecúmenos sale, pero no se disuelve, sino que, acompañados por algunos fieles, permanecen reunidos para poder experimentar el gozo y para compartir mutuamente sus impresiones espirituales. El diácono o el celebrante los despide con estas u otras palabras semejantes:

Catecúmenos, vayan en paz,
y que el Señor los acompañe.

Catecúmenos:
Demos gracias a Dios.

B USA

Como fórmula opcional para despedir a los catecúmenos, el diácono o el celebrante puede usar estas u otras palabras semejantes:

Mis queridos amigos, esta comunidad los envía a ustedes ahora a reflexionar más profundamente sobre la Palabra de Dios que ustedes han compartido con nosotros hoy. Estén seguros de nuestro afecto, apoyo y oraciones por ustedes. Esperamos con gozo el día en que ustedes compartan plenamente de la mesa del Señor.

C 96

Si por razones graves los catecúmenos no pudieran salir (cfr. n. **75.3**) USA
y debieran permanecer con los fieles bautizados, se les debe informar de que, aunque asisten a la celebración eucarística, no pueden participar en ella al modo de los bautizados. El diácono o el celebrante les puede recordar esto con estas palabras u otras semejantes:

Aunque ustedes todavía no pueden participar plenamente en la Eucaristía del Señor, quédense con nosotros como un signo de nuestra esperanza de que todos los hijos de Dios comerán y beberán con el Señor y trabajarán con su Espíritu Santo para renovar la faz de la tierra.

D 96

Sin embargo, si no se va a celebrar la Eucaristía, se puede añadir un canto adecuado a las circunstancias, y se despide a los fieles y a los catecúmenos con estas palabras u otras semejantes:

Vayan en paz,
y que el Señor permanezca con ustedes.

Todos:
Demos gracias a Dios.

CELEBRACIÓN DE LA EUCARISTÍA

68. Después de la despedida, si se celebra la Eucaristía, se continúa 97
inmediatamente con la Oración universal (Oración de los fieles) por las necesidades de la Iglesia y de todo el mundo; luego se dice el Credo, cuando está prescrito, y sigue la preparación de los dones. Pero por razones pastorales la Oración universal y el Credo pueden omitirse.

RITOS OPCIONALES

69. Por decisión de la Conferencia de Obispos Católicos de los USA
Estados Unidos se puede incluir la entrega de una cruz (n. **74**) como símbolo de recepción en la comunidad. Se deja a la discreción del obispo diocesano uno o más ritos adicionales que pueden incorporarse en el Rito de entrada en el catecumenado: un primer exorcismo y renuncia a cultos paganos, el dar un nuevo nombre, así como ritos adicionales que simbolicen la recepción de los individuos dentro de la comunidad (cfr. nn. **33.2**, **33.4**, **33.5**, **33.8**).

EXORCISMO Y RENUNCIA A LOS CULTOS FALSOS

70. Donde esté extendido un culto falso, tanto si es en ritos que rinden culto a las potencias espirituales, o que evocan a los espíritus de los muertos, o que siguen prácticas mágicas, se puede permitir la introducción de un primer exorcismo y una renuncia a los cultos falsos, según el criterio del obispo diocesano (cfr. n. **33.2**). En ese caso, esto reemplaza a la primera adhesión al Evangelio (n. **52**). 78

Exorcismo

71. Después de una breve introducción del rito, el celebrante sopla suavemente, sobre el rostro de cada uno de los solicitantes. Si el soplo, incluso si es suave, parece inapropiado, se omite. Sin embargo, el celebrante debe decir la fórmula con la mano derecha extendida sobre los solicitantes, o de algún otro modo adecuado a las costumbres de la región, o incluso sin ningún ademán. 79

Si son muchos los solicitantes el celebrante dice la fórmula una sola vez para todos, omitiendo el soplo; si en algún sitio este soplo pareciera inaceptable, se omite.

Celebrante:

Rechaza, Señor, con el soplo de tu boca
a los espíritus malignos.
Mándales que se aparten,
porque se acerca tu reino.

Renuncia a los cultos falsos

72. Si el obispo diocesano juzgara oportuno que, ya desde este punto de la Iniciación, los solicitantes renuncien abiertamente a los cultos falsos y al de los espíritus o de las artes mágicas, se asegurará de elaborar la fórmula del interrogatorio y de la renuncia, 80 acomodada a las circunstancias locales. Con tal de que este texto no sea ofensivo para los miembros de otros grupos religiosos, eso puede expresarse con la fórmula siguiente o palabras parecidas.

A

Celebrante:

Queridos amigos,
ya que ustedes han sido llamados y animados por Dios Padre
y están decididos a adorarle y servirle a él solo y a su enviado
Cristo,
ha llegado el momento solemne de que renuncien ustedes
públicamente
a esas potestades que no son Dios,
y a esos cultos con los que no se manifiesta la veneración a Dios.
Lejos de ustedes, por tanto, abandonar a Dios y a su Cristo
y servir a otras potestades.

Solicitantes:

¡Así sea!

Celebrante:

Lejos de ustedes venerar a N. y N.

Solicitantes:

¡Así sea!

El celebrante continúa de la misma manera para cada forma de culto a la que debe renunciarse.

B 371

Celebrante:

Queridos amigos,
ustedes han decidido dar culto al Dios verdadero,
que los ha llamado y los ha traído hasta aquí,
y quieren servirle a él solo y a su Hijo Jesucristo.
Ahora, pues, en presencia de esta comunidad,

renuncien a los ritos y cultos con los que no se honra al Dios verdadero.
No deben ustedes nunca abandonarlo a él ni a su Hijo Jesucristo
y nunca servir de nuevo a otros dueños.

Solicitantes:

¡Así sea!

Celebrante:

Cristo Jesús, Señor de los vivos y de los muertos,
impera sobre todos.
Lejos de ustedes, por tanto, abandonar a Dios y a su Cristo
y regresar al culto de N. (Aquí se hace mención de las imágenes a las que se da culto en ritos falsos, tales como los fetiches).

Solicitantes:

¡Así sea!

Celebrante:

Sólo Cristo tiene el poder de proteger a los seres humanos.
No deben abandonarle nunca para buscar (llevar/usar) N. nunca más (Aquí se hace mención de los objetos que se usan en supersticiones, como los amuletos).

Solicitantes:

¡Así sea!

Celebrante:

Cristo Jesús es la verdad única.
Estén decididos a no abandonarle nunca
ni jamás acudir de nuevo a hechiceros, adivinos ni magos.

Solicitantes:

¡Así sea!

Luego la celebración continúa con la afirmación de los acompañantes y de la asamblea (n. **53**).

IMPOSICIÓN DE UN NUEVO NOMBRE

73. En ciertas regiones donde florecen religiones no cristianas, los 88
iniciados podrían haber recibido un nombre anteriormente. En USA
tales casos, el obispo diocesano podría decidir que se les conceda ese mismo nombre, o bien un nuevo nombre, que sea familiar en su cultura, con tal de que se le pueda adscribir un sentido cristiano. Esto es una excepción al precepto del canon 855 del Código de Derecho Canónico de 1983 (en tal caso, se omiten los nn. **200–202**). En algunos casos bastará explicar el significado cristiano del nombre recibido anteriormente de sus padres. Si se impone un nombre nuevo, se puede usar una de las siguientes fórmulas.

A

Celebrante:

¿Cómo quieres llamarte?

Catecúmeno:

N.

B

Celebrante:

N., en adelante te llamarás (también) N.

Catecúmeno:

Amén (u otra respuesta adecuada).

La celebración continúa con la entrega de una cruz que es opcional (n. **74**) y con un rito adicional determinado por el obispo diocesano para simbolizar la entrada de los catecúmenos en la comunidad (cfr. n. **33.5**) o con este rito adicional solamente, o con la invitación a celebrar la Palabra de Dios (n. **60**).

ENTREGA DE UNA CRUZ

74. Algunas veces puede introducirse en el rito la entrega de una cruz antes o después de la invitación a celebrar la Palabra de Dios (n. **60**). USA

Celebrante:

Ustedes han sido signados con la cruz de Cristo.
Reciban ahora el signo de su amor.

Catecúmenos:

Amén.

ETAPA DEL CATECUMENADO

75. El catecumenado es un tiempo prolongado, en que los catecúmenos reciben formación y guía pastoral y practican las disciplinas apropiadas[1], y así se les ayuda para que lleguen a su madurez las disposiciones de ánimo manifestadas a la entrada. Esto se obtiene por cuatro caminos: 19

1) Por medio de una catequesis apropiada, dirigida por sacerdotes, diáconos o catequistas y otros laicos, dispuesta por grados, pero presentada íntegramente, acomodada al año litúrgico y basada firmemente en las celebraciones de la Palabra, se va conduciendo a los catecúmenos no sólo al conveniente conocimiento de los dogmas y de los preceptos, sino también al íntimo conocimiento del misterio de la salvación, en el que desean participar.
2) Al ejercitarse familiarmente en la práctica de la vida cristiana, y ayudados por el ejemplo y auxilio de sus acompañantes y padrinos de Bautismo, y aun de todos los fieles de la comunidad, los catecúmenos se acostumbran a orar a Dios con más facilidad, a dar testimonio de su fe, a poner su esperanza en Cristo para todas las cosas, a seguir en su actuación la inspiración divina y a ejercitarse en la caridad al prójimo hasta la abnegación de sí mismos. Preparados así, "los neoconversos emprenden un camino espiritual, en el cual participan ya por la fe del misterio de la muerte y resurrección, y pasan del hombre viejo al hombre nuevo perfeccionado en Cristo. Este tránsito, que lleva consigo un cambio progresivo de sentimientos y moral, debe manifestarse en sus consecuencias sociales y desarrollarse paulatinamente durante el catecumenado. Siendo el Señor, en el que confían, blanco de contradicción, los que se convierten experimentan con frecuencia rupturas y separaciones, pero también gozos que Dios concede sin medida"[2].

[1] Cfr. Concilio Vaticano II, Decreto sobre la actividad misionera de la Iglesia, *Ad gentes*, n. 14.

[2] Ibid., n. 13.

3) Con los ritos litúrgicos oportunos, la santa madre Iglesia ayuda a los catecúmenos en su camino y estos son purificados paulatinamente y sostenidos con la bendición divina. Se fomentarán, para su beneficio, celebraciones de la Palabra de Dios, e incluso pueden asistir con los fieles a la liturgia de la Palabra en la Misa para prepararse mejor, poco a poco, a la futura participación en la liturgia de la Eucaristía. Sin embargo, según la costumbre tradicional, conviene que cuando asistan a las asambleas litúrgicas de los fieles, antes de comenzar la celebración eucarística se los despida cortésmente, a menos que su despedida presente problemas prácticos o pastorales; porque deben esperar a que, agregados por el Bautismo al pueblo sacerdotal, estén capacitados para participar en el nuevo culto de Cristo.

4) Como la vida de la Iglesia es apostólica, los catecúmenos deben aprender también a cooperar activamente a la evangelización y a la edificación de la Iglesia con el testimonio de su vida y con la profesión de su fe[3].

76. La duración de la etapa del catecumenado dependerá de la 20
gracia de Dios y de diversas circunstancias, a saber; el programa de instrucción para el catecumenado, el número de catequistas, diáconos y sacerdotes, de la cooperación de cada catecúmeno, las facilidades necesarias para encontrar un lugar en el catecumenado y ocuparlo, y finalmente de la ayuda de la comunidad local. Por tanto, nada se puede determinar "a priori".

La etapa del catecumenado se alargará cuanto sea necesario 98
–por años, si fuera preciso– para que maduren la conversión y la fe de los catecúmenos. Es más, con la formación de la vida cristiana en su integridad y con el adiestramiento debidamente prolongado, los catecúmenos son iniciados convenientemente en los misterios de la salvación y en la práctica de las costumbres evangélicas y por medio de los sagrados ritos celebrados sucesivamente a sus debidos tiempos, los catecúmenos son introducidos en la vida de la fe, de la liturgia, y de la caridad del pueblo de Dios.

[3] Cfr. Ibid., n. 14.

77. Es responsabilidad del obispo el dirigir el programa del cate- 20
cumenado y determinar su duración. La Conferencia de Obispos, después de considerar las condiciones del pueblo y de la región, puede dictar normas más concretas[4].

En casos peculiares, atendida la preparación espiritual de los 98
catecúmenos, a juicio del Ordinario del lugar, puede abreviarse la etapa del catecumenado (cfr. nn. **331–335**); en circunstancias totalmente extraordinarias, se puede hacer de una sola vez (cfr. nn. **332, 336–369**).

78. La instrucción que reciben los catecúmenos durante esta etapa 99
debe ser tal que, a la vez que presente la doctrina católica en su totalidad, también ilumine la fe, oriente el corazón a Dios, promueva la participación en la liturgia, inspire la actividad apostólica y nutra toda la vida según el espíritu de Cristo.

79. La celebración de la Palabra de Dios (nn. **81–89**) tiene, pues, 103
un lugar primordial entre los ritos que pertenecen a la etapa del catecumenado. Los exorcismos menores (nn. **90–94**) y las bendiciones de los catecúmenos (nn. **95–97**) se celebran regularmente dentro de una celebración de la Palabra. Además, se pueden celebrar otros ritos para marcar los pasos de los catecúmenos de un nivel a otro de la catequesis; por ejemplo, se puede celebrar una unción de los catecúmenos (nn. **98–103**) y se puede anticipar la entrega del Credo y de la Oración del Señor (cfr. nn. **104–105**).

80. Durante este tiempo los catecúmenos deben preocuparse de 104
buscar los padrinos que les han de presentar a la Iglesia en el día de su elección (cfr. n. **11**; también *La Iniciación cristiana*, Observaciones generales, nn. 8–10).

Se debe facilitar el que toda la comunidad –presbíteros, diáco- 105
nos, catequistas, acompañantes y padrinos, amigos y familiares– participen en algunas de las celebraciones de la Iniciación de los catecúmenos y en los ritos de transición (cfr. nn. **98–105**).

[4] Cfr. Concilio Vaticano II, Constitución sobre la sagrada Liturgia, *Sacrosanctum Concilium*, n. 64.

RITOS QUE PERTENECEN A LA ETAPA DEL CATECUMENADO

CELEBRACIONES DE LA PALABRA DE DIOS

81. Durante la etapa del catecumenado deben tenerse celebraciones de la Palabra de Dios, según el tiempo litúrgico, que sirvan tanto para la formación de los catecúmenos como para las necesidades de la comunidad. Estas celebraciones de la Palabra son: primero, celebraciones que se tienen especialmente para los catecúmenos; segundo, participación en la liturgia de la Palabra en la Misa del domingo; tercero, celebraciones que se tienen junto con la instrucción catequética. 100 USA

82. Las celebraciones especiales de la Palabra de Dios preparadas para la utilidad de los catecúmenos tienen como objetivo: 106

a) que la doctrina recibida penetre en sus almas, v.gr., la ética propia del Nuevo Testamento, el perdón de las injurias y de las ofensas, el sentido del pecado y del arrepentimiento, la misión de los cristianos en el mundo;

b) que enseñen a saborear los diversos métodos y aspectos de la oración;

c) que expliquen a los catecúmenos los símbolos, celebraciones y tiempos del misterio litúrgico;

d) que los vayan introduciendo gradualmente en los actos de culto de la comunidad total.

83. Desde el mismo comienzo de la etapa del catecumenado, se debe instruir a los catecúmenos sobre la santificación del Día del Señor (el domingo): 107

a) Se debe procurar que algunas de las celebraciones de la Palabra que se acaban de mencionar (n. **82**) se tengan los domingos, para que los catecúmenos se acostumbren a participar activa y conscientemente en ellas.

b) Poco a poco los catecúmenos deben ser admitidos a la primera parte de la celebración de la Misa dominical. Después de la liturgia de la Palabra se hará la despedida (cfr. n. **67** para las fórmulas de despedida), pero en la Oración universal se añadirá una súplica por ellos.

84. Las celebraciones de la Palabra también pueden tenerse junto 108
con las reuniones de los catecúmenos para la catequesis o la instrucción, y pueden incluir los exorcismos menores. También pueden concluir con las bendiciones, como se dice más adelante (cfr. nn. **92** y **96**).

Modelo para una celebración de la Palabra de Dios USA

85. Para las celebraciones de la Palabra de Dios que se tienen especialmente en beneficio de los catecúmenos (cfr. n. **82**), se puede usar como modelo el siguiente.

86. **Himno** – Se puede cantar un himno apropiado para empezar la celebración.

87. **Lecturas y salmos responsoriales** – Un miembro de la comunidad que esté bautizado proclama una o más lecturas de la Escritura, escogidas por su importancia para la formación de los catecúmenos. Un salmo responsorial, ordinariamente cantado, sigue a cada lectura.

88. **Homilía** – Se debe tener una breve homilía que explique y aplique las lecturas.

89. **Ritos conclusivos** – La celebración de la Palabra puede concluir con un exorcismo menor (n. **94**) o con una bendición de los catecúmenos (n. **97**). Cuando se usa el exorcismo menor, este puede ir seguido de una de las bendiciones (n. **97**) o, algunas veces, por el rito de la unción (nn. **102–103**).*

EXORCISMOS MENORES

90. Los exorcismos primeros o menores están compuestos en forma 101
de peticiones dirigidas directamente a Dios. Muestran ante los ojos de los catecúmenos la verdadera naturaleza de la vida cristiana, la lucha entre la carne y el espíritu, la importancia de la abnegación de sí mismo para conseguir las bienaventuranzas del Reino de Dios, y la necesidad constante del divino auxilio.

91. Los exorcismos menores puede celebrarlos el sacerdote o diá- 109
cono, o también un catequista digno y apto, designado por el obispo para este ministerio (cfr. n. **16**).

92. Los exorcismos menores se tienen durante la celebración de la 110
Palabra en una iglesia, una capilla o en los locales del catecumenado. Un exorcismo menor también se puede celebrar al principio o al fin de la reunión para la catequesis. Por necesidades especiales, se puede decir una de estas oraciones de exorcismo en privado para cada catecúmeno.

93. Nada impide que las fórmulas asignadas para los exorcismos 112
menores puedan repetirse en diversas circunstancias, según lo sugieran las diferentes situaciones.

* Las celebraciones de la Palabra que se tienen junto con las sesiones de instrucción pueden incluir, además de una lectura apropiada, un exorcismo menor (n. **94**) o una bendición de los catecúmenos (n. **97**). Cuando se usa el exorcismo menor, a este le puede seguir una de las bendiciones (n. **97**) o, en algunas ocasiones, el rito de unción (nn. **102–103**).

Las reuniones de los catecúmenos después de la liturgia de la Palabra en la Misa dominical también pueden incluir un exorcismo menor (n. **94**) o una palabra de bendición (n. **97**). Igualmente, cuando se usa el exorcismo menor, a este le puede seguir una de las bendiciones (n. **97**) o, en alguna ocasión, el rito de unción (nn. **102–103**).

Oraciones de exorcismo

94. Estando los catecúmenos inclinados o arrodillados, el cele- 109
brante extiende las manos sobre ellos y pronuncia una de las siguientes oraciones (opciones A–K).

A 113

Oremos.

Oh Dios omnipotente y eterno,
que por tu Hijo Unigénito
nos prometiste el Espíritu Santo,
te rogamos humildemente
por estos catecúmenos, que se ofrecen a ti:
aparta de ellos todo espíritu maligno
y líbralos del error y del pecado,
para que merezcan ser hallados dignos de convertirse
en templos del Espíritu Santo.
Confirma nuestras palabras, llenas de fe,
y haz que no sean vanas,
sino llenas del poder y de la gracia
con que tu Unigénito libró al mundo del mal.
Por Jesucristo, nuestro Señor.

Todos:
Amén.

B 114

Oremos.

Señor, Dios nuestro,
por quien se revela la vida verdadera,
se anula la corrupción, se fortalece la fe,
se despierta la esperanza y se inflama la caridad,
te rogamos en el nombre de tu Hijo,
nuestro Señor Jesucristo,
y por la virtud del Espíritu Santo,
que alejes de estos siervos tuyos
la incredulidad y la duda,

(el culto de los ídolos y la magia,
los encantamientos y el espiritismo,)
el ansia de dinero y los halagos de las pasiones desordenadas,
las enemistades y las discordias
y cualquier forma de maldad.
Y puesto que los has llamado
para que sean santos y sin pecado en tu presencia,
renueva en ellos el espíritu de fe y de piedad,
de paciencia y de esperanza,
de templanza y de pureza,
de caridad y de paz.
Por Jesucristo, nuestro Señor.

Todos:

Amén.

C 115

Oremos.

Señor, Dios todopoderoso,
que creaste al ser humano a tu imagen y semejanza
y lo formaste en la santidad y en la justicia,
y, sin abandonar al pecador,
sabiamente preparaste su salvación,
salva a estos siervos tuyos
y líbralos con tu poder de todos los males
y de la esclavitud del enemigo;
aleja de ellos el espíritu de la mentira,
de la codicia y de la maldad.
Recíbelos en tu reino,
abre los ojos de su corazón para comprender tu Evangelio,
para que, como hijos de la luz,
sean miembros de tu Iglesia,
den testimonio de la verdad
y practiquen, según tus mandamientos,
las obras de misericordia.
Por Jesucristo, nuestro Señor.

Todos:

Amén.

D 116

Oremos.

Señor Jesucristo,
que en el Sermón de la Montaña
quisiste apartar del pecado a tus discípulos
y revelarles las bienaventuranzas del reino de los cielos,
haz que estos siervos tuyos,
que oyen la palabra del Evangelio,
se conserven inmunes del espíritu de codicia y avaricia,
de sensualidad y de soberbia.
Como fieles discípulos tuyos,
se consideren bienaventurados cuando sean pobres y
hambrientos,
misericordiosos y limpios de corazón;
trabajen por la paz
y soporten con alegría las persecuciones,
para que se hagan partícipes de tu reino,
y así recibiendo la misericordia prometida,
y gusten el gozo de la visión de Dios en los cielos.
Tú que vives y reinas por los siglos de los siglos.

Todos:
Amén.

E 117

Oremos.

Dios Padre,
creador y salvador de toda carne,
que has llamado a estos catecúmenos a quienes creaste
por amor
y acogiste con misericordia;
tú que sondeas sus corazones, míralos hoy en espera de tu Hijo;
consérvalos con tu providencia
y realiza en ellos tu amoroso designio de salvación;
para que, unidos firmemente a Cristo,
sean contados entre sus discípulos aquí en la tierra
y puedan alegrarse de ser reconocidos por él en el cielo.
Por Jesucristo, nuestro Señor.

Todos:
Amén.

F 118

Oremos.

Oh Dios, que conoces los secretos de nuestros corazones
y recompensas nuestras buenas obras,
mira benigno los trabajos y el aprovechamiento de tus siervos.
Asegura sus pasos,
auméntales la fe,
acoge su conversión,
y, manifestando claramente tu justicia y tu bondad,
concédeles ser hallados dignos de participar
de tus sacramentos en la tierra,
y gozar eternamente de tu presencia en el cielo.
Por Jesucristo, nuestro Señor.

Todos:
Amén.

G 373.1

Oremos.

Señor Jesucristo, que amas y redimes a todos los seres humanos,
puesto que es necesario que todos se salven en tu nombre,
ante el cual se dobla toda rodilla
en el cielo, en la tierra y en los abismos,
te rogamos humildemente por estos siervos tuyos,
que te adoran como a Dios verdadero:
mira sus corazones e ilumínalos;
líbralos de las tentaciones y malicias de Satanás;
sánalos de sus debilidades y borra sus pecados
para que, discerniendo lo que te agrada y es perfecto según tu voluntad,
obedezcan con perseverancia a tu Evangelio
y sean hechos digna morada del Espíritu Santo.
Tú que vives y reinas por los siglos de los siglos.

Todos:
Amén.

H 373.2

Oremos.

Señor Jesucristo, que, enviado por el Padre y ungido por el Espíritu Santo,
quisiste cumplir en la sinagoga el oráculo del profeta Isaías,
proclamando la liberación a los cautivos
y anunciando la hora de la salvación,
te rogamos humildemente por estos siervos tuyos,
que vuelven hacia ti sus oídos y su corazón:
concédeles que reciban un tiempo oportuno de gracia.
Que la duda no torture sus mentes
y que no busquen satisfacer los deseos de la carne,
ni sean privados de la esperanza de las promesas,
ni escuchen el espíritu que siembra la duda,
sino que, creyendo en ti,

a quien el Padre sometió toda la creación
y constituyó sobre toda criatura,
se sometan al Espíritu de fe y de gracia,
a fin de que, conservando la esperanza a que fueron llamados,
consigan la dignidad del pueblo sacerdotal
y se alegren con el gozo incontenible de la nueva Jerusalén.
Tú que vives y reinas por los siglos de los siglos.

Todos:

Amén.

I

Oremos. 373.3

Señor Jesucristo,
que además de apaciguar la tempestad y librar a los endemoniados,
llamaste al publicano Mateo,
para que se transformara en ejemplo de tu misericordia
y recordara por los siglos
tu mandamiento de enseñar a todas las naciones,
te rogamos humildemente por estos siervos tuyos,
que se reconocen pecadores.
Dígnate frenar la adversa potestad del enemigo
y concede a tus siervos que, al experimentar tu misericordia,
sanen de las llagas del pecado
y encuentren la paz del corazón,
se alegren con la novedad del Evangelio
y sigan con toda su alma tu llamado.
Tú que vives y reinas por los siglos de los siglos.

Todos:

Amén.

J 373.4

Oremos.

Dios de infinita sabiduría,
que llamaste al apóstol san Pablo,
para que diera la Buena Noticia de tu Hijo a todas las naciones,
te rogamos humildemente por estos siervos tuyos,
que desean el santo Bautismo:
concédeles que, imitando al Apóstol de los Gentiles,
no sigan las inclinaciones de la carne y de la sangre,
sino las inspiraciones de la gracia.
Visita, pues, y purifica sus corazones,
para que, libres de todo engaño,
abandonando el pasado
y mirando al porvenir,
lo tengan todo por basura
en comparación con el conocimiento excelso de Cristo, tu Hijo,
con tal de alcanzarlo.
Él, que vive y reina por los siglos de los siglos.

Todos:
Amén.

K 373.5

Oremos.

Oh Dios, creador y redentor de tu pueblo santo,
que has atraído a ti a estos catecúmenos con inefable ternura,
míralos hoy, y purifica sus corazones,
completa en ellos el plan de tu gracia,
para que, siguiendo a Cristo de todo corazón,
merezcan beber el agua de la salvación.
Por Jesucristo, nuestro Señor.

Todos:
Amén.

BENDICIONES DE LOS CATECÚMENOS

95. Las bendiciones, con las que se muestra la caridad de Dios y la solicitud de la Iglesia, deben ofrecerse también a los catecúmenos, para que, aunque todavía carecen de la gracia de los sacramentos, al menos reciban de la Iglesia ánimo, gozo y paz en la prosecución del difícil camino que han comenzado. 102

96. Un sacerdote o un diácono, o incluso un catequista nombrado por el obispo puede dar las bendiciones (cfr. n. **16**). Generalmente se imparten al final de la celebración de la palabra; también pueden impartirse al final de la reunión para la catequesis. Cuando hay una necesidad especial, se pueden dar las bendiciones en privado a cada catecúmeno individualmente. 119

Oraciones de bendición

97. El celebrante, con las manos extendidas sobre los catecúmenos, pronuncia alguna de las oraciones siguientes (opciones A–I). Acabada la oración de bendición, los catecúmenos, si puede hacerse cómodamente, se acercan al celebrante, que impone la mano sobre cada uno. Después los catecúmenos se retiran. 119

A 121

Oremos.

Concede, Señor, a nuestros catecúmenos que,
iniciados en los santos misterios,
queden renovados en la fuente del Bautismo
y sean contados entre los miembros de tu Iglesia.
Por Jesucristo, nuestro Señor.

Todos:
Amén.

B 122

Oremos.

Oh Dios Padre, que por tus santos profetas
exhortaste a los que se acercan a ti:
"¡Lávense y purifíquense!",
y por medio de Cristo dispusiste la regeneración espiritual;
mira ahora a estos siervos tuyos,
que se disponen con diligencia al Bautismo:
bendícelos, y, fiel a tus promesas,
prepáralos y santifícalos,
para que, bien dispuestos a recibir tus dones,
merezcan la adopción de hijos
y la entrada en la comunión de tu Iglesia.
Por Jesucristo, nuestro Señor.

Todos:
Amén.

C 123

Oremos.

Señor, Dios omnipotente,
mira a tus siervos,
que están instruyéndose en el Evangelio de Cristo:
haz que te conozcan y te amen
para que de todo corazón y con ánimo gozoso
cumplan siempre tu voluntad.
Dígnate guiarlos en su marcha hacia ti;
agrégalos a tu Iglesia,
para que sean partícipes de los divinos misterios
y de la herencia
en esta tierra y en el cielo.
Por Jesucristo, nuestro Señor.

Todos:
Amén.

D 124

Oremos.

Oh Dios Padre nuestro, que,
por la venida de tu Hijo Unigénito Jesucristo,
libraste providencialmente al mundo del error,
escúchanos y da a tus catecúmenos
una comprensión madura, firmeza en la fe
y un sólido conocimiento de la verdad,
para que progresen día a día en toda virtud,
reciban en el momento oportuno
la regeneración del Bautismo para el perdón de los pecados
y glorifiquen tu nombre con nosotros.
Por Jesucristo, nuestro Señor.

Todos:
Amén.

E 374.1

Oremos.

Dios eterno y todopoderoso,
que habitas en las alturas y no te olvidas de lo insignificante,
y que enviaste a tu Hijo, nuestro Dios y Señor Jesucristo,
para la salvación del género humano,
mira benigno a los catecúmenos, siervos tuyos,
que se inclinan humildemente ante ti:
hazlos dignos por el Bautismo de la regeneración
del perdón de los pecados
y de la vestidura de la incorrupción;
agrégalos a tu Iglesia santa, católica y apostólica,
para que glorifiquen tu nombre en nuestra compañía.
Por Jesucristo, nuestro Señor.

Todos:
Amén.

F 374.2

Oremos.

Oh Dios, Señor de todos,
que por tu Hijo Unigénito destruiste el imperio de Satanás
y, soltando las cadenas, libraste a la humanidad cautiva,
te damos gracias por estos catecúmenos, que has llamado:
que sean confirmados en la fe,
para que te conozcan a ti, único Dios verdadero,
y al que enviaste, Jesucristo,
que se conserven puros de corazón
y aprovechen en la virtud,
para que se hagan dignos de recibir
las aguas de la regeneración
y de participar en los santos misterios.
Por Jesucristo, nuestro Señor.

Todos:
Amén.

G 374.3

Oremos.

Oh Dios, que quieres que todos los seres humanos se salven
y lleguen al conocimiento de la verdad,
infunde benignamente la fe en los corazones
de los que se preparan para el Bautismo
y agrégalos compadecido a tu Iglesia santa,
y para que se hagan dignos del don de la inmortalidad.
Por Jesucristo, nuestro Señor.

Todos:
Amén.

H 374.4

Oremos.

Señor Dios todopoderoso,
Padre de nuestro Salvador Jesucristo,
mira con clemencia a estos siervos tuyos:
arroja de sus mentes todo residuo de idolatría;
consolida en sus corazones tu ley y tus preceptos;
dirígelos hasta el pleno conocimiento de la verdad,
y prepáralos para que,
por la regeneración del Bautismo,
se hagan templos del Espíritu Santo.
Por Jesucristo, nuestro Señor.

Todos:

Amén.

I 374.5

Oremos.

Señor, mira benigno a tus siervos,
que se adhieren a tu santo nombre
e inclinan la cabeza ante ti:
ayúdalos en toda obra buena:
despierta sus corazones para que,
acordándose de tus obras y mandamientos,
se apresuren gozosos a abrazar lo que es tuyo.
Por Jesucristo, nuestro Señor.

Todos:

Amén.

UNCIÓN DE LOS CATECÚMENOS

98. Durante estos años, a medida que los catecúmenos progresan 103
del primer grupo catequético a otros, se pueden ofrecer celebra- 127
ciones del rito de unción con el óleo de los catecúmenos donde se considere útil y deseable. Si parece apropiado fortalecer a los catecúmenos con la primera unción, esta debe ser administrada por un sacerdote o un diácono.

99. La unción con el óleo de los catecúmenos significa la necesidad 212
de la fuerza divina, para que, quien va a ser bautizado, sin los impedimentos de las ataduras de la vida pasada y habiendo superado la oposición del diablo, dé con decisión el paso de profesar la fe, y la mantenga sin desmayo a lo largo de toda su vida.

100. La unción generalmente tiene lugar después de la homilía en 128
una celebración de la Palabra de Dios (cfr. n. **89**), y se confiere a cada uno de los catecúmenos; este rito de unción puede celebrarse varias veces durante el curso del catecumenado. Además, por razones particulares, un sacerdote o un diácono puede conferir la unción a cada catecúmeno en privado.

101. El óleo que se usa en este rito es el óleo bendecido por el 129
obispo en la Misa crismal, pero por razones pastorales el sacerdote que preside puede bendecir el óleo para el rito inmediatamente antes de la unción[1].

Oración de exorcismo o Bendición del óleo

102. Si se usa el óleo bendecido antes por el obispo, el celebrante 33.7
dice primero la oración de exorcismo como opción A (o una de las 130
otras oraciones de exorcismo en el n. **94**); sin embargo, si el sacer- 131
dote va a bendecir el óleo, lo hace usando la bendición dada como 206
opción B. 207
218

[1] Cfr. *Rito para la bendición de los óleos y la Consagración del Crisma*, Introducción, n. 7 (se encuentra en el *Misal Romano*, apéndice VIII).

A 373.2

Oración de exorcismo

Oremos.

Señor Jesucristo, que, enviado por el Padre y ungido por el
Espíritu Santo,
quisiste cumplir en la sinagoga el oráculo del profeta Isaías,
proclamando la liberación a los cautivos
y anunciando la hora de la salvación,
te rogamos humildemente por estos siervos tuyos,
que vuelven hacia ti sus oídos y su corazón:
concédeles que reciban un tiempo oportuno de gracia.
Que la duda no torture sus mentes
y que no busquen satisfacer los deseos de la carne,
ni sean privados de la esperanza de las promesas,
ni escuchen el espíritu que siembra la duda,
sino que, creyendo en ti,
a quien el Padre sometió toda la creación
y constituyó sobre toda criatura,
se sometan al Espíritu de fe y de gracia,
a fin de que, conservando la esperanza a que fueron llamados,
consigan la dignidad del pueblo sacerdotal
y se alegren con el gozo incontenible de la nueva Jerusalén.
Tú que vives y reinas por los siglos de los siglos.

Todos:
Amén.

B
131

Bendición del óleo

Oremos.

Dios nuestro, fuerza y protección de tu pueblo,
que hiciste del aceite un signo de fortaleza,
dígnate bendecir ✠ este óleo
y fortalece a los catecúmenos que con él serán ungidos,
para que, al recibir la fuerza y la sabiduría de Dios,
comprendan más profundamente el Evangelio de Cristo,
afronten animosamente las exigencias de la vida cristiana
y, hechos dignos de la adopción filial,
sientan la alegría de renacer y vivir en tu Iglesia.
Por Jesucristo, nuestro Señor.

Todos:
Amén.

UNCIÓN

103. Después el celebrante, vuelto a los catecúmenos, dice: 132

Para que el poder de Cristo Salvador los fortalezca,
los ungimos con este óleo de salvación
en el nombre del mismo Jesucristo, Señor nuestro,
que vive y reina por los siglos de los siglos.

Catecúmenos:

Amén.

El celebrante unge a cada uno de los catecúmenos con el óleo de los catecúmenos en el pecho, o en ambas manos, o también en otras partes del cuerpo, si parece oportuno. Si fueran muy numerosos los catecúmenos puede llamarse a otros sacerdotes o diáconos para que ayuden con la unción.

La unción puede ir seguida de una bendición sobre los catecúmenos (n. **97**). USA

RITOS OPCIONALES DURANTE LA ETAPA DEL CATECUMENADO

104. Las entregas del Credo y de la Oración del Señor se pueden anticipar para el beneficio de la etapa del catecumenado y la brevedad de la etapa de purificación e iluminación. Pero se han de celebrar únicamente cuando los catecúmenos muestren suficiente madurez para estas celebraciones. 125

105. Hecha la entrega, la ceremonia puede concluir con el rito *effetá* (cfr. nn. **197–199**)[2]. En tales casos, debe tenerse cuidado de substituir el término "catecúmenos" por el término "elegidos" en todas las fórmulas. 126

[2] Si también se anticipa la recitación del Credo (nn. **193–196**), como uno de los "ritos de transición" (cfr. n. **33.6**), se usa el rito del "Effetá" solamente al inicio de la recitación del Credo y no con los Ritos de entregas.

RITOS OPCIONALES

Entrega del Credo – cfr. nn. **157–162**.

Entrega de la Oración del Señor – cfr. nn. **178–183**.

Rito del "Effetá" – cfr. nn. **197–199**.

RITO DE ENVÍO DE LOS CATECÚMENOS PARA LA ELECCIÓN (OPCIONAL)

USA

106. En aquellas parroquias donde parezca útil y deseable, al terminar la etapa del catecumenado puede celebrarse un Rito de envío de los catecúmenos para la elección por el obispo. Cuando la elección se lleva a cabo en la parroquia, no se usa este rito.

107. Con el fin de señalar la preocupación de la Iglesia por los catecúmenos, la celebración para admitir a los catecúmenos al paso de la elección debe ser presidida por el obispo. Sin embargo, es dentro de la comunidad parroquial donde se emite el juicio preliminar en cuanto al estado de formación y progreso de los catecúmenos.

Este rito ofrece a esa comunidad local la oportunidad de expresar su aprobación de los catecúmenos y de enviarlos a la celebración de la elección seguros del cariño y del apoyo de la parroquia.

108. El rito se celebra en la iglesia parroquial a una hora apropiada antes del Rito de elección.

109. El rito tiene lugar después de la homilía en una celebración de la Palabra de Dios (cfr. n. **89**) o en este momento dentro de la Misa.

110. Cuando el Rito de envío de los catecúmenos para la elección se combina con el Rito de envío de los candidatos para el llamado a la conversión continua, se usa el rito alternativo que se encuentra en el Apéndice I, 2 (nn. **530–546**).

Presentación de los catecúmenos

111. Después de la homilía, el presbítero encargado de la Iniciación de los catecúmenos, o un diácono, un(a) catequista o un(a) representante de la comunidad, presenta a los catecúmenos con las siguientes palabras u otras semejantes:

Reverendo Padre, estos catecúmenos, a quienes le presento ahora,
van a empezar la etapa final de su preparación y purificación
antes de su Iniciación.
Han encontrado su fuerza en la gracia de Dios
y apoyo en las oraciones y ejemplo de la comunidad.

Ahora piden ser reconocidos
por el progreso que han alcanzado en su formación espiritual
y recibir la seguridad de nuestras bendiciones y oraciones
al presentarse para el Rito de elección
que el Obispo N. celebrará esta tarde
(o bien: **celebrará el próximo domingo** [o bien especifíquese el día]).

El celebrante contesta:

Acérquense los que van a ser enviados a la celebración de la elección en Cristo,
junto con los que van a ser sus padrinos.

Se llama a los catecúmenos por su nombre, uno por uno. Cada catecúmeno, acompañado por un padrino o una madrina (o ambos), se acerca y permanece de pie ante el celebrante.

Afirmación por parte de los padrinos (y de la asamblea)

112. Entonces el celebrante se dirige a la asamblea con estas u otras palabras semejantes:

Mis queridos amigos, estos catecúmenos
que se han estado preparando para los sacramentos de la Iniciación

esperan estar dispuestos para participar en el Rito de elección
y ser escogidos en Cristo para los sacramentos pascuales.
Es responsabilidad de esta comunidad el interrogarles sobre su disposición
antes de ser presentados al obispo.

Se dirige a los padrinos:

Me dirijo a ustedes, padrinos,
para que den su testimonio acerca de estos catecúmenos.
¿Han tomado seriamente estos catecúmenos su formación en el Evangelio
y en el modo de vivir la vida católica?

Padrinos:

Sí, así lo han hecho.

Celebrante:

¿Han dado señales de su conversión por el ejemplo de sus vidas?

Padrinos:

Sí, así lo han hecho.

Celebrante:

¿Juzgan ustedes que están dispuestos
para presentarlos al obispo para el Rito de elección?

Padrinos:

Sí, lo están.

Cuando sea apropiado según las circunstancias, el celebrante puede pedir a toda la asamblea que exprese su aprobación de los catecúmenos.

El celebrante concluye la afirmación con las siguientes palabras:

Mis queridos catecúmenos, esta comunidad los recomienda con alegría al obispo,

quien, en nombre de Cristo, los invitará a los sacramentos pascuales.
Que Dios lleve a término la buena obra que ha empezado en ustedes.

113. Si la firma del Libro de los Elegidos va a tener lugar en presencia del obispo, se omite aquí. Sin embargo, si durante el Rito de elección se le va a presentar al obispo el Libro de los Elegidos ya firmado, los catecúmenos pueden acercarse en este momento a firmarlo, o deberán hacerlo después de la celebración o en algún otro momento antes del Rito de elección.

Intercesiones por los catecúmenos

114. Entonces la comunidad ora por los catecúmenos usando la siguiente fórmula u otra parecida. El celebrante puede adaptar la introducción y las intenciones de acuerdo con las diferentes circunstancias. Es más, las intenciones habituales por la Iglesia y el mundo se deben añadir si se va a despedir a los catecúmenos después de las intercesiones y la Oración universal (cfr. n. **117**).

Celebrante:

Mis hermanos y hermanas,
hoy comenzamos el camino cuaresmal
en la esperanza de los misterios salvíficos
de la pasión, muerte y resurrección del Señor.
Los catecúmenos, a quienes llevamos a los sacramentos pascuales,
esperan de nosotros un ejemplo de renovación cristiana.

Pidámosle al Señor por ellos y por nosotros,
para que podamos renovarnos por los esfuerzos de unos y otros
y juntos seamos hechos dignos de las gracias pascuales.

Lector:

Para que estos catecúmenos renuncien a todo egoísmo
y piensen en los demás antes de en sí mismos,
roguemos al Señor.

℟. Señor, escucha nuestra oración.

Lector:

Para que sus padrinos sean ejemplos vivos del Evangelio
tanto en la vida pública como en la privada,
roguemos al Señor.

℟. Señor, escucha nuestra oración.

Lector:

Para que sus catequistas siempre comuniquen la dulzura de la Palabra de Dios,
a quienes la buscan,
roguemos al Señor.

℟. Señor, escucha nuestra oración.

Lector:

Para que estos catecúmenos compartan con los demás
la alegría que han encontrado en su fe,
roguemos al Señor.

℟. Señor, escucha nuestra oración.

Lector:

Para que nuestra comunidad, durante esta (o bien: **la próxima**) Cuaresma,
resplandezca con la plenitud de la caridad y sea constante en la oración,
roguemos al Señor.

℟. Señor, escucha nuestra oración.

Oración sobre los catecúmenos

115. Después de las súplicas, el celebrante, con las manos extendidas sobre los catecúmenos, dice la siguiente oración:

Padre todopoderoso y rico en misericordia,
tú deseas restaurar todo en Cristo
y atraer a él a toda la humanidad.
Guía con bondad a estos catecúmenos de la Iglesia

y concede que, fieles a la vocación que han recibido,
sean edificados en el reino de tu Hijo,
y sellados con el Espíritu prometido.
Por Jesucristo, nuestro Señor.

℟. Amén.

Despedida de los catecúmenos

116. Si se va a celebrar la Eucaristía, normalmente se despide a los catecúmenos en este momento usando la opción A o B; sin embargo, si los catecúmenos tienen que permanecer durante la celebración eucarística, se usa la opción C; si no se celebra la Eucaristía, se despide a toda la asamblea usando la opción D.

A

El diácono o el celebrante despide a los catecúmenos con estas u otras palabras semejantes:

Mis queridos amigos, ustedes van a empezar el camino cuaresmal. Cristo será su camino, su verdad y su vida. En su nombre, los envío desde esta comunidad para celebrar con el obispo la voluntad del Señor de que ustedes sean contados entre sus elegidos. Hasta que nos veamos de nuevo para los escrutinios, vayan en paz.

Catecúmenos:

Amén.

B

Como fórmula opcional para despedir a los catecúmenos, el diácono o el celebrante puede usar estas u otras palabras semejantes:

Mis queridos amigos, esta comunidad los envía a ustedes ahora a reflexionar más profundamente sobre la Palabra de Dios que ustedes han compartido con nosotros hoy. Estén seguros de nuestro afecto, apoyo y oraciones por ustedes. Esperamos con gozo el día en que ustedes compartan plenamente de la mesa del Señor.

C

Si por razones graves los catecúmenos no pudieran salir (cfr. n. **75.3**) y debieran permanecer con los fieles bautizados, se les debe informar de que, aunque asisten a la celebración eucarística, no pueden participar en ella al modo de los bautizados. El diácono o el celebrante les puede recordar esto con estas palabras u otras semejantes:

Aunque ustedes todavía no pueden participar plenamente en la Eucaristía del Señor, quédense con nosotros como un signo de nuestra esperanza de que todos los hijos de Dios comerán y beberán con el Señor y trabajarán con su Espíritu Santo para renovar la faz de la tierra.

D

Sin embargo, si no se va a celebrar la Eucaristía, se puede añadir un canto adecuado a las circunstancias, y se despide a los fieles y a los catecúmenos con estas palabras u otras semejantes:

Vayan en paz,
y que el Señor permanezca con ustedes.

Todos:

Demos gracias a Dios.

CELEBRACIÓN DE LA EUCARISTÍA

117. Después de la despedida, se celebra la Eucaristía. Se continúa inmediatamente con la Oración universal (Oración de los fieles) por las necesidades de la Iglesia y de todo el mundo; luego se dice el Credo, cuando está prescrito, y sigue la preparación de los dones. Pero por razones pastorales la Oración universal y el Credo pueden omitirse.

SEGUNDO PASO: RITO DE ELECCIÓN O INSCRIPCIÓN DE LOS NOMBRES

118. En la celebración de la "Elección" el catecumenado mismo llega a su fin, y con él, el largo período de formación de mente y corazón. Por tanto, para que una persona pueda ser inscrita entre los elegidos, se requiere una fe iluminada y una intención ponderada de recibir los sacramentos de la Iglesia. Es más, una vez que ha tenido lugar la inscripción, se animará a la persona a seguir a Cristo con mayor generosidad. 134

119. Al principio de la Cuaresma, que es la preparación próxima 22
para la Iniciación sacramental, se lleva a cabo la "Elección" o "ins- 133
cripción de los nombres" en la cual, oído el testimonio de los padrinos y de los catequistas, y confirmando su voluntad los catecúmenos, la Iglesia juzga de su preparación y decide si pueden acercarse a los sacramentos de la Iniciación. Así la Iglesia hace su elección, esto es, escoge y admite a aquellos catecúmenos que tienen las disposiciones necesarias para participar, en la siguiente celebración principal, en los sacramentos pascuales. Este paso se llama "Elección" porque la aceptación que hace la Iglesia está fundada en la elección de Dios, en cuyo nombre actúa la Iglesia. El paso también se llama la "inscripción de los nombres" porque es como una promesa de fidelidad que hacen los catecúmenos al inscribir sus nombres en el libro que contiene los nombres de aquellos que han sido elegidos para la Iniciación.

120. Antes de que se celebre el Rito de elección se cuestiona a los catecúmenos sobre su conversión de mente y de costumbres y sobre un suficiente conocimiento de la doctrina cristiana y sentimientos de fe y caridad. Se necesita especialmente una deliberación sobre su idoneidad. Luego, en la celebración del propio rito, tiene lugar la manifestación de su voluntad y el juicio del obispo ante la comunidad. Así se comprende que la elección, rodeada de tanta solemnidad, sea como el eje de todo el catecumenado. 23

121. En lo que se refiere a la Iglesia, la elección es, por así decir, el 135
centro de su solicitud hacia los catecúmenos. Por lo tanto, la admisión a la elección pertenece al obispo, y el celebrante que preside el Rito de elección es el obispo mismo o un presbítero o un diácono que oficia como delegado del obispo (cfr. n. **12**). Antes del Rito de elección, el obispo, los presbíteros, diáconos, catequistas, padrinos y la comunidad toda, de acuerdo con sus respectivas responsabilidades y a su modo, después de considerar el asunto cuidadosamente, llegan a una decisión sobre el estado de formación y progreso de los catecúmenos. Después de la elección, todos deben acoger con la oración a los elegidos, para que toda la Iglesia los conduzca consigo al encuentro de Cristo. USA

122. Para llegar a una decisión acertada sobre la idoneidad de los candidatos, conviene que se tenga alguna deliberación previa a la celebración para decidir sobre la preparación de los catecúmenos. En esta deliberación participan los presbíteros, diáconos y catequistas que dirigieron la formación de los catecúmenos, más los padrinos y delegados de la comunidad local; incluso, si es preciso, participa el grupo de los catecúmenos. Esta deliberación puede adoptar diversas formas, según las condiciones y los principios pastorales de cada región. El resultado de la deliberación aprobando a los catecúmenos se dará a conocer a la asamblea durante la celebración del rito litúrgico. 137

123. Entonces los padrinos, escogidos antes por los catecúmenos con el consentimiento del sacerdote y, en cuanto sea posible, aceptados por la comunidad local (cfr. n. **11**), ejercen públicamente su oficio: se les llama por su nombre al principio del rito y se acercan con los catecúmenos (n. **130**); en favor de estos pronuncian su testimonio ante la comunidad (n. **131**); y, según la oportunidad, inscriben su nombre con ellos en el Libro de los Elegidos (n. **132**). 136

124. Desde el día de la elección y de su admisión, los catecúmenos reciben el nombre de "elegidos". También, se les denomina "competentes" ("co-solicitantes"), porque todos juntos piden y aspiran a recibir los tres sacramentos de Cristo y el don del Espíritu Santo. Se llaman, también "iluminandos" ("los que serán iluminados"), ya que el Bautismo mismo recibe, también, el nombre de "iluminación", y por él los neófitos son inundados con la luz de la fe. En 24 nuestros días se pueden utilizar otras denominaciones, que, según la diversidad de las regiones y de la cultura, se adapten mejor a la comprensión de todos y al genio de cada lengua.

125. Tanto si intervino mucho o poco en la deliberación anterior 138
al rito, es responsabilidad del celebrante, es decir del obispo o quien ocupe su lugar, explicar en la homilía o en otra parte de la celebración el significado religioso y eclesiástico de la elección. Él es, pues, quien debe declarar ante los presentes la decisión de la Iglesia, y, si las circunstancias lo requieren, pedir a la comunidad que exprese su aprobación de los catecúmenos y a los catecúmenos que den una expresión personal de su intención, y, por último, efectuar en nombre de la Iglesia su admisión como elegidos. Además, debe presentar a todos el divino misterio, que se contiene en la vocación a la Iglesia y en la celebración litúrgica de este misterio, y exhortar a los fieles a dar buen ejemplo a los elegidos y a que junto con ellos se preparen para las solemnidades pascuales.

126. Puesto que los sacramentos de la Iniciación se celebran en las 139
solemnidades pascuales y su preparación pertenece a la índole propia de la Cuaresma, de ordinario el Rito de elección debe hacerse en el primer domingo de Cuaresma; y el tiempo de la última preparación de los elegidos (competentes) debe coincidir con el Tiempo de Cuaresma, cuyo ciclo, ya sea por su estructura litúrgica, ya sea por la participación de la comunidad, aprovechará mucho a los elegidos. Sin embargo, por causas pastorales, principalmente en localidades de misión, el rito se puede celebrar la semana que precede o la que sigue al primer domingo de Cuaresma.

Cuando, debido a circunstancias especiales y a necesidades pasto- USA
rales, el Rito de elección se tiene fuera de la Cuaresma, debe celebrarse cerca de seis semanas antes de los sacramentos de la Iniciación, a fin de dar suficiente tiempo para los escrutinios y las entregas. El rito no se debe celebrar en ninguna solemnidad del año litúrgico (cfr. n. **29**).

127. El rito tendrá lugar en la iglesia catedral, o en una iglesia parro- 140
quial o, de ser necesario, en otro lugar conveniente y apropiado. USA

128. El rito se celebra durante la Misa, después de la homilía, y 140
debe celebrarse durante la Misa del primer domingo de Cuaresma. 141
Si el rito se celebra en un día diferente, se deben usar siempre los MR

textos y las lecturas del ritual para la Misa. Se escogen de las lecturas asignadas al primer domingo de Cuaresma (cfr. Leccionario, nn. 22–24) o bien otras lecturas del Leccionario que sean apropiadas. Siempre se puede celebrar la Misa ritual propia "Para la elección o inscripción del nombre", usando el color morado en cualquier día menos los enumerados en los nn. 1–4 de la Tabla de los días litúrgicos. También se puede usar la Misa del viernes de la cuarta semana de Cuaresma. Cuando se celebra fuera de la Misa, el rito tiene lugar después de las lecturas y de la homilía y se concluye con la despedida tanto de los elegidos como de los fieles.

Un rito parroquial opcional para enviar a los catecúmenos para USA
la elección por el obispo precede al Rito de elección y aparece en el n. **106**.

LITURGIA DE LA PALABRA

Homilía

129. La homilía debe estar acomodada a las circunstancias del 142
momento y debe dirigirse no sólo a los catecúmenos sino también a toda la comunidad de los fieles, de modo que todos, procurando dar buen ejemplo, emprendan el camino del Misterio Pascual en compañía de los elegidos.

Presentación de los catecúmenos

130. Acabada la homilía, el sacerdote que esté a cargo de la Inicia- 143
ción de los catecúmenos, o un diácono, o catequista o un delegado (una delegada) de la comunidad, presenta a los que han de ser elegidos, con estas u otras palabras semejantes:

Reverendísimo (Reverendo) Padre,
próximas ya las solemnidades pascuales,
los catecúmenos que ahora le presento
están terminando su período de preparación.

Han encontrado fuerza en la gracia divina
y ayuda en las oraciones y el ejemplo de la comunidad.
Ahora humildemente piden que, después de la celebración
de los escrutinios,
les sea permitido participar
en los sacramentos del Bautismo, la Confirmación y la Eucaristía.

El celebrante responde:

Acérquense los que han de ser elegidos en Cristo,
acompañados por sus padrinos.

Se llama a los catecúmenos por su nombre, uno a uno. Cada catecúmeno, acompañado por un padrino o una madrina (o ambos), se acerca y permanece de pie ante el celebrante.

Si los catecúmenos fueran muy numerosos, la presentación se hace en grupos, v.gr., cada catequista presenta a su grupo. Pero en este caso, es de aconsejar que los catequistas tengan alguna celebración previa en la que llamen por su nombre a cada uno de sus catecúmenos.

Afirmación por parte de los padrinos (y de la asamblea)

131. Entonces el celebrante se dirige a la asamblea. Si ha tomado 144
parte en la deliberación previa sobre la disposición de los catecú- 145
menos (cfr. n. **122**), el celebrante puede usar la opción A o B o palabras similares; si no ha tomado parte en la deliberación previa, usa la opción B o palabras semejantes.

A 145

Celebrante:

Queridos hermanos y hermanas,
estos catecúmenos han pedido
ser iniciados en la vida sacramental de la Iglesia
durante las próximas fiestas pascuales.

Los que los conocen,
han juzgado que es sincero su deseo.
Durante el período de su preparación han escuchado la palabra de Cristo
y se han esforzado en vivir según sus mandamientos;
han compartido la compañía de sus hermanos y hermanas
y se han unido a ellos en la oración.
Ahora quiero informar a toda la asamblea
que la deliberación de la comunidad ha decidido llamarlos a los sacramentos.
Al comunicarles ahora esta decisión, pido a sus padrinos
que, una vez más, ratifiquen ante ustedes su opinión
para que todos ustedes puedan escucharla.

Se dirige a los padrinos:

¿Juzgan ustedes, en presencia de Dios,
que estos catecúmenos son dignos de ser admitidos
a los sacramentos de la Iniciación cristiana?

Padrinos:

Sí, los juzgamos dignos.

Cuando sea apropiado, el celebrante puede también pedir a toda la asamblea que exprese su aprobación de los catecúmenos: 145 USA

Ahora, les pregunto a ustedes, los miembros de esta comunidad:
¿Están ustedes dispuestos a afirmar el testimonio expresado sobre estos catecúmenos
y a apoyarlos con la fe, la oración y el ejemplo
ahora que nos preparamos a celebrar los sacramentos pascuales?

Todos:

Sí, lo estamos.

B 144

Celebrante:

La Iglesia de Dios desea ahora
saber si estos catecúmenos han sido suficientemente preparados
para entrar en el grado de los elegidos
en las próximas solemnidades de la Pascua.

Se dirige a los padrinos:

Y por eso me dirijo primero a ustedes, sus padrinos y madrinas:
¿Han escuchado estos catecúmenos fielmente la Palabra de Dios proclamada por la Iglesia?

Padrinos:

Sí, lo han hecho.

Celebrante:

¿Han comenzado a caminar ante Dios,
guardando la palabra recibida?

Padrinos:

Sí, lo han hecho.

Celebrante:

¿Han compartido la compañía cristiana de sus hermanos y hermanas?

Padrinos:

Sí, lo han hecho.

Cuando sea apropiado, el celebrante puede también pedir a toda la asamblea que exprese su aprobación de los catecúmenos: 145 USA

Ahora, les pregunto a ustedes, los miembros de esta comunidad:
¿Están ustedes dispuestos a afirmar el testimonio expresado sobre estos catecúmenos
y a incluir a cada uno de ellos en sus oraciones y afecto al acercarnos a la Pascua?

Todos:

Sí, lo estamos.

Pregunta y petición de los catecúmenos

132. Entonces el celebrante se dirige a los catecúmenos con las siguientes palabras u otras semejantes: 146 USA

Ahora les hablo a ustedes, queridos catecúmenos.
Sus padrinos y catequistas (y toda esta comunidad)
han dado buen testimonio de ustedes.
La Iglesia, en nombre de Cristo, acepta el testimonio de ellos
y los llama a ustedes a los sacramentos pascuales.

Ahora, pues, les toca a ustedes,
que ya han escuchado desde hace tiempo la palabra de Cristo,
dar su respuesta claramente a ese llamado en presencia de toda la Iglesia.

Por lo tanto, ¿quieren ustedes iniciarse plenamente en la vida de la Iglesia
por medio de los sacramentos del Bautismo, la Confirmación y la Eucaristía?

Catecúmenos:

Sí, queremos.

Celebrante:

Digan, pues, sus nombres para inscribirlos.

Los catecúmenos, acercándose al celebrante con sus padrinos o permaneciendo en su puesto, dicen su nombre; su inscripción se puede hacer de diversos modos. Puede escribirlo cada catecúmeno, o una vez pronunciado con claridad, lo puede escribir el padrino o el ministro que lo presentó (cfr. n. **130**). Mientras se inscriben los nombres se puede cantar algo apropiado, por ejemplo, el salmo 16 (15).

Si los catecúmenos son muy numerosos, la inscripción puede consistir simplemente en la presentación al celebrante de una lista de los nombres, con palabras como estas: **Estos son los nombres de los que piden la Iniciación** o, cuando el obispo es el celebrante y le han presentado a catecúmenos de diversas parroquias: **Estos son los nombres de los catecúmenos de la parroquia** N. **que solicitan la Iniciación.**

Salmo 16 (15)

1 Protégeme, Dios mío, que me refugio en ti.
2 Yo digo al Señor: "Tú eres mi Dios".
No hay bien para mí fuera de ti.

3 En los santos que hay en la tierra, varones insignes,
pongo toda mi complacencia.
4 Se multiplican las desgracias
de quienes van tras dioses extraños;
yo no derramaré sus libaciones con mis manos,
ni tomaré sus nombres en mis labios.

5 El Señor es el lote de mi heredad y mi copa,
mi suerte está en tu mano:
6 me ha tocado un lote hermoso,
me encanta mi heredad.

7 Bendeciré al Señor que me aconseja,
hasta de noche me instruye internamente.
8 Tengo siempre presente al Señor,
con él a mi derecha no vacilaré.

9 Por eso se me alegra el corazón,
se gozan mis entrañas,
y mi carne descansa esperanzada.
10 Porque no me abandonarás en la región de los muertos
ni dejarás a tu fiel ver la corrupción.

11 Me enseñarás el sendero de la vida,
me saciarás de gozo en tu presencia,
de alegría perpetua a tu derecha.

Recepción o elección

133. Acabada la inscripción de los nombres, el celebrante, después de explicar brevemente a los asistentes el significado del rito que se ha celebrado, se dirige a los catecúmenos con estas u otras palabras semejantes: 147

N. y N., ahora los declaro miembros de los elegidos,
para ser iniciados en los sagrados misterios durante la próxima
Vigilia Pascual.

Elegidos:
Demos gracias a Dios.

El celebrante prosigue:
Dios es siempre fiel a aquellos que él llama:
ahora es el deber de ustedes, como lo es nuestro,
el ser fieles a su llamamiento y esforzarse con todo entusiasmo
en llegar a la plena verdad de su elección.

Entonces el celebrante se vuelve a los padrinos y los exhorta con estas o parecidas palabras:

Padrinos, ustedes han hablado en favor de estos elegidos:
acéptenlos ahora como elegidos en el Señor
y continúen apoyándolos por medio de su amoroso cuidado
y ejemplo,
hasta que reciban los sacramentos de la vida divina.

Los invita a que pongan la mano sobre el hombro de los elegidos, a los que adoptan bajo su cuidado, o a que hagan otro gesto del mismo significado.

Intercesiones por los elegidos

134. La comunidad puede usar una de las siguientes fórmulas (opción A o B), o una fórmula parecida para orar por los elegidos. El celebrante puede adaptar la introducción y las súplicas según las diferentes circunstancias. Las intenciones acostumbradas por la Iglesia y el mundo se añaden si se va a despedir a los elegidos después de las Intercesiones y se va a omitir la Oración universal durante la Misa (cfr. n. **137**). 148

Celebrante:

Mis queridos hermanos y hermanas,
al empezar este tiempo cuaresmal,
nos preparamos para celebrar en la Pascua los misterios
salvíficos
del sufrimiento, muerte y resurrección de nuestro Señor.
Estos elegidos, que conducimos a los sacramentos pascuales,
se fijarán en el ejemplo de nuestra renovación cristiana.

Roguemos, pues, por ellos y por nosotros al Señor,
para que seamos renovados por nuestros mutuos esfuerzos
y vayamos juntos a compartir los gozos de la Pascua.

A 148

Lector:

Por nuestros elegidos, para que, recordando este día de su elección,
permanezcan siempre agradecidos a la bendición celestial,
roguemos al Señor.

℟. Escúchanos, Señor.

Lector:

Para que, empleando bien este tiempo de gracia,
llevemos con buen ánimo las dificultades de la renuncia y prosigamos juntos las obras de la santificación,
roguemos al Señor.

℟. Escúchanos, Señor.

Lector:

Por sus catequistas,
para que siempre muestren la dulzura de la Palabra de Dios
a aquellos que la buscan,
roguemos al Señor.

℟. Escúchanos, Señor.

Lector:

Por sus padrinos,
para que sean ejemplo de la práctica continua del Evangelio en su vida,
roguemos al Señor.

℟. Escúchanos, Señor.

Lector:

Por sus familias,
para que, sin ponerles impedimento alguno,
les ayuden más bien a seguir la inspiración del Espíritu Santo,
roguemos al Señor.

℟. Escúchanos, Señor.

Lector:

Por nuestra comunidad, para que en este tiempo cuaresmal
crezca en la caridad y sea perseverante en la oración,
roguemos al Señor.

℟. Escúchanos, Señor.

Lector:

Por todos los que todavía dudan,
para que, fiándose de Cristo
lleguen sin vacilación a unirse a la comunidad fraterna de los fieles,
roguemos al Señor.

℟. Escúchanos, Señor.

B 375

Lector:

Para que estos elegidos encuentren su alegría
en la oración diaria, oremos:

℟. Te rogamos, óyenos.

Lector:

Para que, al acudir a ti con frecuencia en la oración,
vivan cada vez más unidos a tu vida, oremos:

℟. Te rogamos, óyenos.

Lector:

Para que lean tu Palabra
y con alegría la guarden en sus corazones, oremos:

℟. Te rogamos, óyenos.

Lector:

Para que, reconociendo humildemente sus defectos,
comiencen esforzadamente a enmendarlos, oremos:

℟. Te rogamos, óyenos.

Lector:

Para que conviertan el quehacer cotidiano
en una oblación grata a ti, oremos:

℟. Te rogamos, óyenos.

Lector:

Para que todos los días de Cuaresma
puedan emprender algo consagrado a ti, oremos:

℟. Te rogamos, óyenos.

Lector:

Para que con ánimo esforzado
se abstengan de toda mancha y desorden, oremos:

℟. Te rogamos, óyenos.

Lector:

Para que crezcan en el amor
y conserven la virtud y la santidad de vida, oremos:

℟. Te rogamos, óyenos.

Lector:

Para que al renunciar a sí mismos
puedan atender primero a los demás, oremos:

℟. Te rogamos, óyenos.

Lector:

Para que guardes y bendigas benignamente a sus familias,
oremos:

℟. Te rogamos, óyenos.

Lector:

Para que transmitan a los demás
la alegría que han alcanzado con la fe, oremos:

℟. Te rogamos, óyenos.

135. El celebrante, extendiendo las manos sobre los elegidos, concluye las súplicas con una de las siguientes oraciones: 149

A

Oh Dios, que creaste y restauraste el género humano,
mira propicio a estos hijos de adopción,
y, como nuevos retoños, inclúyelos en la nueva alianza,
para que, hechos herederos de la promesa,
se alegren de recibir por la gracia
lo que no se consigue por la naturaleza.
Por Jesucristo, nuestro Señor.

℟. Amén.

B

Padre todopoderoso y rico en misericordia,
tú deseas restaurar todo en Cristo
y atraer a él a toda la humanidad.
Guía con bondad a estos elegidos de la Iglesia
y concede que, fieles a la vocación que han recibido,
sean edificados en el reino de tu Hijo,
y sellados con el Espíritu prometido.
Por Jesucristo, nuestro Señor.

℟. Amén.

Despedida de los elegidos

136. Si se va a celebrar la Eucaristía, normalmente se despide a los elegidos en este momento usando la opción A o B; sin embargo, si los elegidos tienen que permanecer durante la celebración eucarística, se usa la opción C; si no se celebra la Eucaristía, se despide a toda la asamblea usando la opción D. USA

A 150

El diácono o el celebrante despide a los elegidos con esta o parecida monición:

Queridos elegidos,
ustedes han entrado con nosotros en el camino cuaresmal.
Cristo será su camino, su verdad y su vida.
Hasta que nos veamos de nuevo para los escrutinios,
vayan en paz.

Elegidos:

Amén.

Los elegidos salen.

B USA

Como fórmula opcional para despedir a los elegidos, el diácono o el celebrante puede usar estas u otras palabras semejantes:

Mis queridos amigos, esta comunidad los envía a ustedes ahora a reflexionar más profundamente sobre la Palabra de Dios que ustedes han compartido con nosotros hoy. Estén seguros de nuestro afecto, apoyo y oraciones por ustedes. Esperamos con gozo el día en que ustedes compartan plenamente de la mesa del Señor.

C 150

Si por razones graves los elegidos no pudieran salir (cfr. n. **75.3**) USA
y debieran permanecer con los fieles bautizados, se les debe informar de que, aunque asisten a la celebración eucarística, no pueden participar en ella al modo de los bautizados. El diácono o el celebrante les puede recordar esto con estas palabras u otras semejantes:

Aunque ustedes todavía no pueden participar plenamente en la Eucaristía del Señor, quédense con nosotros como un signo de nuestra esperanza de que todos los hijos de Dios comerán y beberán con el Señor y trabajarán con su Espíritu Santo para renovar la faz de la tierra.

D 150

Sin embargo, si no se va a celebrar la Eucaristía, se puede añadir un canto adecuado a las circunstancias, y se despide a los fieles y a los elegidos con estas palabras u otras semejantes: 96

Vayan en paz,
y que el Señor permanezca con ustedes.

Todos:
Demos gracias a Dios.

CELEBRACIÓN DE LA EUCARISTÍA

137. Después de la despedida, se celebra la Eucaristía. Se continúa inmediatamente con la Oración universal (Oración de los fieles) por las necesidades de la Iglesia y de todo el mundo; luego se dice el Credo, cuando está prescrito, y sigue la preparación de los dones. Pero por razones pastorales la Oración universal y el Credo pueden omitirse. 151

ETAPA DE PURIFICACIÓN E ILUMINACIÓN

138. La etapa de purificación e iluminación de los elegidos normal- 21
mente coincide con la Cuaresma y comienza con la elección. Tanto 152
en la liturgia como en la catequesis litúrgica, por el recuerdo del
Bautismo, o la preparación para él y por la Penitencia[1], la Cuaresma
renueva la comunidad de los fieles junto con los elegidos y los
dispone a recordar el Misterio Pascual, que los sacramentos de
Iniciación[2] aplican a las personas. En esta etapa, los elegidos, junto
con la comunidad local, se entregan al recogimiento espiritual para
prepararse a la celebración del Misterio Pascual y a la Iniciación
por los sacramentos. Con este fin, se les proporcionan los escruti-
nios, los Ritos de entregas y los Ritos de preparación inmediata.

139. Este es un tiempo de preparación espiritual más intensa, y 22
consiste más en reflexión interior que en instrucción catequética, e 25
intenta la purificación de las mentes y de los corazones de los ele- 153
gidos, al tiempo que ellos mismos examinan sus propias conciencias
y hacen penitencia. Este tiempo está dispuesto para iluminar las
mentes y los corazones de los elegidos con un conocimiento más
profundo de Cristo, nuestro Salvador. La celebración de ciertos
ritos, particularmente de los escrutinios (cfr. nn. **141–146**) y de las
entregas (cfr. nn. **147–149**), lleva a cabo el proceso de purificación e
iluminación y se extiende durante toda la Cuaresma.

[1] Cfr. Concilio Vaticano II, Constitución sobre la sagrada Liturgia, *Sacrosanctum Concilium*, n. 109.

[2] Cfr. Concilio Vaticano II, Decreto sobre la actividad misionera de la Iglesia, *Ad gentes*, n. 14.

140. El Sábado Santo es el día de la preparación próxima para la 26
celebración de los sacramentos de la Iniciación y en ese día se pueden celebrar los Ritos de preparación inmediata (cfr. nn. **185–192**).

RITOS QUE PERTENECEN A LA ETAPA DE PURIFICACIÓN E ILUMINACIÓN

ESCRUTINIOS

141. Los escrutinios, que se celebran solemnemente los domingos, 25
tienen el doble objeto que se mencionaba anteriormente: descubrir, 154
y posteriormente, sanar todo aquello que es débil, defectuoso o pecaminoso en los corazones de los elegidos; y resaltar y luego fortalecer todo lo que es recto, fuerte y bueno. Los escrutinios, que se completan con la ayuda de los exorcismos, tienen una finalidad espiritual. Se celebran a fin de librar a los elegidos del poder del pecado y de Satanás, de protegerlos contra la tentación, y de darles fuerza en Cristo, quien es el camino, la verdad, y la vida. Estos ritos, además, deben ayudar a la conversión total de los elegidos y despertar la voluntad de mantenerse estrechamente unidos a Cristo y de proseguir con mayor empeño en su esfuerzo por amar a Dios sobre todas las cosas.

142. Se espera que los elegidos (competentes) tengan la intención 155
de adquirir un conocimiento íntimo de Cristo y de su Iglesia, y muy en especial que progresen en el sincero conocimiento de sí mismos por medio del examen reflexivo de sus vidas y del verdadero arrepentimiento.

143. A fin de inspirar en los elegidos el deseo de la purificación y 157
de la redención de Cristo, se celebran tres escrutinios. Por este medio, los elegidos primeramente conocen gradualmente el misterio del pecado, del cual todo el universo y cada individuo

anhelan redimirse para verse libre de sus consecuencias presentes y futuras. En segundo lugar, su espíritu se impregna del sentido de Cristo Redentor, que es agua viva (evangelio de la Samaritana en el primer escrutinio), la luz del mundo (evangelio del ciego de nacimiento en el segundo escrutinio), la resurrección y la vida (evangelio de Lázaro en el tercer escrutinio). Del primero al último de los escrutinios, los elegidos deben progresar en su percepción del pecado y en su deseo de la salvación.

144. En el rito de exorcismo (cfr. nn. **154**, **168**, **175**), celebrado por un 156
sacerdote o un diácono, los elegidos, que ya han sido instruidos por la santa madre Iglesia sobre el misterio de Cristo que nos libra del pecado, se desprenden de las consecuencias del pecado y de la influencia del diablo. Consiguen fuerzas nuevas para su peregrinar espiritual, y se les abre el corazón para recibir los dones del Salvador.

145. El sacerdote o diácono que preside la comunidad debe cele- 158
brar los escrutinios de modo que los fieles en la asamblea también se aprovechen de la liturgia de los escrutinios y se unan en las intercesiones por los elegidos.

146. Los escrutinios se hacen dentro de las Misas rituales tituladas 159
"Para los escrutinios del catecumenado", que se celebran los do- USA
mingos tercero, cuarto y quinto de Cuaresma; las lecturas con sus cantos son las que se han asignado en el Leccionario para el año A (nn. 28, 31 y 34). Cuando, por razones pastorales, los escrutinios no se pueden celebrar en sus domingos propios, se celebran en otros domingos de Cuaresma o aun en días de la semana que sean más convenientes.

Cuando, debido a circunstancias especiales y necesidades pastorales, la etapa de purificación e iluminación tiene lugar fuera de la Cuaresma, los escrutinios se celebran los domingos o incluso en días de la semana, con los intervalos acostumbrados entre las celebraciones. No se celebran en solemnidades del año litúrgico (cfr. n. **30**).

En todo caso se celebran las Misas rituales "Para los escrutinios del catecumenado" y en este orden: para el primer escrutinio, la Misa con el evangelio de la mujer samaritana; para el segundo, la Misa con el evangelio del ciego de nacimiento; y para el tercero, la Misa con el evangelio de Lázaro.

ENTREGAS

147. Las entregas se hacen después de la celebración de los escru- 25
tinios, a no ser que, por razones pastorales, se hayan anticipado 181
durante la etapa del catecumenado (cfr. nn. **79, 104–105**). Así, una vez completada la preparación doctrinal de los elegidos, la Iglesia les entrega con amor el Credo y la Oración del Señor, documentos que desde la antigüedad constituyen un compendio de la fe de la Iglesia y de su oración. Estos textos se entregan para iluminar a los elegidos. El Credo, al recordar las maravillas de Dios por la salvación del género humano, llena la visión de los elegidos con la luz segura de la fe. La Oración del Señor los llena con una consciencia más profunda del nuevo espíritu de adopción por el cual ellos llamarán Padre a Dios, especialmente en medio de la asamblea eucarística.

148. Entrega del Credo – La primera entrega que se hace a los 183
elegidos es la del Credo, durante la semana posterior al primer 184
escrutinio. Los elegidos lo aprenderán de memoria y lo recitarán públicamente (nn. **193–196**) antes de proclamar su fe según ese Credo en el día de su Bautismo. Si es apropiado, se puede celebrar también durante la etapa del catecumenado (cfr. nn. **79, 104–105**).

149. Entrega de la Oración del Señor – La segunda entrega a los 188
elegidos es la de la Oración del Señor, durante la semana que sigue 189
al tercer escrutinio. Desde la antigüedad la Oración del Señor ha sido la oración propia de aquellos que, en el Bautismo, han recibido el espíritu de adopción. Cuando los elegidos sean bautizados y participen en su primera celebración de la Eucaristía, se unirán al resto de los fieles en la recitación de la Oración del Señor. Si es apropiado, se puede celebrar también durante la etapa del catecumenado (cfr. nn. **79, 104–105**). Si es necesario, esta entrega puede dejarse para incluirla en los Ritos de preparación inmediata (cfr. n. **185**).

PRIMER ESCRUTINIO

LITURGIA DE LA PALABRA

Lecturas

150. El primer escrutinio se celebra el tercer domingo de Cuaresma usando las fórmulas indicadas en el Misal (Misas rituales, Para los escrutinios del catecumenado) y en el Leccionario (n. 745). 160

Homilía

151. Después de las lecturas y basándose en ellas, el celebrante explica en la homilía el significado del primer escrutinio a la luz de la liturgia cuaresmal y del itinerario espiritual de los elegidos. 161

Oración en silencio

152. Después de la homilía, los elegidos, con sus padrinos y madrinas van hacia el celebrante y se mantienen de pie delante de él. 162

El celebrante se dirige primero a la asamblea de los fieles, invitándolos a orar en silencio y a pedir para los elegidos el espíritu de arrepentimiento, el sentido del pecado, y la verdadera libertad de los hijos de Dios.

El celebrante luego se dirige a los elegidos, invitándolos igualmente a orar en silencio y los exhorta a mostrar su disposición interna al arrepentimiento aun con su postura corporal, inclinando la cabeza o arrodillándose; finalmente concluye con estas o parecidas palabras:

Elegidos de Dios, inclinen la cabeza (o bien: **arrodíllense**) y oren.

Entonces los elegidos inclinan la cabeza o se arrodillan, y todos oran en silencio durante unos momentos. Luego, según se indiquen las circunstancias, se ponen de pie.

Intercesiones por los elegidos

153. Puede usarse cualquiera de las dos fórmulas, la opción A o 163
B, para las intercesiones por los elegidos y ambas, la introducción USA
y las súplicas, pueden adaptarse a las diferentes circunstancias. Durante las intercesiones, los padrinos y las madrinas están de pie con la mano derecha sobre el hombro de su elegido. Las intenciones usuales por la Iglesia y por todo el mundo deben añadirse si se despide a los elegidos después de las intercesiones y se omite la Oración de los fieles durante la Misa (cfr. n. **156**).

Celebrante: 163

Oremos por estos elegidos,
a los que la Iglesia llamó confiadamente.
Para que terminen con éxito su larga preparación,
y en las fiestas pascuales encuentren a Cristo en sus
sacramentos.

A 163

Lector:

Para que mediten en su corazón las palabras divinas
y las saboreen más profundamente cada día,
roguemos al Señor.

℟. Escúchanos, Señor.

Lector:

Para que aprendan a conocer a Cristo,
que vino a salvar lo que había perecido,
roguemos al Señor.

℟. Escúchanos, Señor.

Lector:

Para que confiesen con humildad de corazón que son pecadores,
roguemos al Señor.

℟. Escúchanos, Señor.

Lector:

Para que rechacen sinceramente en sus costumbres de vida todo
lo que desagrada a Cristo y es contrario a su amor,
roguemos al Señor.

℟. Escúchanos, Señor.

Lector:

Para que el poder del Espíritu Santo, que conoce todos los corazones,
fortalezca su debilidad,
roguemos al Señor.

℟. Escúchanos, Señor.

Lector:

Para que aprendan del propio Espíritu Santo
lo que es de Dios y lo que le agrada,
roguemos al Señor.

℟. Escúchanos, Señor.

Lector:

Para que también sus familias pongan en Cristo su esperanza,
y encuentren en él la paz y la santidad,
roguemos al Señor.

℟. Escúchanos, Señor.

Lector:

Para que nos preparemos para las fiestas pascuales,
corrigiendo nuestros pensamientos, levantando el corazón,
entregándonos en oración y perseverando en obras de misericordia,
roguemos al Señor.

℟. Escúchanos, Señor.

Lector:

Para que en el mundo entero
lo débil encuentre fortaleza, se sane lo quebrantado,
se recupere lo que se ha perdido
y se redima en la fe todo lo que hoy somos y tenemos,
roguemos al Señor.

℟. Escúchanos, Señor.

B 378

Lector:

Para que nuestros elegidos, como la Samaritana,
examinen su vida en presencia de Cristo,
y reconozcan sus propios pecados,
roguemos al Señor.

℟. Escúchanos, Señor.

Lector:

Para que se vean libres del espíritu de desconfianza,
que separa los pasos de los seres humanos del seguimiento de Cristo nuestro Señor,
roguemos al Señor.

℟. Escúchanos, Señor.

Lector:

Para que, esperando el don de Dios,
anhelen de todo corazón
el agua viva que brota para la vida eterna,
roguemos al Señor.

℟. Escúchanos, Señor.

Lector:

Para que, al recibir como maestro al Hijo de Dios,
se transformen en verdaderos adoradores del Padre
en espíritu y en verdad,
roguemos al Señor.

℟. Escúchanos, Señor.

Lector:

Para que, al experimentar el admirable encuentro con Cristo,
lleven también a sus amigos y a su prójimo
esta gozosa noticia de Cristo,
roguemos al Señor.

℟. Escúchanos, Señor.

Lector:

Para que puedan acercarse al Evangelio de Cristo
todos los que están vacíos porque carecen de la Palabra de Dios,
roguemos al Señor.

℟. Escúchanos, Señor.

Lector:

Para que todos nos dejemos enseñar por Cristo
y, gozándonos en la voluntad del Padre,
llevemos a cabo su obra con amor,
roguemos al Señor.

℟. Escúchanos, Señor.

Exorcismo

154. Después de las intercesiones, el rito continúa con uno de los siguientes exorcismos. El celebrante, vuelto hacia los elegidos, dice con las manos juntas: 164

A

Oremos.

Oh Dios todopoderoso,
que nos enviaste como Salvador a tu Hijo,
concede que estos elegidos,
que están sedientos de agua viva como la Samaritana,
convertidos, como ella, por la palabra del Señor,
se reconozcan prisioneros
de sus pecados y debilidades.

No permitas que,
por confiar vanamente en sí mismos,
sean engañados por el poder del demonio.
Líbralos del espíritu de la mentira,
para que, reconociendo sus maldades,
sean purificados interiormente
y avancen en el camino de la salvación.
Por Jesucristo, nuestro Señor.

Todos:

Amén.

Aquí, si se puede hacer con comodidad, el celebrante impone las manos en silencio a cada uno de los elegidos.

Después, con las manos extendidas sobre los elegidos, continúa:

Señor Jesús, tú eres la fuente
a la que acuden estos sedientos
y el maestro al que buscan.
Ante ti, que eres el Único Santo de Dios,
no se atreven a proclamarse inocentes.
Confiadamente te abren sus corazones,
confiesan su suciedad,
y descubren sus llagas ocultas.
Líbralos con amor de sus debilidades,
cura su enfermedad, apaga su sed, y otórgales la paz.
Por la virtud de tu nombre, que invocamos con fe,
acompáñalos ahora y sálvalos.
Domina al espíritu maligno,
derrotado cuando resucitaste.
Por el Espíritu Santo
muestra el camino de salvación a tus elegidos
para que caminando hacia el Padre,
le adoren en la verdad.
Tú que vives y reinas por los siglos de los siglos.

Todos:

Amén.

B 379

Oremos.

Oh Padre de las misericordias,
que por medio de tu Hijo
te compadeciste benignamente de la Samaritana
y, movido por la misma solicitud paternal,
ofreciste la salvación a todos los pecadores,
mira con tu amor extraordinario a estos elegidos,
que desean recibir la adopción de hijos
por el poder de tus sacramentos.
Líbralos de la esclavitud del pecado
y del pesado yugo de Satanás,
para que tomen el suave yugo de Jesús;
protégelos en todos los peligros,
para que, sirviéndote fielmente a ti,
llenos de paz y de alegría,
puedan ofrendarte también su gratitud durante toda
la eternidad.
Por Jesucristo, nuestro Señor.

Todos:
Amén.

Aquí, si se puede hacer con comodidad, el celebrante impone las manos en silencio a cada uno de los elegidos.

Después, con las manos extendidas sobre los elegidos, continúa:

Señor Jesús,
que por admirable designio de tu misericordia
tocaste el corazón a una mujer pecadora,
y le enseñaste a adorar al Padre en espíritu y en verdad,
libra ahora con tu poder a estos elegidos
de los perniciosos engaños de Satanás,
pues se acercan al manantial del agua viva;
convierte sus corazones con la fuerza del Espíritu Santo,

para que, con la fe sincera, que actúa por la caridad,
conozcan a tu Padre.
Tú que vives y reinas por los siglos de los siglos.

Todos:
Amén.

Si las circunstancias lo sugieren, se puede cantar un cántico apropiado, como, por ejemplo, los salmos 6, 26 (25), 32 (31), 38 (37), 39 (38), 40 (39), 51 (50), 116, 1-9 (114), 130 (129), 139 (138) o 142 (141).

Despedida de los elegidos

155. Si se va a celebrar la Eucaristía, normalmente se despide a los elegidos en este momento usando la opción A o B; sin embargo, si los elegidos tienen que permanecer durante la celebración eucarística, se usa la opción C; si no se celebra la Eucaristía, se despide a toda la asamblea usando la opción D. USA

A 165

El diácono o el celebrante despide a los elegidos, diciendo:

Vayan en paz,
y reúnanse con nosotros nuevamente para el siguiente escrutinio.
Que el Señor permanezca siempre con ustedes.

Elegidos:
Amén.

B USA

Como fórmula opcional para despedir a los elegidos, el diácono o el celebrante puede usar estas u otras palabras semejantes:

Mis queridos amigos, esta comunidad los envía a ustedes ahora a reflexionar más profundamente sobre la Palabra de Dios que ustedes han compartido con nosotros hoy. Estén seguros de nuestro afecto, apoyo y oraciones por ustedes. Esperamos con gozo el día en que ustedes compartan plenamente de la mesa del Señor.

C 165

Si por razones graves los elegidos no pudieran salir (cfr. n. **75.3**) y debieran permanecer con los fieles bautizados, se les debe informar de que, aunque asisten a la celebración eucarística, no pueden participar en ella al modo de los bautizados. El diácono o el celebrante les puede recordar esto con estas palabras u otras semejantes: USA

Aunque ustedes todavía no pueden participar plenamente en la Eucaristía del Señor, quédense con nosotros como un signo de nuestra esperanza de que todos los hijos de Dios comerán y beberán con el Señor y trabajarán con su Espíritu Santo para renovar la faz de la tierra.

D 165

Sin embargo, si no se va a celebrar la Eucaristía, se puede añadir un canto adecuado a las circunstancias, y se despide a los fieles y a los elegidos con estas palabras u otras semejantes: 96

Vayan en paz,
y que el Señor permanezca con ustedes.

Todos:
Demos gracias a Dios.

CELEBRACIÓN DE LA EUCARISTÍA

156. Después de la despedida, se celebra la Eucaristía. Se continúa inmediatamente con la Oración universal (Oración de los fieles) por las necesidades de la Iglesia y de todo el mundo; luego se dice el Credo, cuando está prescrito, y sigue la preparación de los dones. Pero por razones pastorales la Oración universal y el Credo pueden omitirse. Se hace mención de los elegidos y de sus padrinos en las Plegarias eucarísticas (cfr. Misas rituales, Para los escrutinios del catecumenado). 166

ENTREGA DEL CREDO

157. La entrega del Credo, que tiene lugar durante la semana posterior al primer escrutinio, se celebra preferentemente en presencia de una comunidad de los fieles, dentro de la Misa después de la homilía. Es deseable que el Rito de entrega del Credo tenga lugar en presencia de los fieles después de la Liturgia de la Palabra en una Misa entre semana con las lecturas apropiadas para tales ritos. Si es apropiado, también se puede celebrar durante la etapa del catecumenado (cfr. nn. **104–105**). 182 184

LITURGIA DE LA PALABRA

Lecturas

158. En lugar de las lecturas asignadas a la Misa de la feria, se pueden usar las siguientes lecturas, según se indica en el Leccionario, n. 748 (Misas rituales, Entrega del Símbolo de la Fe): 185

Primera lectura

Deut 6, 1-7: *Escucha, Israel: amarás al Señor tu Dios, con todo tu corazón.*

Salmo responsorial

Sal 19 (18), 8. 9. 10. 11
℟. (Jn 6, 68c) Señor, tú tienes palabras de vida eterna.

Segunda lectura

Rom 10, 8-13: *Profesión de fe del que cree en Dios.*
O bien:
1 Cor 15, 1-8a (larga) o 1-4 (breve): *El Evangelio los salvará, si lo guardan tal y como yo lo prediqué.*

Versículo antes del Evangelio

Jn 3, 16

Tanto amó Dios al mundo, que le entregó a su Hijo único,
para que todo el que crea en él tenga vida eterna.

Evangelio

Mt 16, 13-18: *Sobre esta piedra edificaré mi Iglesia.*
O bien:
Jn 12, 44-50: *Yo he venido al mundo como luz, para que todo el que crea en mí no siga en tinieblas.*

Homilía

159. Después de las lecturas y basándose en ellas, el celebrante 185
explica en la homilía el significado y la importancia del Credo, ya respecto de la catequesis recibida, ya para la profesión de fe que han de pronunciar en el Bautismo, y que han de observar durante toda la vida.

Entrega del Credo

160. Después de la homilía, un diácono, u otro ministro, dice: 186

Acérquense ahora los elegidos,
para recibir de la Iglesia el Símbolo de la fe.

Antes de empezar el Credo de los Apóstoles (opción A) o el Credo Niceno-constantinopolitano (opción B), el celebrante se dirige a los elegidos con estas u otras palabras semejantes:

Queridos amigos,
escuchen con cuidado las palabras de la fe, por la cual recibirán
la santificación.
Las palabras son pocas, pero contienen grandes misterios.
Recíbanlas con sencillez de corazón y sean fieles a ellas.

A

Credo de los Apóstoles

El celebrante, solo, comienza el Credo, diciendo:

Creo en Dios, Padre todopoderoso,

Mientras los elegidos escuchan, él prosigue juntamente con la comunidad de los fieles:

Creador del cielo y de la tierra.

Creo en Jesucristo, su único Hijo, nuestro Señor,

En las palabras que siguen, hasta **María Virgen**, todos se inclinan.

que fue concebido por obra y gracia del Espíritu Santo,
nació de santa María Virgen,
padeció bajo el poder de Poncio Pilato,
fue crucificado, muerto y sepultado,
descendió a los infiernos,
al tercer día resucitó de entre los muertos,
subió a los cielos
y está sentado a la derecha de Dios, Padre todopoderoso.
Desde allí ha de venir a juzgar a vivos y muertos.

Creo en el Espíritu Santo,
la santa Iglesia católica,
la comunión de los santos,
el perdón de los pecados,
la resurrección de la carne
y la vida eterna.

Amén.

B
Credo Niceno-constantinopolitano

Según lo indiquen las circunstancias, se puede usar el Credo Niceno-constantinopolitano.

El celebrante, solo, comienza el Credo, diciendo:

Creo en un solo Dios,

Mientras los elegidos escuchan, él prosigue juntamente con la comunidad de los fieles:

Padre todopoderoso,
Creador del cielo y de la tierra,
de todo lo visible y lo invisible.

Creo en un solo Señor, Jesucristo,
Hijo único de Dios,
nacido del Padre antes de todos los siglos:
Dios de Dios, Luz de Luz,
Dios verdadero de Dios verdadero,
engendrado, no creado,
de la misma naturaleza del Padre,
por quien todo fue hecho;
que por nosotros, los hombres,
y por nuestra salvación bajó del cielo,

En las palabras que siguen, hasta **se hizo hombre**, todos se inclinan.

y por obra del Espíritu Santo
se encarnó de María, la Virgen, y se hizo hombre;
y por nuestra causa fue crucificado
en tiempos de Poncio Pilato;
padeció y fue sepultado,
y resucitó al tercer día, según las Escrituras,
y subió al cielo,
y está sentado a la derecha del Padre;
y de nuevo vendrá con gloria
para juzgar a vivos y muertos,
y su reino no tendrá fin.

Creo en el Espíritu Santo,
Señor y dador de vida,
que procede del Padre y del Hijo,
que con el Padre y el Hijo
recibe una misma adoración y gloria,
y que habló por los profetas.

Creo en la Iglesia,
que es una, santa, católica y apostólica.
Confieso que hay un solo Bautismo
para el perdón de los pecados.
Espero la resurrección de los muertos
y la vida del mundo futuro.

Amén.

Oración sobre los elegidos

161. Después el celebrante invita a los fieles a orar con estas u otras palabras semejantes: 187

Oremos por nuestros elegidos,
para que nuestro Dios y Señor
abra los oídos de sus corazones
y la puerta de la misericordia divina,
a fin de que al recibir el perdón de todos los pecados
por el baño del nuevo nacimiento
también ellos se incorporen a Jesucristo nuestro Señor.

Todos oran en silencio.

Seguidamente el celebrante, con las manos extendidas sobre los elegidos, dice:

Te suplicamos, Señor, fuente de luz y de verdad,
que tu eterna y justísima bondad descienda
sobre estos siervos tuyos N. y N.
Purifícalos y santifícalos;

dales la verdadera ciencia, la firme esperanza y la santa doctrina,
para que sean dignos de recibir la gracia del Bautismo.
Por Jesucristo, nuestro Señor.

Todos:
Amén.

Despedida de los elegidos

162. Si se va a celebrar la Eucaristía, normalmente se despide a los elegidos en este momento usando la opción A o B; sin embargo, si los elegidos tienen que permanecer durante la celebración eucarística, se usa la opción C; si no se celebra la Eucaristía, se despide a toda la asamblea usando la opción D. USA

A 150

El diácono o el celebrante despide a los elegidos con esta o parecida monición: USA

Queridos elegidos, vayan en paz,
y que el Señor permanezca con ustedes.

Elegidos:
Amén.

B USA

Como fórmula opcional para despedir a los elegidos, el diácono o el celebrante puede usar estas u otras palabras semejantes:

Mis queridos amigos, esta comunidad los envía a ustedes ahora a reflexionar más profundamente sobre la Palabra de Dios que ustedes han compartido con nosotros hoy. Estén seguros de nuestro afecto, apoyo y oraciones por ustedes. Esperamos con gozo el día en que ustedes compartan plenamente de la mesa del Señor.

C 150

Si por razones graves los elegidos no pudieran salir (cfr. n. **75.3**) y debieran permanecer con los fieles bautizados, se les debe informar de que, aunque asisten a la celebración eucarística, no pueden participar en ella al modo de los bautizados. El diácono o el celebrante les puede recordar esto con estas palabras u otras semejantes: USA

Aunque ustedes todavía no pueden participar plenamente en la Eucaristía del Señor, quédense con nosotros como un signo de nuestra esperanza de que todos los hijos de Dios comerán y beberán con el Señor y trabajarán con su Espíritu Santo para renovar la faz de la tierra.

D 150

Sin embargo, si no se va a celebrar la Eucaristía, se puede añadir un canto adecuado a las circunstancias, y se despide a los fieles y a los elegidos con estas palabras u otras semejantes: 96

Vayan en paz,
y que el Señor permanezca con ustedes.

Todos:
Demos gracias a Dios.

CELEBRACIÓN DE LA EUCARISTÍA

163. Después de la despedida, se celebra la Eucaristía. USA

SEGUNDO ESCRUTINIO

LITURGIA DE LA PALABRA

Lecturas

164. El segundo escrutinio se celebra el cuarto domingo de Cuaresma usando las fórmulas indicadas en el Misal (Misas rituales, Para los escrutinios del catecumenado) y en el Leccionario (n. 746). 167

Homilía

165. Después de las lecturas y basándose en ellas, el celebrante explica en la homilía el significado del segundo escrutinio a la luz de la liturgia cuaresmal y del itinerario espiritual de los elegidos. 168

Oración en silencio

166. Después de la homilía, los elegidos con sus padrinos y madrinas se ponen de pie delante del celebrante. 169

El celebrante se dirige primero a la asamblea de los fieles, invitándolos a orar en silencio y a pedir para los elegidos el espíritu de arrepentimiento, la conciencia de pecado, y la verdadera libertad de los hijos de Dios.

El celebrante luego se dirige a los elegidos, invitándolos igualmente a orar en silencio y los exhorta a mostrar su disposición interna al arrepentimiento aun con su postura corporal inclinando la cabeza o arrodillándose; finalmente concluye con estas u otras palabras semejantes:

Elegidos de Dios, inclinen la cabeza (o bien: **arrodíllense**) y oren.

Entonces los elegidos inclinan la cabeza o se arrodillan, y todos oran en silencio durante unos momentos. Entonces, según las circunstancias, todos se ponen de pie.

Intercesiones por los elegidos

167. Puede usarse cualquiera de las dos fórmulas, la opción A o B, para las intercesiones por los elegidos y ambas, la introducción y las súplicas, pueden adaptarse a las diferentes circunstancias. Durante las intercesiones los padrinos y las madrinas están de pie con la mano derecha sobre el hombro de su elegido. Las intenciones usuales por la Iglesia y por todo el mundo deben añadirse si se despide a los elegidos después de las intercesiones y se omite la Oración de los fieles durante la Misa (cfr. n. **170**). 170 USA

Celebrante: 170

Oremos por estos elegidos, a los que llamó el Señor
para que permanezcan fieles a él
y den testimonio vigoroso de las palabras de vida eterna.

A 170

Lector:

Para que, fiándose de la verdad de Cristo,
consigan la libertad de la mente y del corazón
y la conserven para siempre,
roguemos al Señor.

℟. Escúchanos, Señor.

Lector:

Para que, contemplando la sabiduría de la cruz,
puedan gloriarse en Dios,
que confunde la sabiduría de este mundo,
roguemos al Señor.

℟. Escúchanos, Señor.

Lector:

Para que, liberados por el poder del Espíritu Santo,
pasen del temor a la confianza,
roguemos al Señor.

℟. Escúchanos, Señor.

Lector:

Para que, transformados en el Espíritu,
busquen lo que es santo y justo,
roguemos al Señor.

℟. Escúchanos, Señor.

Lector:

Para que todos los que sufren persecución por el nombre del Señor,
encuentren su fuerza en el mismo Cristo,
roguemos al Señor.

℟. Escúchanos, Señor.

Lector:

Para que las familias y los pueblos
que encuentran impedimentos para abrazar la fe,
alcancen la libertad de creer en el Evangelio,
roguemos al Señor.

℟. Escúchanos, Señor.

Lector:

Para que nosotros,
que estamos ocupados por las preocupaciones de este mundo,
permanezcamos fieles al espíritu del Evangelio,
roguemos al Señor.

℟. Escúchanos, Señor.

Lector:

Para que el mundo entero, amado por el Padre,
pueda alcanzar en la Iglesia la plena libertad espiritual,
roguemos al Señor.

℟. Escúchanos, Señor.

B 382

Lector:

Para que Dios disipe las tinieblas,
e ilumine los corazones de nuestros elegidos,
roguemos al Señor.

℟. Escúchanos, Señor.

Lector:

Para que Dios mismo los conduzca benigno a Cristo,
luz del mundo,
roguemos al Señor.

℟. Escúchanos, Señor.

Lector:

Para que, al abrir sus corazones a Dios,
nuestros elegidos confiesen que él es el Señor de la luz y el testigo de la verdad,
roguemos al Señor.

℟. Escúchanos, Señor.

Lector:

Para que, sanados por Dios, se guarden
de la incredulidad de este mundo,
roguemos al Señor.

℟. Escúchanos, Señor.

Lector:

Para que, salvados por el que quita el pecado del mundo,
se vean libres del contagio y de la opresión de este pecado,
roguemos al Señor.

℟. Escúchanos, Señor.

Lector:

Para que, iluminados por el Espíritu Santo,
profesen sin cesar el Evangelio de la salvación
y lo comuniquen a los demás,
roguemos al Señor.

℟. Escúchanos, Señor.

Lector:

Para que todos nosotros, por el ejemplo de nuestras costumbres,
nos convirtamos, junto con Cristo, en la luz del mundo,
roguemos al Señor.

℟. Escúchanos, Señor.

Lector:

Para que todos los habitantes de la tierra
conozcan al Dios verdadero, creador de todas las cosas
y que nos da el don del Espíritu y de la vida,
roguemos al Señor.

℟. Escúchanos, Señor.

Exorcismo

168. Después de las intercesiones, el celebrante, vuelto hacia los elegidos, dice con las manos juntas: 171

A

Oremos.

Padre clementísimo,
que concediste al ciego de nacimiento la fe en tu Hijo,
y que por ella pudiera alcanzar la luz de tu reino,
haz que tus elegidos, aquí presentes,
se vean libres de los valores falsos que los rodean y los ciegan,
y concédeles que, firmemente arraigados en la verdad,
se transformen en hijos de la luz,
para vivir contigo por los siglos de los siglos.
Por Jesucristo, nuestro Señor.

Todos:

Amén.

Aquí, si se puede hacer con comodidad, el celebrante impone los manos en silencio a cada uno de los elegidos.

Después, con las manos extendidas sobre los elegidos, continúa:

Señor Jesús, luz verdadera que iluminas a todo el mundo,
libra por el Espíritu de la verdad a todos los tiranizados
bajo el yugo del padre de la mentira,
para recibir tus sacramentos, llénalos de buena voluntad,
a fin de que, disfrutando con el gozo de tu luz,
puedan ver, como el ciego que recobró de tu mano la claridad,
y lleguen a ser testigos firmes y valientes de la fe.
Tú que vives y reinas por los siglos de los siglos.

Todos:

Amén.

B 383

Oremos.

Oh Dios,
fuente de luz y Padre de las luces,
que por la muerte y resurrección de Cristo
disipaste las tinieblas de la mentira y del odio
y derramaste la luz de la verdad y del amor
sobre la familia humana,
te rogamos que tus elegidos,
a los que llamaste a ser tus hijos adoptivos,
puedan pasar de las tinieblas a la claridad,
y, liberados del poder del príncipe de las tinieblas,
permanezcan sin cesar como hijos de la luz.
Por Jesucristo, nuestro Señor.

Todos:

Amén.

Aquí, si se puede hacer con comodidad, el celebrante impone las manos en silencio a cada uno de los elegidos.

Después, con las manos extendidas sobre los elegidos, continúa:

Señor Jesús,
que bautizado tú también,
recibiste de los cielos abiertos el Espíritu Santo,
para que evangelizaras a los pobres en el mismo Espíritu,
y restituyeras la vista a los ciegos,
derrama este mismo Espíritu sobre estos elegidos
que desean tus sacramentos
a fin de que, preservados del contagio del error, de la duda y de la incredulidad
y guiados por la fe recta,
con ojos limpios y penetrantes
puedan contemplarte cara a cara.
Tú que vives y reinas por los siglos de los siglos.

Todos:

Amén.

Si las circunstancias lo sugieren, se puede cantar un cántico apropiado, como, por ejemplo, los salmos 6, 26 (25), 32 (31), 38 (37), 39 (38), 40 (39), 51 (50), 116, 1-9 (114), 130 (129), 139 (138) o 142 (141).

Despedida de los elegidos

169. Si se va a celebrar la Eucaristía, normalmente se despide a los elegidos en este momento usando la opción A o B; sin embargo, si los elegidos tienen que permanecer durante la celebración eucarística, se usa la opción C; si no se celebra la Eucaristía, se despide a toda la asamblea usando la opción D. USA

A 172

El diácono o el celebrante despide a los elegidos, diciendo:

Vayan en paz,
y reúnanse con nosotros nuevamente para el siguiente escrutinio.
Que el Señor permanezca siempre con ustedes.

Elegidos:

Amén.

B USA

Como fórmula opcional para despedir a los elegidos, el diácono o el celebrante puede usar estas u otras palabras semejantes:

Mis queridos amigos, esta comunidad los envía a ustedes ahora a reflexionar más profundamente sobre la Palabra de Dios que ustedes han compartido con nosotros hoy. Estén seguros de nuestro afecto, apoyo y oraciones por ustedes. Esperamos con gozo el día en que ustedes compartan plenamente de la mesa del Señor.

C 172

Si por razones graves los elegidos no pudieran salir (cfr. n. **75.3**) USA
y debieran permanecer con los fieles bautizados, se les debe informar de que, aunque asisten a la celebración eucarística, no pueden participar en ella al modo de los bautizados. El diácono o el celebrante les puede recordar esto con estas palabras u otras semejantes:

Aunque ustedes todavía no pueden participar plenamente en la Eucaristía del Señor, quédense con nosotros como un signo de nuestra esperanza de que todos los hijos de Dios comerán y beberán con el Señor y trabajarán con su Espíritu Santo para renovar la faz de la tierra.

D 172

Sin embargo, si no se va a celebrar la Eucaristía, se puede añadir 96
un canto adecuado a las circunstancias, y se despide a los fieles y a los elegidos con estas palabras u otras semejantes:

Vayan en paz,
y que el Señor permanezca con ustedes.

Todos:
Demos gracias a Dios.

CELEBRACIÓN DE LA EUCARISTÍA

170. Después de la despedida, se celebra la Eucaristía. Se continúa 173
inmediatamente con la Oración universal (Oración de los fieles) por las necesidades de la Iglesia y de todo el mundo; luego se dice el Credo, cuando está prescrito, y sigue la preparación de los dones. Pero por razones pastorales la Oración universal y el Credo pueden omitirse. Se hace mención de los elegidos y de sus padrinos en las Plegarias eucarísticas (cfr. Misas rituales, Para los escrutinios del catecumenado).

TERCER ESCRUTINIO

LITURGIA DE LA PALABRA

Lecturas

171. El tercer escrutinio se celebra el quinto domingo de Cuaresma usando las fórmulas indicadas en el Misal (Misas rituales, Para los escrutinios del catecumenado) y en el Leccionario (n. 747). 174

Homilía

172. Después de las lecturas y basándose en ellas, el celebrante explica en la homilía el significado del tercer escrutinio a la luz de la liturgia cuaresmal y del itinerario espiritual de los elegidos. 175

Oración en silencio

173. Después de la homilía, los elegidos con sus padrinos y madrinas se ponen de pie delante del celebrante. 176

El celebrante se dirige primero a la asamblea de los fieles, invitándolos a orar en silencio y a pedir para los elegidos el espíritu de arrepentimiento, el sentido del pecado, y la verdadera libertad de los hijos de Dios.

El celebrante luego se dirige a los elegidos, invitándolos igualmente a orar en silencio y los exhorta a mostrar su disposición al arrepentimiento incluso con su postura corporal inclinando la cabeza o arrodillándose; finalmente concluye con estas u otras palabras semejantes:

Elegidos de Dios, inclinen la cabeza (o bien: **arrodíllense**) y oren.

Entonces los elegidos inclinan la cabeza o se arrodillan, y todos oran en silencio durante unos momentos. Entonces, según las circunstancias, todos se ponen de pie.

Intercesiones por los elegidos

174. Puede usarse cualquiera de las dos fórmulas, la opción A o 177
B, para las intercesiones por los elegidos y ambas, la introducción USA
y las súplicas, pueden adaptarse a las diferentes circunstancias. Durante las intercesiones, los padrinos y las madrinas están de pie con la mano derecha sobre el hombro de su elegido. Las intenciones usuales por la Iglesia y por todo el mundo deben añadirse si se despide a los elegidos después de las intercesiones y se omite la Oración de los fieles durante la Misa (cfr. n. **177**).

Celebrante: 177

Oremos por estos siervos a los que Dios ha escogido,
para que, conformados a la muerte y resurrección de Cristo,
puedan superar con la gracia de los sacramentos la amarga condición mortal.

A 177

Lector:

Para que se fortalezcan por la fe
contra cualquier clase de engaños del mundo,
roguemos al Señor.

℟. Escúchanos, Señor.

Lector:

Para que se muestren agradecidos a la elección divina
por la que pasaron de ignorar la esperanza de la vida eterna
a emprender el camino de la salvación,
roguemos al Señor.

℟. Escúchanos, Señor.

Lector:

Para que con el ejemplo y la intercesión de los catecúmenos
que derramaron su sangre por Cristo,
se animen a esperar la vida eterna,
roguemos al Señor.

℟. Escúchanos, Señor.

Lector:

Para que todos aborrezcan el pecado, que despoja de la vida,
roguemos al Señor.

℟. Escúchanos, Señor.

Lector:

Para que los que se afligen
con la muerte de los suyos,
encuentren en Cristo el consuelo,
roguemos al Señor.

℟. Escúchanos, Señor.

Lector:

Para que nosotros mismos,
al celebrar una vez más las solemnidades pascuales,
nos afirmemos por la esperanza de resucitar con Cristo,
roguemos al Señor.

℟. Escúchanos, Señor.

Lector:

Para que el mundo entero, creado por designio amoroso de Dios,
alcance nueva vida con el progreso en la fe y en la caridad,
roguemos al Señor.

℟. Escúchanos, Señor.

B 386

Lector:

Para que estos elegidos reciban la fe
con la que han de confesar
que Cristo es la resurrección y la vida,
roguemos al Señor.

℟. Escúchanos, Señor.

Lector:

Para que, liberados del pecado,
crezcan en la santidad que lleva a la vida eterna,
roguemos al Señor.

℟. Escúchanos, Señor.

Lector:

Para que, desatados por el arrepentimiento de los vínculos del pecado,
se hagan conformes a Cristo por el Bautismo,
y, muertos al pecado, vivan siempre para Dios,
roguemos al Señor.

℟. Escúchanos, Señor.

Lector:

Para que, llenos con la esperanza del Espíritu que vivifica,
se dispongan con ánimo decidido a renacer a una nueva vida,
roguemos al Señor.

℟. Escúchanos, Señor.

Lector:

Para que, con el manjar eucarístico,
que pronto gustarán,
se unan a Cristo, la fuente de vida y resurrección,
roguemos al Señor.

℟. Escúchanos, Señor.

Lector:

Para que todos nosotros, caminando en la vida renovada,
mostremos al mundo el poder de la resurrección de Cristo,
roguemos al Señor.

℟. Escúchanos, Señor.

Lector:

Para que todos los habitantes de la tierra, al encontrar a Cristo,
reconozcan en él la promesa de vida eterna,
roguemos al Señor.

℟. Escúchanos, Señor.

Exorcismo

175. Después de las intercesiones, el celebrante, vuelto hacia los elegidos, dice con las manos juntas: 178

A

Oremos.

Oh Padre de la vida,
que no eres Dios de muertos sino de vivos,
y que enviaste a tu Hijo como mensajero de la vida,
para rescatar a la humanidad del reino de la muerte
y conducirla a la resurrección,
te rogamos que libres a estos elegidos
de la potestad del espíritu maligno,
que arrastra a la muerte,
para que puedan dar testimonio de su nueva vida en Cristo resucitado.
Por Jesucristo, nuestro Señor.

Todos:

Amén.

Aquí, si se puede hacer con comodidad, el celebrante impone las manos en silencio a cada uno de los elegidos.

Después, con las manos extendidas sobre los elegidos, continúa:

Señor Jesús,
que, resucitando a Lázaro de la muerte,
significaste que viniste
para que la humanidad tuviera vida
y la tuviera en abundancia,
libra de la muerte a estos,
que anhelan la vida de tus sacramentos,
arráncalos del espíritu de la corrupción
y comunícales por tu Espíritu vivificante
la fe, la esperanza y la caridad,
para que viviendo siempre contigo,
participen de la gloria de tu resurrección.
Tú, que vives y reinas por los siglos de los siglos.

Todos:

Amén.

B 387

Oremos.

Oh Padre, fuente de toda vida,
que buscas tu gloria en la persona plenamente viva
y en la resurrección de los muertos descubres tu omnipotencia,
dígnate sacar del imperio de la muerte a estos elegidos tuyos,
que por el Bautismo anhelan acercarse a la vida.
Líbralos de la esclavitud de Satanás,
que introdujo, con el pecado, la muerte
y que se esfuerza en corromper al mundo, que tú creaste bueno.
Sométetelos a la potestad de tu amado Hijo,
para que reciban de él la fuerza de la resurrección
y ante todos los seres humanos den testimonio de tu gloria.
Por Jesucristo, nuestro Señor.

Todos:

Amén.

Aquí si se puede hacer con comodidad, el celebrante impone las manos en silencio a cada uno de los elegidos.

Después, con las manos extendidas sobre los elegidos, continúa:

Señor Jesucristo,
que mandaste a Lázaro salir vivo del sepulcro,
y que con tu resurrección libraste de la muerte a todos los seres humanos,
te rogamos humildemente por tus siervos,
que se apresuran al agua de la regeneración
y al banquete de la vida.
No permitas que queden detenidos por el imperio de la muerte,
los que por su fe han de tener parte en la victoria de tu resurrección.
Tú que vives y reinas por los siglos de los siglos.

Todos:

Amén.

Si las circunstancias lo sugieren, se puede cantar un cántico apropiado, como, por ejemplo, los salmos 6, 26 (25), 32 (31), 38 (37), 39 (38), 40 (39), 51 (50), 116, 1-9 (114), 130 (129), 139 (138) o 142 (141).

Despedida de los elegidos

176. Si se va a celebrar la Eucaristía, normalmente se despide a los elegidos en este momento usando la opción A o B; sin embargo, si los elegidos tienen que permanecer durante la celebración eucarística, se usa la opción C; si no se celebra la Eucaristía, se despide a toda la asamblea usando la opción D. USA

A 179

El diácono o el celebrante despide a los elegidos, diciendo:

Vayan en paz,
y que el Señor permanezca siempre con ustedes.

Elegidos:

Amén.

B USA

Como fórmula opcional para despedir a los elegidos, el diácono o el celebrante puede usar estas u otras palabras semejantes:

Mis queridos amigos, esta comunidad los envía a ustedes ahora a reflexionar más profundamente sobre la Palabra de Dios que ustedes han compartido con nosotros hoy. Estén seguros de nuestro afecto, apoyo y oraciones por ustedes. Esperamos con gozo el día en que ustedes compartan plenamente de la mesa del Señor.

C 179

Si por razones graves los elegidos no pudieran salir (cfr. n. **75.3**) y USA
debieran permanecer con los fieles bautizados, se les debe informar de que, aunque asisten a la celebración eucarística, no pueden participar en ella al modo de los bautizados. El diácono o el celebrante les puede recordar esto con estas palabras u otras semejantes:

Aunque ustedes todavía no pueden participar plenamente en la Eucaristía del Señor, quédense con nosotros como un signo de nuestra esperanza de que todos los hijos de Dios comerán y beberán con el Señor y trabajarán con su Espíritu Santo para renovar la faz de la tierra.

D 179

Sin embargo, si no se va a celebrar la Eucaristía, se puede añadir 96
un canto adecuado a las circunstancias, y se despide a los fieles y a los elegidos con estas palabras u otras semejantes:

Vayan en paz,
y que el Señor permanezca con ustedes.

Todos:
Demos gracias a Dios.

CELEBRACIÓN DE LA EUCARISTÍA

177. Después de la despedida, se celebra la Eucaristía. Se continúa 180
inmediatamente con la Oración universal (Oración de los fieles) por las necesidades de la Iglesia y de todo el mundo; luego se dice el Credo, cuando está prescrito, y sigue la preparación de los dones. Pero por razones pastorales la Oración universal y el Credo pueden omitirse. Se hace mención de los elegidos y de sus padrinos en las Plegarias eucarísticas (cfr. Misas rituales, Para los escrutinios del catecumenado).

ENTREGA DE LA ORACIÓN DEL SEÑOR

178. La entrega de la Oración del Señor, que tiene lugar durante 182
la semana después del tercer escrutinio, se celebra preferentemente 189
en presencia de una comunidad de los fieles, después de la Liturgia de la Palabra en una Misa semanal, con las lecturas apropiadas para estos ritos. Si las circunstancias así lo aconsejan, también se puede celebrar durante la etapa del catecumenado (cfr. nn. **104–105**). Si es necesario, se puede retrasar para su inclusión en los Ritos de preparación inmediata (cfr. nn. **185ss**).

LITURGIA DE LA PALABRA

Lecturas y cánticos

179. En lugar de las lecturas asignadas a la Misa de la feria, se 190
pueden usar las siguientes lecturas, según se indica en el Leccionario, n. 749 (Misas rituales, Entrega de la Oración Dominical):

Primera lectura

Os 11, 1b. 3-4. 8e-9: *Yo los atraía hacia mí con las cadenas del amor.*

Salmo responsorial

Sal 23 (22), 1-3a. 3b-4. 5. 6

℟. (1) El Señor es mi pastor, nada me faltará.

O bien:

Sal 103 (102), 1-2. 8 y 10. 11-12. 13 y 18

℟. (13) Como un padre amoroso con su hijo, así es tierno el Señor con quien lo ama.

Segunda lectura

Rom 8, 14-17. 26-27: *Han recibido un espíritu de hijos, en virtud del cual, podemos llamar ¡Padre! a Dios.*

O bien:

Gál 4, 4-7: *Dios envió a sus corazones el Espíritu de su Hijo, que clama: ¡Abbá!, es decir: ¡Padre!*

Versículo antes del Evangelio

Rom 8, 15

No han recibido un espíritu de esclavos, que los haga temer
de nuevo,
sino un espíritu de hijos, en virtud del cual podamos llamar
Padre a Dios.

Lectura del Evangelio

180. El diácono dice: 191

Acérquense ahora los que van a recibir la Oración del Señor.

El celebrante se dirige primero a los elegidos con estas u otras palabras semejantes:

Ahora escuchen ustedes cómo el Señor enseñó a orar a sus discípulos.

✠ Lectura del santo Evangelio según san Mateo *6, 9-13*

En aquel tiempo, Jesús dijo a sus discípulos:
"Cuando ustedes hagan oración, digan:
'Padre nuestro, que estás en el cielo,
santificado sea tu nombre;
venga a nosotros tu reino;
hágase tu voluntad en la tierra como en el cielo.
Danos hoy nuestro pan de cada día;
perdona nuestras ofensas,
como también nosotros perdonamos
a los que nos ofenden;
no nos dejes caer en la tentación,
y líbranos del mal' ".

Palabra del Señor.

Homilía

181. Después de la lectura del Evangelio sigue la homilía, en la que el celebrante explica el significado y la importancia de la Oración del Señor. 191

Oración sobre los elegidos

182. Después de la homilía el celebrante, con estas u otras palabras semejantes, invita a los fieles a orar: 192

Oremos por estos elegidos
para que Dios nuestro Dios y Señor
abra los oídos de sus corazones
y la puerta de la misericordia divina
a fin de que, al recibir el perdón de todos sus pecados
por el baño del nuevo nacimiento,
también ellos se incorporen
a Jesucristo nuestro Señor.

Todos oran en silencio.

Seguidamente el celebrante, con las manos extendidas sobre los elegidos, dice:

Oh Dios eterno y todopoderoso,
que haces siempre fecunda a tu Iglesia con nueva descendencia,
aumenta la fe y el entendimiento a estos elegidos,
escogidos para el Bautismo.
Concédeles renacer en las aguas de la vida,
para que sean contados entre tus hijos de adopción.
Por Jesucristo, nuestro Señor.

Todos:

Amén.

Despedida de los elegidos

183. Si se va a celebrar la Eucaristía, normalmente se despide a los elegidos en este momento usando la opción A o B; sin embargo, si los elegidos tienen que permanecer durante la celebración eucarística, se usa la opción C; si no se celebra la Eucaristía, se despide a toda la asamblea usando la opción D. USA

A 150

El diácono o el celebrante despide a los elegidos con esta o parecida monición:

Queridos elegidos, vayan en paz,
que el Señor permanezca con ustedes.

Elegidos:

Amén.

B USA

Como fórmula opcional para despedir a los elegidos, el diácono o el celebrante puede usar estas u otras palabras semejantes:

Mis queridos amigos, esta comunidad los envía a ustedes ahora a reflexionar más profundamente sobre la Palabra de Dios que ustedes han compartido con nosotros hoy. Estén seguros de nuestro afecto, apoyo y oraciones por ustedes. Esperamos con gozo el día en que ustedes compartan plenamente de la mesa del Señor.

C 150

Si por razones graves los elegidos no pudieran salir (cfr. n. **75.3**) y debieran permanecer con los fieles bautizados, se les debe informar de que, aunque asisten a la celebración eucarística, no pueden participar en ella al modo de los bautizados. El diácono o el celebrante les puede recordar esto con estas palabras u otras semejantes: USA

Aunque ustedes todavía no pueden participar plenamente en la Eucaristía del Señor, quédense con nosotros como un signo de nuestra esperanza de que todos los hijos de Dios comerán y beberán con el Señor y trabajarán con su Espíritu Santo para renovar la faz de la tierra.

D 150

Sin embargo, si no se va a celebrar la Eucaristía, se puede añadir un canto adecuado a las circunstancias, y se despide a los fieles y a los elegidos con estas palabras u otras semejantes: 96

Vayan en paz,
y que el Señor permanezca con ustedes.

Todos:
Demos gracias a Dios.

CELEBRACIÓN DE LA EUCARISTÍA

184. Después de la despedida, se celebra la Eucaristía. USA

RITOS DE PREPARACIÓN INMEDIATA

185. En la preparación próxima para la celebración de los sacra- 26
mentos de la Iniciación: 193

1) Se exhorta a los elegidos para que, en el Sábado Santo, dejando a un lado las actividades acostumbradas, dediquen su tiempo a la oración y al recogimiento espiritual y, en cuanto les sea posible, guarden el ayuno según sus fuerzas.
2) Cuando en el Sábado Santo sea posible congregar a los elegidos para el recogimiento espiritual y la oración, algunos de los siguientes ritos, o todos, se pueden celebrar como preparación inmediata para los sacramentos: la recitación del Credo (nn. **193–196**), el rito *effetá* (nn. **197–199**), y la elección del nombre bautismal (nn. **200–202**).

186. La elección y ordenación de estos ritos se debe ajustar a lo 195
que mejor se adapte a las circunstancias particulares de los elegi- 197
dos, pero se debe observar lo siguiente en lo que toca a la celebra- USA
ción de los mismos:

1) En los casos en que la celebración de la entrega del Credo no es posible, se omitirá el rito de la recitación del mismo.
2) Cuando se celebran tanto la recitación del Credo como el rito *effetá*, este precede inmediatamente a la "Oración para la recitación del Credo" (n. **194**).

Modelo para una celebración de los Ritos de preparación inmediata USA

187. Canto – Una vez que se han congregado los elegidos, la celebración empieza con un canto apropiado.

188. Saludo – Después del canto, el celebrante saluda a los elegidos y a los demás fieles presentes, con uno de los saludos para la Misa u otras palabras apropiadas.

189. Lectura de la Palabra de Dios – Donde se indique en los ritos particulares, sigue la lectura de la Palabra de Dios. Las lecturas pueden tomarse de las sugeridas para cada rito y, si se usa más de una lectura, se puede cantar un salmo o himno apropiado entre las lecturas.

190. Homilía – Donde se indique en los ritos particulares, una breve homilía o una explicación del texto sigue a la lectura de la Palabra de Dios.

191. Celebración de los ritos escogidos – Cfr. nn. **193–202**.

192. Conclusión del rito – La celebración puede concluir con la bendición y la despedida que se citan en los nn. **204–205**.

RECITACIÓN DEL CREDO

193. El rito de la recitación del Credo prepara a los elegidos para 194
la Profesión de fe que harán inmediatamente antes de ser bautizados (n. **225**); el rito también los instruye acerca de su deber de proclamar la palabra del Evangelio.

Lectura y Homilía

194. Se puede cantar al principio un canto apropiado. Se lee una 196
de las lecturas siguientes, o bien puede escogerse otra apropiada:

Mt 16, 13-17: *Tú eres el Mesías, el Hijo de Dios vivo.*
Mc 7, 31-37: *¡Effetá!, que quiere decir: ¡Ábrete!* (si se celebra el rito effetá en este momento)
Jn 6, 35. 63-71: Señor, ¿a quién iremos? Tú tienes palabras de vida eterna.

Sigue una breve homilía.

Si se incluye el rito del "Effetá" como rito de preparación, la cele- 197
bración continúa con el n. **199**.

Oración para la recitación del Credo

195. Con las manos extendidas, el celebrante dice la oración siguiente: 198

Oremos.

Te rogamos, Señor, por estos elegidos,
que han recibido el designio de tu caridad
y los misterios de la vida de Cristo;
concédeles que sea una misma la fe que confiesan los labios y
profesa el corazón,
para que puedan cumplir así con las obras tu voluntad.
Por Jesucristo, nuestro Señor.

Todos:
Amén.

Recitación del Credo

196. Los elegidos recitan entonces el Credo. Según la versión que 199
se les dio en la Entrega, recitan bien sea el Credo de los Apóstoles
(opción A) o el Credo Niceno-constantinopolitano (opción B).

A

Credo de los Apóstoles

Elegidos:
Creo en Dios, Padre todopoderoso,
Creador del cielo y de la tierra.

Creo en Jesucristo, su único Hijo, nuestro Señor,

En las palabras que siguen, hasta **María Virgen**, todos se inclinan.
que fue concebido por obra y gracia del Espíritu Santo,
nació de santa María Virgen,
padeció bajo el poder de Poncio Pilato,
fue crucificado, muerto y sepultado,
descendió a los infiernos,

al tercer día resucitó de entre los muertos,
subió a los cielos
y está sentado a la derecha de Dios, Padre todopoderoso.
Desde allí ha de venir a juzgar a vivos y muertos.

Creo en el Espíritu Santo,
la santa Iglesia católica,
la comunión de los santos,
el perdón de los pecados,
la resurrección de la carne
y la vida eterna.

Amén.

B
Credo Niceno-constantinopolitano

Elegidos:

Creo en un solo Dios,
Padre todopoderoso,
Creador del cielo y de la tierra,
de todo lo visible y lo invisible.

Creo en un solo Señor, Jesucristo,
Hijo único de Dios,
nacido del Padre antes de todos los siglos:
Dios de Dios, Luz de Luz,
Dios verdadero de Dios verdadero,
engendrado, no creado,
de la misma naturaleza del Padre,
por quien todo fue hecho;
que por nosotros, los hombres,
y por nuestra salvación bajó del cielo,

En las palabras que siguen, hasta **se hizo hombre**, todos se inclinan.

y por obra del Espíritu Santo
se encarnó de María, la Virgen, y se hizo hombre;
y por nuestra causa fue crucificado
en tiempos de Poncio Pilato;

padeció y fue sepultado,
y resucitó al tercer día, según las Escrituras,
y subió al cielo,
y está sentado a la derecha del Padre;
y de nuevo vendrá con gloria
para juzgar a vivos y muertos,
y su reino no tendrá fin.

Creo en el Espíritu Santo,
Señor y dador de vida,
que procede del Padre y del Hijo,
que con el Padre y el Hijo
recibe una misma adoración y gloria,
y que habló por los profetas.

Creo en la Iglesia,
que es una, santa, católica y apostólica.
Confieso que hay un solo Bautismo
para el perdón de los pecados.
Espero la resurrección de los muertos
y la vida del mundo futuro.
Amén.

EFFETÁ

197. En virtud del propio simbolismo, el rito del "Effetá", o rito 200
de abrir los oídos y la boca, inculca en los elegidos la necesidad de la gracia para que puedan escuchar la Palabra de Dios y profesarla para su salvación.

Lectura

198. Después de un canto apropiado, se lee Marcos 7, 31-37 y el 201
celebrante da una breve explicación del texto.

Effetá

199. Se puede cantar un himno apropiado mientras el celebrante toca con el pulgar los oídos derecho e izquierdo y la boca, sobre los labios cerrados, de cada uno de los elegidos, mientras dice la siguiente fórmula: 202 USA

Effetá, que significa: ábrete,
para que profeses la fe, que has escuchado,
para alabanza y gloria de Dios.

Sin embargo, si hay muchos elegidos, debe usar la fórmula completa solamente para el primero; para el resto, el celebrante dirá:

Effetá, que significa, ábrete.

Si hay un gran número de elegidos, otros sacerdotes o diáconos pueden ayudar en este rito.

ELECCIÓN DE UN NOMBRE CRISTIANO

200. A discreción del obispo diocesano, a no ser que se haya incluido en el Rito de entrada en el catecumenado (cfr. nn. **33.4** y **73**), ahora se puede elegir un nuevo nombre. Los elegidos pueden escoger un nombre nuevo, ya sea un nombre cristiano tradicional o un nombre de uso regional que no sea incompatible con las creencias cristianas. A veces, si las circunstancias lo permiten y los elegidos son pocos, bastará con que se le explique a cada elegido la significación cristiana del nombre recibido anteriormente. 203

Lectura

201. Después de un canto apropiado, si las circunstancias lo aconsejan, se puede tener una lectura escogida, por ejemplo, de la siguiente lista, que el celebrante explicará brevemente: 204

Gén 17, 1-7: *Te llamarás Abraham.*
Is 62, 1-5: *Te llamarán con un nombre nuevo.*
Apoc 3, 11-13: *Grabaré también, junto al nombre de mi Dios, un nombre nuevo.*
Mt 16, 13-18: *Tú eres Pedro.*
Jn 1, 40-42: *Tú te llamarás Kefás.*

Elección del nombre

202. Si los elegidos han escogido nuevos nombres como nombres bautismales, se usa la opción A; si van a usar los nombres que ya tienen, se usa la opción B. 205

A

El celebrante pide a cada elegido que diga el nombre que ha escogido; luego dice estas u otras palabras semejantes:

N., en adelante te llamarás N.

Elegido:
Amén (u otra respuesta apropiada).

B

Sin embargo, si las circunstancias lo aconsejan, el celebrante aplica alguna interpretación cristiana al nombre dado a cada elegido.

CONCLUSIÓN DEL RITO

203. La celebración de los Ritos de preparación inmediata puede concluirse con una bendición sobre los elegidos y una despedida. USA

Bendición

204. El celebrante invita a los presentes a orar: 122

Oremos.

Luego, con las manos extendidas sobre los elegidos, el celebrante dice la siguiente oración:

Oh Dios Padre, que por tus santos profetas
exhortaste a los que se acercan a ti:
"¡Lávense y purifíquense!",
y por medio de Cristo dispusiste la regeneración espiritual;
mira ahora a estos siervos tuyos,
que se disponen con diligencia al Bautismo:
bendícelos, y, fiel a tus promesas,
prepáralos y santifícalos,
para que, bien dispuestos a recibir tus dones,
merezcan la adopción de hijos
y la entrada en la comunión de la Iglesia.
Por Jesucristo, nuestro Señor.

Todos:

Amén.

Despedida

205. El diácono o el celebrante puede informar a los elegidos de la hora y el lugar en que se van a reunir para la Vigilia Pascual; luego los despide, con la siguiente fórmula u otra apropiada: USA

Que Dios esté con ustedes
hasta que nos reunamos de nuevo para celebrar el
Misterio Pascual.

Elegidos:

Amén.

TERCER PASO: CELEBRACIÓN DE LOS SACRAMENTOS DE INICIACIÓN

206. La tercera etapa en la Iniciación cristiana de adultos es la celebración de los sacramentos del Bautismo, la Confirmación y la Eucaristía. Por medio de esta etapa final, los elegidos, perdonados sus pecados, son admitidos al Pueblo de Dios. Reciben la adopción de los hijos de Dios, y son conducidos por el Espíritu Santo a la plenitud de los tiempos comenzados en Cristo, y aún más, a pregustar el Reino de Dios al compartir en el sacrificio y en el banquete eucarístico. 27

207. Ya que normalmente la celebración de los sacramentos de Iniciación tiene lugar en la Vigilia Pascual (cfr. n. **23**), preferentemente el propio obispo preside como celebrante, por lo menos para la Iniciación de los que tienen catorce años o más edad (cfr. n. **12**). Como está indicado en el *Misal Romano*, Vigilia Pascual (n. 48), los sacramentos se confieren después de la bendición del agua. 208 USA

208. Cuando la Iniciación se celebra fuera de los tiempos acostumbrados (cfr. nn. **26–27**), debe procurarse que la celebración revista un marcado carácter pascual (cfr. *La Iniciación cristiana*, Observaciones generales, n. 6). Así, se usan los textos para una de las Misas rituales, "Para el Bautismo" que vienen en el *Misal Romano*, y las lecturas se escogen de las que se asignan en el Leccionario, para la "Iniciación cristiana fuera de la Vigilia Pascual" (nn. 751–755). 209

Celebración del Bautismo

209. La celebración del Bautismo tiene su centro y culminación en la ablución con el agua y en la invocación a la Santísima Trinidad. Con anterioridad hay ritos que tienen una relación inherente con el agua bautismal: primero, la bendición del agua, luego la renuncia de los elegidos al pecado, y su profesión de fe. Después del baño bautismal, los efectos recibidos por medio de este sacramento 28 USA tienen expresión en los ritos explicativos: la unción con el Crisma (cuando la Confirmación no sigue inmediatamente al Bautismo), la imposición de una vestidura blanca, y la entrega de una vela encendida.

210. Oración sobre el agua – En efecto, por la bendición del agua 29
se invoca por primera vez a la Santísima Trinidad, se recuerda el 210
designio salvífico del Misterio Pascual y la razón de elegir el agua para significar sacramentalmente el misterio. Así el agua recibe su valor de signo de fe por el que se proclama ante todos la realización del misterio de Dios. El rito de la bendición del agua téngase también cuando los sacramentos de la iniciación se celebran fuera de la solemnidad pascual (cfr. *La Iniciación cristiana*, Observaciones generales, n. 21), pues en ese rito se trae a la memoria, por la contemplación de las maravillas de Dios, el misterio de la caridad de Dios desde el principio del mundo y de la creación del linaje humano; y después, por la invocación del Espíritu Santo y por el anuncio de la muerte y resurrección de Cristo, se inculca el nuevo rito de purificación por el agua que nos hace renacer en el Señor, y que nos hace participar en su muerte y resurrección, y recibir la santidad divina.

211. Renuncia al pecado y Profesión de fe – En su renuncia al 30
pecado y en su profesión de fe, los que van a ser bautizados expresan su fe explícita en el Misterio Pascual conmemorado al bendecir el agua y evocado por el celebrante en las palabras del Bautismo. Porque los adultos no se salvan sino acercándose por propia voluntad al Bautismo y queriendo recibir el don de Dios mediante su fe. La fe de los que se van a bautizar no es sólo la fe de la Iglesia, sino la fe personal de cada uno de ellos y se espera que sea activa y operante en cada uno de ellos. Por lo tanto, la renuncia al pecado y la profesión de fe son un buen preludio para el Bautismo, el sacramento de esa fe por la cual los elegidos se unen a Dios y renacen nuevamente de él. Debido a la renuncia al pecado y a la profesión de fe, que son un único rito, los elegidos no son bautizados de una manera pasiva, sino que reciben este gran sacramento con la determinación activa de renunciar al error y de unirse firmemente a Dios.

Por su propia acción personal en el rito de renuncia al pecado 211
y profesión de fe, los elegidos, así como en la primera alianza fue prefigurado por los patriarcas, renuncian al pecado y a Satanás a fin de comprometerse para siempre con la promesa del Salvador y con el misterio de la Trinidad. Por la profesión de su fe hecha ante el celebrante y la comunidad entera, los elegidos manifiestan la intención, madurada durante las precedentes etapas de la Iniciación, de entablar una alianza nueva con Cristo. Así estos adultos abrazan la fe transmitida por la Iglesia según el designio divino, y son bautizados en esa fe.

212. Bautismo – Una vez que los solicitantes han proclamado con 31
fe viva el Misterio Pascual de Cristo, participan en este Misterio por medio del baño con el agua; y la Santísima Trinidad, reconocida por ellos e invocada por el celebrante, actúa sobre sus elegidos, haciéndolos hijos de adopción y agregándolos a su pueblo.

213. Por esto, en la celebración del Bautismo la ablución con agua 32
adquiere toda su importancia como signo de la mística participación en la muerte y resurrección de Cristo, por las que aquellos que creen en su nombre mueren al pecado y resucitan para la vida eterna. El rito se puede hacer por inmersión o infusión, según cada caso concreto y en las diversas tradiciones y circunstancias para asegurar la clara comprensión de que este baño no es un mero rito de purificación, sino el sacramento de la unión con Cristo.

214. Ritos Complementarios – Al baño bautismal siguen los ritos 33
que expresan los efectos del sacramento que se acaba de recibir. USA
La unción con el Crisma es un signo del sacerdocio real de los bautizados y de su inserción en la comunidad del pueblo de Dios. La vestidura blanca significa la nueva dignidad que han adquirido. El cirio encendido es símbolo de su vocación a caminar como conviene a los hijos de la luz.

Celebración de la Confirmación de adultos

215. Según la antigua práctica seguida en la Liturgia Romana, no 34
se bautizará a ningún adulto, sin que reciba la Confirmación a

continuación del Bautismo, a no ser que haya graves razones en contra (cfr. n. **14**). Al enlazar ambos sacramentos se expresa la unidad del Misterio Pascual, el vínculo entre la misión del Hijo y la efusión del Espíritu Santo, y la conexión de ambos sacramentos, en los que ambas personas divinas descienden juntamente con el Padre sobre los bautizados.

216. Por tanto, después de los ritos complementarios del Bautismo, 35
omitida la unción postbautismal (n. **228**), se confiere la Confirmación.

Primera participación de los neófitos en la Eucaristía

217. Finalmente se tiene la celebración de la Eucaristía, en la que 36
por primera vez este día y con pleno derecho los neófitos toman parte, y en la cual encuentran la consumación de su Iniciación cristiana. Porque en esta Eucaristía los neófitos, llegados a la dignidad del sacerdocio real, toman parte activa en la oración de los fieles, y en cuanto sea posible en el rito de llevar los dones al altar; participan con toda la comunidad en la acción del sacrificio y recitan la Oración del Señor, en la cual hacen patente el espíritu de adopción filial, recibido en el Bautismo. Por último, al comulgar el Cuerpo entregado por nosotros y la Sangre derramada también por nosotros, ratifican los dones recibidos y los dones eternos.

CELEBRACIÓN DEL BAUTISMO

218. Después de la homilía se pasa a la liturgia bautismal. El sa- MR
cerdote con los ministros se dirige a la fuente bautismal, si esta se encuentra a la vista de los fieles. De lo contrario se pone un recipiente con agua en el presbiterio.

Presentación de los elegidos

219. Luego, se usa uno de los siguientes procedimientos (opción A, B o C) para la presentación de los que van a ser bautizados. 213 MR USA

A

Cuando el Bautismo se celebra inmediatamente cerca de la fuente bautismal

El sacerdote con los ministros se dirige a la fuente bautismal. Los elegidos son llamados por su nombre y presentados por los padrinos, frente a toda la asamblea. Luego los que van a ser bautizados y sus padrinos ocupan sus sitios alrededor de la fuente de tal manera que no impidan la visión a la asamblea. Siguen la instrucción del celebrante (n. **220**) y las Letanías de los santos (n. **221**).

Si hay un gran número de elegidos, se acercan durante el canto de las Letanías de los santos.

B

Cuando el Bautismo se celebra después de una procesión a la fuente

Se llama a los elegidos que van a ser bautizados para que se acerquen y sus padrinos los presentan ante la congregación. La procesión al bautisterio o fuente bautismal se organiza en este momento. El ministro que lleva el cirio pascual encabeza la procesión (a no ser que, fuera de la Vigilia Pascual, ya esté el cirio cerca de la fuente bautismal), siguen los que van a ser bautizados con sus padrinos y luego los ministros, el diácono y el sacerdote. Se cantan las Letanías de los santos (n. **221**) durante la procesión. Cuando esta ha llegado a la fuente, los elegidos y sus padrinos ocupan sus sitios alrededor de la fuente de tal manera que no impidan la visión a la asamblea. Cuando se terminan las letanías, el sacerdote hace el saludo (n. **220**).

Si hay un gran número para ser bautizados, ellos y sus padrinos simplemente ocupan su lugar en la procesión.

C

Cuando el Bautismo se celebra en el santuario

Se llama a los elegidos a que se acerquen al santuario. Los que van a ser bautizados y los padrinos ocupan sus sitios ante el celebrante en el santuario, pero de tal manera que no impidan la visión a la asamblea. Siguen la instrucción del celebrante (n. **220**) y las Letanías de los santos (n. **221**).

Si son muchos los que van a ser bautizados, estos y sus padrinos se acercan durante el canto de las Letanías de los santos.

Instrucción del celebrante

220. El celebrante se dirige a la asamblea, con una de las siguientes opciones o una instrucción similar: 213

A

Queridos hermanos y hermanas,
pidamos a Dios Padre omnipotente
por nuestros hermanos y hermanas, N. y N.,
que piden el santo Bautismo,
a quienes él llamó y ha conducido hasta este momento,
para que se les conceda con abundancia luz y vigor
para abrazarse a Cristo con fortaleza de corazón
y para profesar la fe de la Iglesia.
Pidamos también que les conceda la renovación del
Espíritu Santo,
a quien vamos a invocar sobre esta agua.

B MR

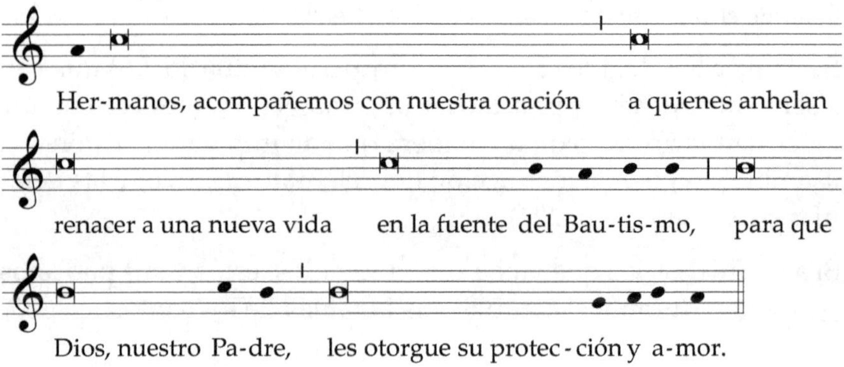

Hermanos, acompañemos con nuestra oración
a quienes anhelan renacer a una nueva vida en la fuente del Bautismo,
para que Dios, nuestro Padre, les otorgue su protección y amor.

Letanías

221. Dos cantores entonan las letanías, a las que todos responden, 214
estando de pie (por razón del Tiempo Pascual). En las letanías se MR
pueden añadir algunos nombres de santos, especialmente el del titular de la iglesia, el de los patronos del lugar y el de los patronos de quienes serán bautizados.

Santa María, Madre de Dios,— ℟. rue - ga por no-so-tros.
San Mi - guel,— ℟. rue - ga por no-so-tros.
Santos ángeles de Dios,— ℟. rue-guen por no-so-tros.
San Juan Bau - tis - ta, ℟. rue - ga por no-so-tros.
San Jo - sé,— ℟. rue - ga por no-so-tros.
San Pedro y san Pa - blo, ℟. rue-guen por no-so-tros.
San An - drés,— ℟. rue - ga por no-so-tros.
San Juan,— ℟. rue - ga por no-so-tros.
Santa María Magda - le - na ℟. rue - ga por no-so-tros.
San Es - te - ban ℟. rue - ga por no-so-tros.
San Ignacio de Antio - quí - a, ℟. rue - ga por no-so-tros.
San Lo - ren - zo, ℟. rue - ga por no-so-tros.
Santas Perpetua y Fe - li - ci - dad, ℟. rue-guen por no-so-tros.
Santa I - nés,— ℟. rue - ga por no-so-tros.
San Gre - go - rio, ℟. rue - ga por no-so-tros.
San Agus - tín,— ℟. rue - ga por no-so-tros.
San Ata - na - sio, ℟. rue - ga por no-so-tros.
San Ba - si - lio, ℟. rue - ga por no-so-tros.
San Mar - tín,— ℟. rue - ga por no-so-tros.
San Be - ni - to, ℟. rue - ga por no-so-tros.
San Francisco y santo Do-min - go, ℟. rue-guen por no-so-tros.
San Francisco Ja - vier,— ℟. rue - ga por no-so-tros.
San Juan María Vian - ney,— ℟. rue - ga por no-so-tros.
Santa Catalina de Sie - na, ℟. rue - ga por no-so-tros.
Santa Teresa de Je - sús,— ℟. rue - ga por no-so-tros.
Todos los santos
y santas de Dios,— ℟. rue-guen por no-so-tros.

Muéstra - te pro - pi - cio, ℟. Lí - bra-nos, Se-ñor.
De to - do mal,
De to - do pe - ca - do,
De la muer - te e - ter - na,
Por tu en - car - na - ción.
Por tu muerte y re - su - rrec - ción.
Por el don del Espí - ri - tu San - to,

Texto sin música:

Señor, ten piedad de nosotros. Señor, ten piedad de nosotros.
Cristo, ten piedad de nosotros. Cristo, ten piedad de nosotros.
Señor, ten piedad de nosotros. Señor, ten piedad de nosotros.

Santa María, Madre de Dios, ruega por nosotros.
San Miguel, ruega por nosotros.
Santos ángeles de Dios, rueguen por nosotros.
San Juan Bautista, ruega por nosotros.
San José, ruega por nosotros.
San Pedro y san Pablo, rueguen por nosotros.
San Andrés, ruega por nosotros.
San Juan, ruega por nosotros.

Santa María Magdalena, ruega por nosotros.
San Esteban, ruega por nosotros.
San Ignacio de Antioquía, ruega por nosotros.
San Lorenzo, ruega por nosotros.
Santas Perpetua y Felicidad, rueguen por nosotros.
Santa Inés, ruega por nosotros.
San Gregorio, ruega por nosotros.
San Agustín, ruega por nosotros.
San Atanasio, ruega por nosotros.
San Basilio, ruega por nosotros.
San Martín, ruega por nosotros.
San Benito, ruega por nosotros.
San Francisco y santo Domingo, rueguen por nosotros.
San Francisco Javier, ruega por nosotros.
San Juan María Vianney, ruega por nosotros.
Santa Catalina de Siena, ruega por nosotros.
Santa Teresa de Jesús, ruega por nosotros.
Todos los santos y santas de Dios, rueguen por nosotros.

Muéstrate propicio, líbranos, Señor.
De todo mal, líbranos, Señor.
De todo pecado, líbranos, Señor.
De la muerte eterna, líbranos, Señor.
Por tu encarnación, líbranos, Señor.
Por tu muerte y resurrección, líbranos, Señor.
Por el don del Espíritu Santo, líbranos, Señor.

Nosotros, que somos pecadores, te rogamos, óyenos.
Para que estos elegidos renazcan a la vida nueva por medio del Bautismo, te rogamos, óyenos.
Jesús, Hijo de Dios vivo, te rogamos, óyenos.

Cristo, óyenos. Cristo, óyenos.
Cristo, escúchanos. Cristo, escúchanos.

El sacerdote, con las manos extendidas, dice esta oración:

Derrama, Señor, tu infinita bondad
en este sacramento del Bautismo
y envía tu santo Espíritu,
para que haga renacer de la fuente bautismal
a estos nuevos hijos tuyos,
que van a ser santificados por tu gracia,
mediante nuestra humilde colaboración en este ministerio.
Por Jesucristo, nuestro Señor.

℟. Amén.

Bendición del agua

222. Enseguida el celebrante se vuelve hacia la fuente y, con las manos extendidas, dice la bendición usando la fórmula que se da en la opción A. 215

Cuando se celebra el Bautismo fuera de la Vigilia Pascual (cfr. n. **26**), el celebrante puede usar una de las fórmulas de bendición que se dan en las opciones A, B y C.

Pero cuando se celebra el Bautismo durante el Tiempo Pascual (cfr. 216
n. **26**) y se tiene el agua bendecida en la Vigilia Pascual, el celebrante usa bien la opción D o bien la opción E, para que esta parte de la celebración mantenga los temas de acción de gracias y de súplica.

A 215

Bendición del agua: De frente a la fuente, el celebrante dice la MR
siguiente bendición con las manos extendidas:

el agua, signifique de mu-chas ma-ne-ras la gra-cia del
Bau-tis-mo; Dios nuestro, cuyo Espíritu aleteaba sobre la superficie
de las aguas en los mismos prin-ci-pios del mun-do, para que ya
desde entonces el agua recibiera el po-der de dar la vi-da; Dios
nuestro, que incluso en las aguas torrenciales del diluvio prefiguraste
el nuevo nacimiento de los hom-bres, al ha-cer que de una manera
mis-te-rio-sa, un mismo elemento diera fin al pe-ca-do y origen
a la vir-tud; Dios nuestro, que hiciste pasar a pie, sin mojarse,
el Mar Rojo a los hijos de A-bra-ham, a fin de que el pueblo,
liberado de la esclavitud del fa-ra-ón, prefigurara al pueblo de
los bau-ti-za-dos; Dios nuestro, cuyo Hijo, al ser bautizado por el

Precursor en el agua del Jordán, fue ungido por el Espí-ri-tu San-to;
sus-pen-dido en la cruz, quiso que brotaran de su costado san-gre
y a-gua; y des-pués de su resurrección mandó a sus a-pós -
- to-les: "Vayan y enseñen a todas las na-cio-nes, bautizándolas
en el nombre del Padre, y del Hijo y del Es-pí-ri-tu San-to": mi-ra
a-hora a tu Iglesia en o-ra-ción y abre pa-ra e-lla la fuen-te del
Bau-tis-mo. Que por obra del Espíritu Santo esta agua adquiera la
gracia de tu U-ni-gé-ni-to, pa-ra que el hombre, creado a tu imagen,
limpio de su antiguo pecado, por el sacramento del Bau-tis-mo,
renazca a la vi-da nue-va por el agua y el Es-pí-ri-tu San-to.

Si es oportuno, introduce el cirio pascual en el agua, una o tres veces, diciendo:

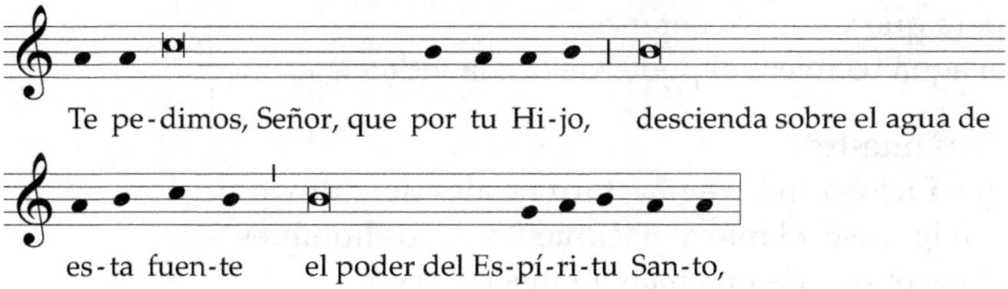

Manteniendo el cirio dentro del agua, prosigue:

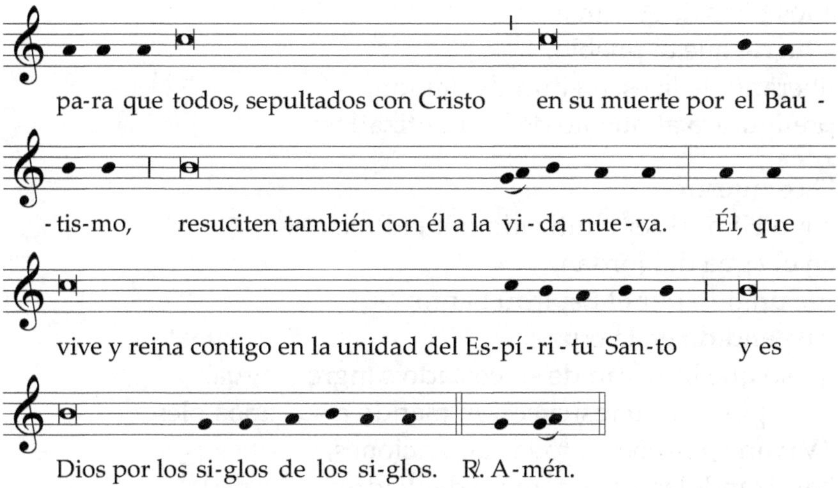

Texto sin música:

Dios nuestro,
que con tu poder invisible realizas obras admirables
por medio de los signos sacramentales
y has hecho que tu creatura, el agua, signifique
de muchas maneras la gracia del Bautismo;

Dios nuestro,
cuyo Espíritu aleteaba sobre la superficie de las aguas
en los mismos principios del mundo,
para que ya desde entonces
el agua recibiera el poder de dar la vida;

Dios nuestro,
que incluso en las aguas torrenciales del diluvio
prefiguraste el nuevo nacimiento de los hombres,
al hacer que de una manera misteriosa,
un mismo elemento diera fin al pecado y origen a la virtud;

Dios nuestro,
que hiciste pasar a pie, sin mojarse, el Mar Rojo
a los hijos de Abraham,
a fin de que el pueblo,
liberado de la esclavitud del faraón,
prefigurara al pueblo de los bautizados;

Dios nuestro,
cuyo Hijo, al ser bautizado por el Precursor
en el agua del Jordán,
fue ungido por el Espíritu Santo;
suspendido en la cruz,
quiso que brotaran de su costado sangre y agua;
y después de su resurrección mandó a sus apóstoles:
"Vayan y enseñen a todas las naciones,
bautizándolas en el nombre del Padre,
y del Hijo y del Espíritu Santo":
mira ahora a tu Iglesia en oración
y abre para ella la fuente del Bautismo.

Que por obra del Espíritu Santo
esta agua adquiera la gracia de tu Unigénito,
para que el hombre, creado a tu imagen,
limpio de su antiguo pecado,
por el sacramento del Bautismo,
renazca a la vida nueva por el agua y el Espíritu Santo.

Si es oportuno, introduce el cirio pascual en el agua, una o tres veces, diciendo:

Te pedimos, Señor, que por tu Hijo,
descienda sobre el agua de esta fuente
el poder del Espíritu Santo,

Manteniendo el cirio dentro del agua, prosigue:

para que todos,
sepultados con Cristo en su muerte por el Bautismo,
resuciten también con él a la vida nueva.
Él, que vive y reina contigo en la unidad del Espíritu Santo
y es Dios por los siglos de los siglos.

℟. Amén.

Enseguida saca el cirio del agua, y el pueblo dice la siguiente aclamación:

Fuentes del Señor, bendigan al Señor,
alábenlo y glorifíquenlo por los siglos.

B 389.1

Bendición del agua: De frente a la fuente, el celebrante dice la siguiente bendición con las manos extendidas:

Bendito seas, Dios Padre todopoderoso,
que creaste el agua para purificar y dar la vida.

Todos:
Bendito seas por siempre, Señor (u otra aclamación apropiada).

Celebrante:

Bendito seas, Dios Hijo único, Jesucristo,
que hiciste brotar agua y sangre de tu costado,
para que de tu muerte y resurrección naciera la Iglesia.

Todos:

Bendito seas por siempre, Señor.

Celebrante:

Bendito seas, Dios Espíritu Santo,
que ungiste a Cristo cuando se bautizó en las aguas del Jordán,
para que todos fuéramos bautizados en ti.

Todos:

Bendito seas por siempre, Señor.

Celebrante:

Atiende a nuestra súplica, Señor, Padre único,
y santifica esta agua,
para que, bautizados los hombres en ella, queden limpios del pecado
y renazcan a la vida de hijos adoptivos tuyos.

Todos:

Escúchanos, Señor (u otra aclamación apropiada).

Celebrante:

Santifica esta agua
para que los que en ella sean bautizados
en virtud de la muerte y resurrección de Cristo,
reproduzcan en sí mismos la imagen de tu Hijo.

Todos:

Escúchanos, Señor.

El celebrante toca el agua con la mano derecha, y prosigue:

Santifica esta agua,
para que nazcan de nuevo por el Espíritu Santo
aquellos que has elegido
para formar parte de tu pueblo santo.

Todos:

Escúchanos, Señor.

C 389.2

Bendición del agua: De frente a la fuente, el celebrante dice la siguiente bendición con las manos extendidas:

Te bendecimos, Padre lleno de bondad,
porque has hecho brotar en nosotros
la nueva vida de hijos tuyos,
que mana de la fuente bautismal.

Todos:

Bendito seas por siempre, Señor (u otra aclamación apropiada).

Celebrante:

Que por el agua y el Espíritu Santo,
unes en un solo pueblo
a todos los que son bautizados en tu Hijo Jesucristo.

Todos:

Bendito seas por siempre, Señor.

Celebrante:

Que nos haces libres, por el Espíritu de tu amor
que infundes en nuestros corazones
para que gocemos de tu paz.

Todos:

Bendito seas por siempre, Señor.

Celebrante:

Que eliges a los bautizados
para que anuncien alegremente el Evangelio de Cristo
a todas las naciones.

Todos:

Bendito seas por siempre, Señor.

Celebrante:

Dígnate ahora bendecir ✠ esta agua,
con la que van a ser bautizados tus hijos (N. y N.),
a quienes has llamado al baño espiritual,
que da la nueva vida en la fe de tu Iglesia,
para que vivan eternamente.
Por Jesucristo, nuestro Señor.

Todos:

Amén.

D 389.1

Acción de gracias en Tiempo Pascual sobre el agua ya bendecida:
De frente a la fuente que contiene el agua bendita, el celebrante dice lo siguiente:

Bendito seas, Dios Padre todopoderoso,
que creaste el agua para purificar y dar la vida.

Todos:

Bendito seas por siempre, Señor (u otra aclamación apropiada).

Celebrante:

Bendito seas, Dios Hijo único, Jesucristo,
que hiciste brotar agua y sangre de tu costado,
para que de tu muerte y resurrección naciera la Iglesia.

Todos:

Bendito seas por siempre, Señor.

Celebrante:

Bendito seas, Dios, Espíritu Santo,
que ungiste a Cristo cuando se bautizó en las aguas del Jordán,
para que todos fuéramos bautizados en ti.

Todos:

Bendito seas por siempre, Señor.

Celebrante:

Por el misterio de esta agua bendita,
dígnate admitir al nuevo nacimiento espiritual
a tus hijos (N. y N.) y a tus hijas (N. y N.),
a quienes has llamado a este baño
en el que se administra la fe de la Iglesia,
para que posean la vida eterna.

Todos:

Amén.

E 389.2

Acción de gracias en Tiempo Pascual sobre el agua ya bendecida:
De frente a la fuente que contiene el agua bendita, el celebrante dice lo siguiente:

Te bendecimos, Padre, lleno de bondad,
porque has hecho brotar en nosotros
la nueva vida de hijos tuyos,
que mana de la fuente bautismal.

Todos:

Bendito seas por siempre, Señor (u otra aclamación apropiada).

Celebrante:

Que por el agua y el Espíritu Santo,
unes en un solo pueblo
a todos los que son bautizados en tu Hijo Jesucristo.

Todos:

Bendito seas por siempre, Señor.

Celebrante:

Que nos haces libres, por el Espíritu de tu amor
que infundes en nuestros corazones
para que gocemos de tu paz.

Todos:

Bendito seas por siempre, Señor.

Celebrante:

Que eliges a los bautizados
para que anuncien alegremente el Evangelio de Cristo
a todas las naciones.

Todos:

Bendito seas por siempre, Señor.

Celebrante:

Por el misterio de esta agua bendecida,
haz renacer espiritualmente
a tus hijos (N. y N.) y a tus hijas (N. y N.),
a quienes has llamado a este baño
que se da en la fe de tu Iglesia
para que posean la vida eterna.
Por Jesucristo, nuestro Señor.

Todos:

Amén.

Profesión de fe

223. Después de la bendición del agua (o de la oración de acción 217
de gracias), el celebrante continúa con la Profesión de fe, la cual USA
incluye la renuncia al pecado y la profesión misma.

Renuncia al pecado

224. Usando una de las siguientes fórmulas, el celebrante pregunta a todos los elegidos a la vez; o, después de ser informado por los padrinos del nombre de cada uno de los elegidos puede usar las mismas fórmulas para interrogar individualmente a los elegidos. 217 USA

Se deja al juicio del obispo diocesano, el hacer más específicas y con más detalle las fórmulas para la renuncia al pecado según lo requieran las circunstancias (cfr. n. **33.8**).

A

Celebrante:

¿Renuncian ustedes al pecado,
para vivir en la libertad de los hijos de Dios?

Elegidos:

Sí, renuncio.

Celebrante:

¿Renuncian a todas las seducciones del mal,
para que el pecado no los esclavice?

Elegidos:

Sí, renuncio.

Celebrante:

¿Renuncian a Satanás, padre y autor de todo pecado?

Elegidos:

Sí, renuncio.

B

Celebrante:

¿Renuncian ustedes a Satanás,
y a todas sus obras,
y todas sus seducciones?

Elegidos:

Sí, renuncio.

C

Celebrante:

¿Renuncian ustedes a Satanás?

Elegidos:

Sí, renuncio.

Celebrante:

¿Renuncian a todas sus obras?

Elegidos:

Sí, renuncio.

Celebrante:

¿Renuncian a todas sus seducciones?

Elegidos:

Sí, renuncio.

Profesión de fe

225. Después el celebrante, informado de nuevo por los padrinos del nombre de cada uno de los que van a ser bautizados, interroga a cada uno de ellos. 219

Cuando los que van a bautizarse son muy numerosos pueden hacer la profesión de fe todos a la vez o por grupos.

Celebrante:

N., ¿crees en Dios,
Padre todopoderoso,
creador del cielo y de la tierra?

Elegido:

Sí, creo.

Celebrante:

¿Crees en Jesucristo,
su Hijo único y Señor nuestro,
que nació de la Virgen María,
padeció y murió por nosotros,
resucitó y está sentado a la derecha del Padre?

Elegido:

Sí, creo.

Celebrante:

¿Crees en el Espíritu Santo,
en la santa Iglesia católica,
en la comunión de los santos,
en el perdón de los pecados,
en la resurrección de los muertos y en la vida eterna?

Elegido:

Sí, creo.

Rito del Bautismo

226. El celebrante bautiza a cada candidato bien sea por inmersión 219
(opción A), o vertiendo el agua sobre él (opción B). Cada bautismo 220
puede ir seguido de una aclamación corta (cfr. Apéndice II, nn. **595–597**), cantada o dicha por la asamblea.

Cuando son muchos los elegidos que van a bautizarse, pueden di- 222
vidirse en grupos y ser bautizados por distintos sacerdotes o diáconos. Al bautizar, bien sea por inmersión (opción A), o infusión, es decir derramando el agua sobre la cabeza (opción B), estos ministros dicen la fórmula sacramental para cada candidato. Durante los Bautismos es de desear que el pueblo entone algún canto o que se haga alguna lectura bíblica o que simplemente se ore en silencio.

A 220

Si el Bautismo es por inmersión de todo el cuerpo o de la cabeza nada más, se debe guardar la decencia y el decoro. El padrino o la madrina (o ambos) tocan al candidato. El celebrante, lo sumerge del todo o sólo la cabeza por tres veces sucesivas, y le bautiza invocando una sola vez a la Santísima Trinidad:

N., yo te bautizo en el nombre del Padre,

Lo sumerge por primera vez.

y del Hijo,

Lo sumerge por segunda vez.

y del Espíritu Santo.

Lo sumerge por tercera vez.

B 221

Si el Bautismo se hace por infusión, uno de los padrinos, o los dos, ponen la mano derecha sobre el hombro del candidato y el celebrante saca el agua bautismal de la fuente, y, derramándola tres veces sobre la cabeza inclinada del elegido, lo bautiza en el nombre de la Santísima Trinidad:

N., YO TE BAUTIZO EN EL NOMBRE DEL PADRE,

Derrama el agua por primera vez.

Y DEL HIJO,

Derrama el agua por segunda vez.

Y DEL ESPÍRITU SANTO.

Derrama el agua por tercera vez.

RITOS COMPLEMENTARIOS

227. La celebración del Bautismo continúa con los ritos complementarios (nn. **228–230**), después de lo cual de ordinario se celebra la Confirmación como se describe a continuación (nn. **231–235**) en cuyo caso se omite la unción después del Bautismo. 223

UNCIÓN DESPUÉS DEL BAUTISMO

228. Si la Confirmación de los bautizados se separa de su Bautismo (cfr. n. **215**), el celebrante los unge con el Crisma inmediatamente después del Bautismo. Si los bautizados son muchos, los presbíteros o diáconos presentes pueden ayudar con la unción. 224

El celebrante dice primero lo siguiente sobre todos los recién bautizados antes de la unción:

Dios todopoderoso,
Padre de nuestro Señor Jesucristo,
que les ha dado la nueva vida
por el agua y el Espíritu Santo
y les ha concedido el perdón de todos los pecados,
los unja con el Crisma de la salvación,
para que, incorporados a su pueblo,
sean para siempre miembros de Cristo,
Sacerdote, Profeta y Rey.

Los recién bautizados:

Amén.

En silencio, el celebrante unge con el santo Crisma a cada uno de los bautizados en la parte superior (coronilla) de la cabeza.

Imposición de la vestidura blanca

229. El celebrante dice la siguiente fórmula y, a las palabras **Reciban, pues, la vestidura blanca** los padrinos imponen la vestidura blanca al recién bautizado. La vestidura usada en este rito puede ser blanca o de otro color según las costumbres locales. Si las circunstancias lo sugieren, se puede omitir este rito. 225

Celebrante:

N. y N., ya han sido transformados en una nueva creatura
y se han revestido de Cristo.
Reciban, pues, la vestidura blanca,
que han de llevar limpia de mancha
ante el tribunal de nuestro Señor Jesucristo,
para alcanzar la vida eterna.

Los recién bautizados:

Amén.

Entrega de un cirio encendido

230. El celebrante toma en las manos el cirio pascual, o al menos lo toca, y dice: 226

Acérquense, padrinos y madrinas,
para que entreguen a los recién bautizados la luz de Cristo.

Un padrino de cada neófito se acerca al celebrante, enciende un cirio en el cirio pascual, y se lo entrega a su ahijado(a).

Entonces el celebrante dice:

Ustedes han sido iluminados por Cristo.
Caminen siempre como hijos de la luz,
y guarden la llama de la fe viva en su corazón
para que puedan salir al encuentro del Señor cuando venga
con todos los santos en la gloria celestial.

Los recién bautizados:

Amén.

Si se va a posponer la celebración de la Confirmación, en este momento se tiene la renovación de las promesas bautismales, como en el *Misal Romano*, Vigilia Pascual (n. 55); luego se conduce a los neófitos a sus sitios entre los fieles. USA

Fuera de la Vigilia Pascual, si se va a posponer la Confirmación, se conduce a los neófitos a sus sitios entre los fieles después de la entrega del cirio encendido.

CELEBRACIÓN DE LA CONFIRMACIÓN

231. A no ser que el bautizo y los demás ritos complementarios hayan tenido lugar en el santuario, una procesión regresa al santuario, constituida como antes, y los neófitos o los padres o padrinos llevan velas encendidas. Durante esta procesión se puede cantar el cántico bautismal **Vidi aquam** (**Vi agua**) u otro canto apropiado (*Misal Romano*, Vigilia Pascual, n. 56). MR

232. Si el obispo ha conferido el Bautismo, él debe ahora también conferir la Confirmación. Si el obispo no está presente, el presbítero que confirió el Bautismo ha de administrar la Confirmación (cfr. *Código de Derecho Canónico*, can. 866). 228

Cuando los que van a confirmarse son muy numerosos, el ministro de la Confirmación puede asociar a otros presbíteros para que junto con él administren el sacramento (cfr. n. **14**).

Invitación

233. El celebrante se dirige primero brevemente a los neófitos con estas u otras palabras semejantes: 229

N., N., regenerados ya en Cristo por el Bautismo
y transformados en miembros suyos y de su pueblo sacerdotal,
ahora van a recibir al Espíritu Santo
que ha sido derramado sobre nosotros;
es el mismo Espíritu que envió el Señor sobre los apóstoles el día de Pentecostés,
y que ellos y sus sucesores confieren a los bautizados.

Ustedes también recibirán la fuerza prometida del Espíritu Santo;
con ella, configurados más perfectamente a Cristo,
podrán dar testimonio de la pasión, muerte y resurrección del Señor,
y ayudados con su fortaleza, serán miembros activos de la Iglesia
para la edificación del Cuerpo de Cristo en la fe y en el amor.

Luego, el celebrante (teniendo a su lado a los presbíteros que van a ayudarle), de pie y con las manos juntas, exhorta al pueblo, diciendo:

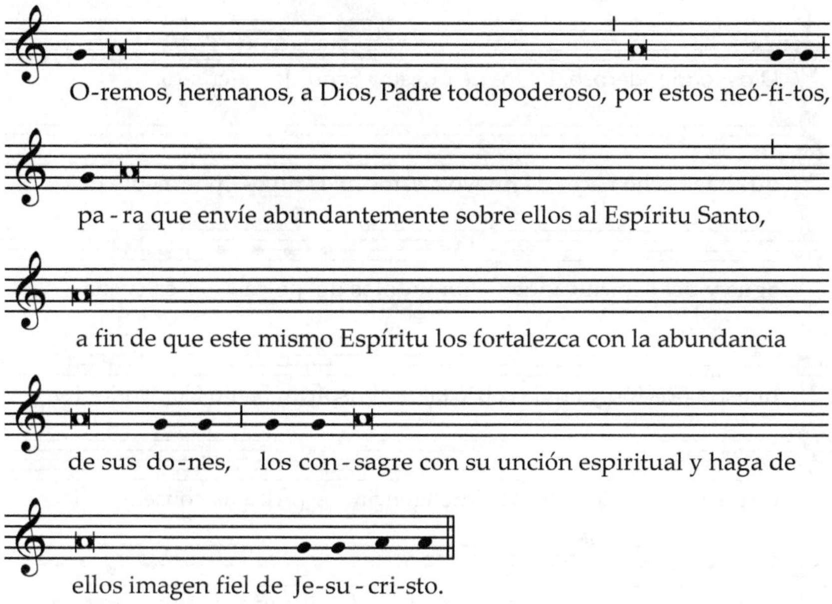

Oremos, hermanos, a Dios, Padre todopoderoso,
por estos neófitos,
para que envíe abundantemente sobre ellos
al Espíritu Santo,
a fin de que este mismo Espíritu
los fortalezca con la abundancia de sus dones,
los consagre con su unción espiritual
y haga de ellos imagen fiel de Jesucristo.

Todos oran en silencio unos instantes.

Imposición de las manos

234. Luego, el celebrante (y los presbíteros que lo ayudan) impone 230
las manos sobre todos los confirmandos. El celebrante, él solo, dice:

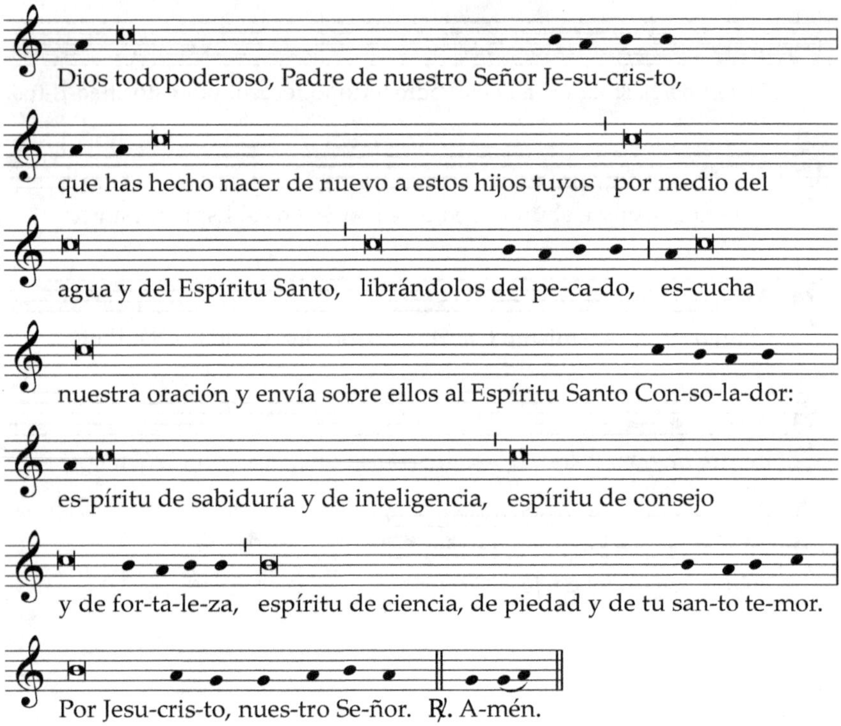

Dios todopoderoso,
Padre de nuestro Señor Jesucristo,
que has hecho nacer de nuevo a estos hijos tuyos
por medio del agua y del Espíritu Santo,
librándolos del pecado,
escucha nuestra oración
y envía sobre ellos al Espíritu Santo Consolador:
espíritu de sabiduría y de inteligencia,
espíritu de consejo y de fortaleza,
espíritu de ciencia, de piedad
y de tu santo temor.
Por Jesucristo, nuestro Señor.

Todos:

Amén.

Unción con el Crisma

235. Un ministro presenta al celebrante el santo Crisma. 231

Cuando el celebrante es el obispo, los presbíteros que se asocian como ministros del sacramento reciben el Crisma de su mano.

Cada uno de los confirmandos se acerca al celebrante (o a uno de los ministros asociados para conferir el sacramento); o, si parece más conveniente, el celebrante (y los ministros asociados) se acerca(n) a cada confirmando. Uno o ambos padrinos le coloca(n) la mano derecha sobre el hombro del confirmando y dice el nombre de este al ministro o, si se prefiere, el mismo confirmando dice su nombre. Mientras dura la unción, se puede entonar algún canto adecuado.

El ministro del sacramento moja el pulgar derecho en el Crisma y traza el signo de la cruz en la frente del confirmando, mientras dice:

N., RECIBE POR ESTA SEÑAL EL DON DEL ESPÍRITU SANTO.

El recién confirmado:

Amén.

El ministro del sacramento añade:

La paz sea contigo.

El recién confirmado:

Y con tu espíritu.

236. En la Vigilia Pascual, la renovación de las promesas bautismales de la asamblea (nn. **237–240** más adelante o en el *Misal Romano*, Vigilia Pascual, n. 55) sigue a la celebración de la Confirmación. Luego se lleva a los neófitos a sus sitios entre los fieles. MR

Fuera de la Vigilia Pascual, los neófitos son conducidos a sus lugares entre los fieles inmediatamente después de la Confirmación. Entonces comienza la Oración universal (cfr. n. **241**).

RENOVACIÓN DE LAS PROMESAS BAUTISMALES (en la Vigilia Pascual)

INVITACIÓN

237. Después de la celebración del Bautismo, el celebrante se dirige a la comunidad, a fin de invitar a todos los presentes a renovar sus promesas bautismales a no ser que esto ya se haya hecho junto con los que iban a ser bautizados (cfr. *Misal Romano*, Vigilia Pascual, n. 49). Todos están de pie y sostienen cirios encendidos. El celebrante puede usar las siguientes palabras u otras parecidas: MR

Hermanos, por medio del Bautismo,
hemos sido hechos partícipes del misterio pascual de Cristo;
es decir, por medio del Bautismo,
hemos sido sepultados con él en su muerte
para resucitar con él a la vida nueva.
Por eso, culminado nuestro camino cuaresmal,
es muy conveniente que renovemos
las promesas de nuestro Bautismo,

con las cuales un día renunciamos a Satanás y a sus obras
y nos comprometimos a servir a Dios,
en la santa Iglesia católica.
Por consiguiente:

Renuncia al pecado

238. El celebrante continúa con una de las siguientes fórmulas de renuncia. MR

Si las circunstancias lo requieren, la Conferencia de Obispos puede adaptar la fórmula A según las condiciones locales.

A

Celebrante:

¿Renuncian ustedes al pecado,
para vivir en la libertad de los hijos de Dios?

Todos:

Sí, renuncio.

Celebrante:

¿Renuncian a las seducciones del mal,
para que el pecado no los esclavice?

Todos:

Sí, renuncio.

Celebrante:

¿Renuncian a Satanás, padre y autor de todo pecado?

Todos:

Sí, renuncio.

B

Celebrante:
¿Renuncian ustedes a Satanás?

Todos:
Sí, renuncio.

Celebrante:
¿Renuncian a todas sus obras?

Todos:
Sí, renuncio.

Celebrante:
¿Renuncian a todas sus seducciones?

Todos:
Sí, renuncio.

Profesión de fe

239. Entonces el celebrante continúa: MR
¿Creen ustedes en Dios,
Padre todopoderoso,
creador del cielo y de la tierra?

Todos:
Sí, creo.

Celebrante:
¿Creen en Jesucristo,
su Hijo único y Señor nuestro,
que nació de la Virgen María,
padeció y murió por nosotros,
resucitó y está sentado a la derecha del Padre?

Todos:

Sí, creo.

Celebrante:

¿Creen en el Espíritu Santo,
en la santa Iglesia católica,
en la comunión de los santos,
en el perdón de los pecados,
en la resurrección de los muertos y en la vida eterna?

Todos:

Sí, creo.
Luego el celebrante concluye con la siguiente oración:
Que Dios todopoderoso,
Padre de nuestro Señor Jesucristo,
que nos liberó del pecado
y nos ha hecho renacer por el agua y el Espíritu Santo,
nos conserve con su gracia
unidos a Jesucristo nuestro Señor, hasta la vida eterna.

Todos:

Amén.

Aspersión con el agua bautismal

240. El celebrante rocía a toda la asamblea con el agua bautismal bendita, mientras todos entonan el siguiente cántico o cualquier otro que sea de tema bautismal: MR

Vi brotar agua del lado derecho del templo, aleluya.
Vi que en todos aquellos que recibían el agua,
surgía una vida nueva
y cantaban con gozo: Aleluya, aleluya. *(cfr. Ezequiel 47, 1-2. 9)*

CELEBRACIÓN DE LA EUCARISTÍA

241. Como no se dice la Profesión de fe, la Oración universal comienza inmediatamente y los neófitos participan en ella por primera vez. Algunos de los neófitos pueden participar en la procesión llevando los dones al altar. 232

242. En la Plegaria Eucarística I se hace mención de los neófitos en la forma propia del **Hanc igitur** (**Acepta, Señor, en tu bondad**), en la Vigilia Pascual del *Misal Romano,* Ordinario de la Misa, n. 87, y fuera de la Vigilia Pascual de la Misa ritual "Para el Bautismo". En la Vigilia Pascual y fuera de la Vigilia Pascual, en la Plegaria Eucarística I, se hace mención de los padrinos en la sección **Memento, Domine** (**Acuérdate, Señor, de tus hijos**) de la Misa ritual "Para el Bautismo". Si se usan las Plegarias Eucarísticas II, III o IV, se usa la fórmula propia para los neófitos de la Misa ritual "Para el Bautismo". 233

243. Conviene que los neófitos reciban la Sagrada Comunión bajo 234
ambas especies junto con los padrinos, madrinas, padres, cónyuges MR
y catequistas. Es conveniente también, con el consentimiento del obispo diocesano, donde las circunstancias lo aconsejen, que todos los fieles reciban la sagrada Comunión bajo las dos especies.

Antes de decir **Ecce Agnus Dei** (**Éste es el Cordero de Dios**), el celebrante puede recordar brevemente a los neófitos el valor de tan excelso misterio que es la culminación de su Iniciación y el centro de toda la vida cristiana. Se pueden usar estas u otras palabras:

Queridos neófitos, USA
(en esta noche santísima)
ustedes han renacido del agua y del Espíritu Santo,
y, por primera vez,
recibirán el Pan de vida y el Cáliz de salvación.

Que el Cuerpo y la Sangre de Cristo el Señor
los conduzca a profundizar en su amistad
y en la comunión con toda la Iglesia;
que sea su alimento a lo largo de todo su camino de la vida,
y un anticipo del eterno banquete celestial.

Éste es el Cordero de Dios . . .

ETAPA DE LA MISTAGOGIA

244. Concluida la etapa precedente, la comunidad juntamente con los neófitos progresa, ya con la meditación del Evangelio, ya con la participación de la Eucaristía, ya con el ejercicio de la caridad, en la percepción más profunda del Misterio Pascual y en la manifestación cada vez más perfecta del mismo en su vida. Este es el último tiempo de la Iniciación, a saber, la etapa de la "Mistagogia" de los neófitos. 37

245. Los neófitos adquieren una comprensión más plena y efectiva por la novedad de la explicación, y especialmente mediante su experiencia de los sacramentos que han recibido, porque realmente han sido renovados en mente, han gustado más profundamente la dulzura de la Palabra de Dios, han recibido al Espíritu Santo y han crecido en su conocimiento de la bondad del Señor. De esta experiencia, que pertenece a los cristianos y que aumenta conforme la viven, los neófitos derivan una nueva percepción de la fe, de la Iglesia, y del mundo. 38

246. Así como la nueva participación en los sacramentos ilumina 39
el conocimiento de los neófitos sobre las Escrituras, así también 235
aumenta su contacto con el resto de los fieles y tiene un impacto en la experiencia de la comunidad. Como resultado, la relación entre los neófitos y los fieles se hace más fácil y provechosa. La etapa de la mistagogia es de gran significado tanto para los neófitos como para el resto de los fieles. Durante ella los neófitos, con la ayuda de sus padrinos, deben experimentar una plena y gozosa integración en la comunidad y entrar en trato más íntimo con los demás fieles. Los fieles, a su vez, deben derivar de ella una renovada inspiración y mayor entusiasmo.

247. Puesto que el espíritu y la fuerza distintiva de la etapa de la mistagogia se derivan de la nueva experiencia personal de los sacramentos y de la comunidad, su lugar principal es en lo que se llama "Misas para los neófitos", esto es, las Misas dominicales 40 del tiempo de Pascua. Además de ser ocasiones para que los recién bautizados se reúnan con la comunidad y compartan en los misterios, estas celebraciones incluyen particularmente lecturas apropiadas del Leccionario, especialmente las lecturas del año A. Por tanto, la comunidad local entera debe ser invitada a participar con los neófitos y sus padrinos, y aun cuando la Iniciación cristiana se ha celebrado fuera de los tiempos normales, se pueden usar los textos de estas Misas dominicales del tiempo de Pascua.

248. Todos los neófitos y sus padrinos deben hacer un esfuerzo 236
para participar en las Misas para los neófitos. Se deben reservar sitios especiales en la congregación para los neófitos y sus padrinos. La homilía y, si las circunstancias lo sugieren, las oraciones universales, deben tomar en cuenta la presencia y las necesidades de los neófitos.

249. Para clausurar la etapa de la mistagogia, se debe tener alguna 237
celebración al final del Tiempo Pascual cerca del domingo de Pentecostés. Pueden acompañar a esa ocasión algunas festividades según la costumbre local.

250. En el aniversario de su Bautismo, los neófitos deben ser con- 238
gregados a fin de dar gracias a Dios, cambiar entre sí sus experiencias espirituales y renovar su compromiso.

251. Para mostrar su cuidado pastoral por estos nuevos miembros 239
de la Iglesia, el obispo, particularmente si no le fue posible presidir él mismo los sacramentos de la Iniciación, debería hacer los arreglos, si es posible, para reunirse con los recién bautizados por lo menos una vez en el año y presidir una celebración eucarística con ellos, en la cual pueden recibir la Sagrada Comunión bajo las dos especies.

PARTE II

RITOS PARA CIRCUNSTANCIAS ESPECIALES

CAPÍTULO II

RITUAL DE LA INICIACIÓN DE LOS NIÑOS EN EDAD CATEQUÉTICA

252. Este rito está destinado a los niños que no fueron bautizados 306
en su primera infancia, pero que han alcanzado el uso de razón y tienen edad catequética. Piden la Iniciación cristiana, ya traídos por sus padres o tutores, ya espontáneamente, pero con permiso de ellos. Estos niños ya están listos para concebir y alimentar una fe propia, y tienen en sí mismos algún sentido del deber de conciencia. Sin embargo, todavía no pueden ser tratados como adultos porque en esta etapa de su vida dependen de los padres o tutores y se dejan influir excesivamente por sus compañeros y por el ambiente social.

253. La Iniciación cristiana de estos niños requiere tanto una con- 307
versión que es personal y hasta cierto punto desarrollada, según USA
su edad, como la ayuda de la educación tan necesaria a su edad. El proceso de Iniciación debe, pues, adaptarse tanto al progreso espiritual de los niños, esto es, al crecimiento en su fe, como a la formación catequética que reciben. Por consiguiente, su Iniciación debe prolongarse, como la de los adultos, durante varios años, si es necesario, antes de recibir los sacramentos. Así como para los adultos, la Iniciación va marcada por varios pasos, los ritos litúrgicos de entrada en el catecumenado (nn. **260–276**), el Rito opcional de elección (nn. **277–290**), Escrutinios o ritos penitenciales (nn. **291–303**), y la celebración de los sacramentos de Iniciación (nn. **304–329**). Las etapas de formación catequética de los niños que conducen hasta los ritos de Iniciación y siguen sus pasos se corresponden con el período de la Iniciación de adultos.

254. El progreso de los niños en la formación que reciben depende de la ayuda y el ejemplo de sus compañeros y de la influencia de sus padres. Es preciso tener en cuenta ambos factores. 308

a) Puesto que los niños que han de ser iniciados pertenecen generalmente a algún grupo de niños de la misma edad que ya han sido bautizados y se están preparando para la Confirmación y la Eucaristía, su Iniciación progresa gradualmente y se apoya sobre la base de este grupo de compañeros.

b) Es de esperar que los niños reciban, además, en cuanto sea posible, la ayuda y el ejemplo de sus padres cuyo permiso se requiere para que los niños sean iniciados y vivan la vida cristiana. El tiempo de la Iniciación también proporcionará una buena oportunidad para que la familia se relacione con los sacerdotes y catequistas.

255. Para las celebraciones propias de esta forma de Iniciación cristiana, será ventajoso, si las circunstancias lo permiten, reunir un grupo de varios niños que estén en la misma situación, a fin de que con el ejemplo mutuo se ayuden a caminar en el catecumenado. 309

256. En lo que toca al tiempo de la celebración de las etapas de la 310
Iniciación, es preferible que, en cuanto sea posible, el último USA
tiempo de la preparación, que empieza con el segundo paso, los Ritos penitenciales (o el Rito opcional de elección), coincida con la Cuaresma y que el paso final, la celebración de los sacramentos de Iniciación, se tenga en la Vigilia Pascual (cfr. n. **8**). Sin embargo, antes de que los niños sean admitidos a los sacramentos en la Pascua, hay que asegurarse bien de que están listos para los sacramentos. En esta ocasión, la celebración también se debe corresponder con el programa de formación catequética que están recibiendo, pues los niños deben acercarse a los sacramentos de la Iniciación, si es posible, al mismo tiempo que sus compañeros bautizados reciban la Confirmación y la Eucaristía.

257. En los ritos durante el proceso de la Iniciación para niños de esta edad, generalmente es preferible no tener presente a toda la comunidad parroquial, sino simplemente una representación de ella. Así, estos ritos deben celebrarse con la participación activa 311 de una congregación que consista de un número conveniente de fieles, los padres, las familias, unos miembros del grupo catequético y unos pocos amigos adultos.

258. Cada Conferencia de Obispos puede adaptar y añadir a la forma del Ritual que se da aquí cuanto juzgue oportuno a fin de que el Ritual responda más efectivamente a las necesidades y circunstancias locales y a los requisitos pastorales. La Conferencia de Obispos Católicos de los Estados Unidos ha hecho esto al permitir un "Rito de elección" opcional antes de la "Segunda etapa: Escrutinios o ritos penitenciales". Se pueden introducir los Ritos de la entrega del Credo (cfr. nn. **157–162**) y de la Oración del Señor (nn. **178–183**), adaptados a la edad de los niños. Cuando se traduzca a lengua vernácula el Ritual de la Iniciación de los niños, se deben adaptar las instrucciones y las oraciones a la mentalidad de los niños. Aún más, además de cualquier texto litúrgico traducido de la *editio typica* latina, la Conferencia de Obispos puede también aprobar un texto original, alternativo que diga lo mismo, pero de una manera más apropiada a los niños (cfr. *La Iniciación cristiana*, Observaciones generales, n. 32). 312 USA

259. Para poner en práctica esta forma del Ritual de Iniciación cristiana el celebrante puede usar con libertad y sensatez las opciones mencionadas en *La Iniciación cristiana*, Observaciones generales (nn. 34–35), en el *Ritual para el Bautismo de los niños*, Introducción (n. 31), y en el *Ritual de la Iniciación cristiana de adultos*, Introducción (n. **35**). 313

PRIMER PASO: RITO DE ENTRADA EN EL CATECUMENADO

260. En primer lugar, es importante que este rito se celebre con la participación de una congregación pequeña pero activa, puesto que la presencia de un grupo grande pudiera poner nerviosos a los niños (cfr. n. **257**). En cuanto sea posible, los padres o los tutores de los niños deben asistir; pero si ellos no pueden estar presentes, deben manifestar el consentimiento dado a los niños y en su lugar debe haber acompañantes (cfr. n. **10**), esto es, miembros apropiados de la Iglesia que actúan en esta ocasión en nombre de los padres para presentar a los niños. El celebrante que preside es un sacerdote o diácono. 314 USA

261. La celebración se hace en la iglesia o en un lugar que, según la edad y capacidad de los niños, les ayude a sentir una cálida bienvenida. Según las circunstancias, la primera parte del rito, "Recepción de los niños", se hace en la entrada del lugar escogido para la celebración, y la segunda parte del rito, "Liturgia de la Palabra", se hace adentro. 315 329

Normalmente la celebración no se combina con la celebración de la Eucaristía.

RECEPCIÓN DE LOS NIÑOS

262. El sacerdote, o el diácono, revestido de alba o roquete y estola, llega al lugar donde están los niños esperando con sus padres o tutores o, alternativamente con sus acompañantes. 316

Instrucción preliminar

263. El celebrante y la comunidad presente saludan con afabilidad 316
y sencillez a los niños. El celebrante entonces se dirige a los niños 317
y a sus padres o acompañantes mostrándoles el gozo y la satisfacción de la Iglesia al verlos allí. Luego invita a los niños y a sus padres o acompañantes a acercarse y a permanecer de pie frente a él.

Diálogo

264. El celebrante pide entonces a los niños, individualmente que 318
expresen su intención. Lo puede hacer por medio de preguntas y respuestas como las que se dan aquí o puede usar otras palabras que permitan a los niños contestar:

"Quiero hacer la voluntad de Dios";
"Quiero seguir la Palabra de Dios";
"Quiero ser bautizado";
"Quiero la fe";
"Quiero ser un amigo de Jesús";
"Quiero entrar en la familia cristiana".

Si los niños son muy numerosos, el celebrante puede interrogar a algunos y luego pedirles a los demás que expresen si están de acuerdo con las respuestas dadas.

Celebrante:
N., ¿qué quieres llegar a ser?

Niño(a):
Un cristiano (Una cristiana).

Celebrante:
¿Por qué quieres ser cristiano(a)?

Niño(a):
Porque creo en Cristo.

Celebrante:
¿Qué recibes por creer en Cristo?

Niño(a):
La vida eterna.

Seguidamente el celebrante concluye el diálogo con una breve 319
catequesis, acomodada a las circunstancias y a la edad de los niños, sobre el paso que van a dar, con estas u otras palabras semejantes y puede pedirles a los niños que como señal de su consentimiento repitan la cita final que expresa las palabras de Cristo.

Como ustedes ya creen en Cristo
y quieren que los preparemos para el Bautismo,
con gran alegría los recibimos en la familia de los cristianos,
en la que conocerán a Cristo cada día mejor.
Y juntamente con nosotros ustedes se esforzarán por vivir como hijos de Dios,
según nos enseñó Cristo nuestro Señor:
"Amarás a Dios con todo tu corazón.
Ámense los unos a los otros como yo los he amado a ustedes".

Diálogo con los padres y la asamblea

265. Luego el celebrante habla de nuevo a los niños y les ruega, 320
con estas u otras palabras semejantes, que pidan el consentimiento de sus padres o acompañantes que los presentan:

N. y N.,
vayan ahora a pedirles a sus padres (acompañantes)
que les den su consentimiento,
y díganles que se acerquen con ustedes aquí.

Los niños van a traer a sus padres o acompañantes y vuelven con ellos ante el celebrante, quien continúa:

Queridos padres (acompañantes),
sus hijos piden que los preparemos para el Bautismo.
¿Les dan ustedes el consentimiento que ellos desean?

Padres o acompañantes:

Sí, les damos nuestro consentimiento.

Celebrante:

¿Están ustedes dispuestos a ayudarles, en lo que depende de ustedes,
a la preparación para el Bautismo?

Padres o acompañantes:

Sí, estamos dispuestos.

Luego el celebrante interroga a la asamblea, con estas palabras u 321
otras semejantes:

Estos niños y niñas han emprendido el camino hacia el Bautismo.
Necesitarán el apoyo de nuestra fe y de nuestra caridad.
¿Están ustedes, sus familias y sus amigos,
dispuestos a darles esa ayuda?

Todos:

Sí, estamos dispuestos.

Signación

266. Luego se hace la señal de la cruz en la frente de cada niño(a) 322
o, según la decisión del obispo diocesano, se signa sin tocar la 323
frente (cfr. nn. **33.3**, **54**); la signación de los otros sentidos puede USA
hacerse después. El celebrante solo dice las fórmulas y hace la signación.

Signación en la frente

267. El celebrante dice primero la siguiente fórmula: 322

N. y N., Cristo los ha llamado a ustedes para que sean sus amigos. Acuérdense siempre de él y sean fieles a él.

Por esto yo los signo a ustedes en la frente con la señal de la cruz. Es la señal de los cristianos.

De ahora en adelante, que este signo les recuerde a Cristo y su amor.

Luego el celebrante se acerca a los niños y en silencio hace la señal de la cruz en la frente de cada uno.

Luego, si no se van a signar los otros sentidos, puede invitar a los padres o acompañantes y a los catequistas a hacer la señal de la cruz en la frente de sus catecúmenos en silencio:

Y también los invito a ustedes,
padres (acompañantes) y catequistas (N. y N.),
puesto que son también de Cristo,
a signar a los niños con la señal de la cruz.

Según lo indiquen las circunstancias, la signación se puede concluir cantando una aclamación de alabanza a Cristo, por ejemplo: USA

¡Gloria y alabanza a ti, Señor Jesús!

Signación de los otros sentidos

268. Si parece apropiado, y especialmente si los niños son un poco mayores, se puede añadir la signación de los otros sentidos. El celebrante solo dice la siguiente fórmula y hace la signación. Si las circunstancias lo aconsejan, los padres o acompañantes o los catequistas pueden también signar a los catecúmenos mientras el celebrante dice la fórmula en plural sobre todos los niños de una sola vez. Después de la signación de cada sentido la asamblea puede cantar o recitar una aclamación en alabanza de Cristo, v.gr.: **¡Gloria y alabanza a ti, Señor Jesús!** 323

Mientras se signan los oídos el celebrante dice:

Yo te signo (Nosotros te signamos) con la señal de la cruz en los oídos,
para que oigas las palabras de Cristo.

Mientras se signan los ojos:

Yo te signo (Nosotros te signamos) con la señal de la cruz en los ojos,
para que veas las obras de Cristo.

Mientras se signan los labios:

Yo te signo (Nosotros te signamos) con la señal de la cruz en los labios,
para que hables a imitación de Cristo.

Mientras se signa el pecho:

Yo te signo (Nosotros te signamos) con la señal de la cruz en el corazón,
para que por la fe recibas a Cristo en tu corazón.

Mientras se signan los hombros:

Yo te signo (Nosotros te signamos) con la señal de la cruz en los hombros,
para que tengas el vigor y la fortaleza de Cristo.

[Mientras se signan las manos: USA

Yo te signo (Nosotros te signamos) con la señal de la cruz en las manos,
para que toques a los demás con la ternura de Cristo.

Mientras se signan los pies:

Yo te signo (Nosotros te signamos) con la señal de la cruz en los pies,
para que camines en el seguimiento de Cristo.]

Mientras se hace la señal de la cruz sobre todo el cuerpo:

Yo te signo (Nosotros te signamos) todo el cuerpo con la señal
de la cruz de Cristo
en el nombre del Padre, y del Hijo ✠, y del Espíritu Santo,
para que ahora y siempre vivas con Jesús.

Niño(a):

Amén.

Introducción en la iglesia

269. Después de la signación, el celebrante invita a los niños catecúmenos y a sus padres o acompañantes, a entrar en la iglesia con estas u otras palabras semejantes: 324

Ahora ustedes pueden ocupar su lugar en la asamblea cristiana.
Vengan con nosotros para escuchar al Señor que nos habla
y para orar con nosotros.

Una vez que se ha hecho la invitación, los niños entran y ocupan su puesto bien sea con sus padres o acompañantes o con sus compañeros de clase que han sido bautizados antes (cfr. n. **254.1**), para que se vea claro que ahora forman parte de la asamblea.

Durante la entrada, se puede entonar el salmo 95 (94) o el salmo 122 (121) u otro canto apropiado.

Salmo 95 (94)

1 Vengan, aclamemos al Señor,
demos vítores a la Roca que nos salva;
2 entremos a su presencia dándole gracias,
aclamándolo con cantos.

3 Porque el Señor es un Dios grande,
soberano de todos los dioses:
4 tiene en su mano las simas de la tierra,
son suyas las cumbres de los montes;

5 suyo es el mar, porque él lo hizo,
la tierra firme que modelaron sus manos.

6 Entren, postrémonos por tierra,
bendiciendo al Señor, creador nuestro.
7 Porque él es nuestro Dios,
y nosotros su pueblo,
el rebaño que él guía.

Ojalá escuchen hoy su voz:
8 "No endurezcan el corazón como en Meribá,
como el día de Masá en el desierto;
9 cuando sus padres me pusieron a prueba
y me tentaron, aunque habían visto mis obras".

10 Durante cuarenta años
aquella generación me asqueó, y dije:
"Es un pueblo de corazón extraviado,
que no reconoce mi camino;
11 por eso he jurado en mi cólera
que no entrarán en mi descanso".

Salmo 122 (121)

1 ¡Qué alegría cuando me dijeron:
"Vamos a la casa del Señor"!
2 Ya están pisando nuestros pies
tus umbrales, Jerusalén.

3 Jerusalén está fundada
como ciudad bien compacta.
4 Allá suben las tribus,
las tribus del Señor,
según la costumbre de Israel,
a celebrar el nombre del Señor;
5 en ella están los tribunales de justicia,
en el palacio de David.

6 Deseen la paz a Jerusalén:
"Vivan seguros los que te aman,
7 haya paz dentro de tus muros,
seguridad en tus palacios".

8 Por mis hermanos y compañeros,
voy a decir: "La paz contigo".
9 Por la casa del Señor, nuestro Dios,
te deseo todo bien.

LITURGIA DE LA PALABRA

Instrucción

270. Cuando los niños han ocupado sus sitios, la Sagrada Escritura se lleva en procesión y se coloca en lugar de honor. El celebrante les habla brevemente, ayudándoles a entender la dignidad de la Palabra de Dios, que se proclama y escucha en la asamblea cristiana. 325

Sigue una breve celebración de la Liturgia de la Palabra.

Lecturas

271. Se eligen lecturas que puedan acomodarse a la capacidad de 326
los niños y al progreso de la formación catequética que ellos y sus USA
compañeros han recibido. Se pueden escoger lecturas tales como las que se dan en el Leccionario, nn. 751–755 (Misas rituales, Iniciación cristiana fuera de la Vigilia Pascual) o de alguna otra parte del Leccionario; también se pueden usar los siguientes textos:

Primera lectura

Gén 12, 1-4a: *Deja tu país y ve a la tierra que yo te mostraré.*

Salmo responsorial

Sal 33 (32), 4-5. 12-13. 18-19. 20 y 22

℟. (12b) Dichoso el pueblo escogido por Dios.

O bien:

℟. (22) Señor, ten misericordia de nosotros.

Versículo antes del Evangelio

Jn 1, 41. 17b

Hemos encontrado a Cristo, el Mesías.
La gracia y la verdad nos han llegado por él.

Evangelio

Jn 1, 35-42: *Este es el Cordero de Dios. Hemos encontrado al Mesías.*

O bien:

Otras lecturas

Ez 36, 25-28: *El corazón nuevo y la vuelta a la tierra.*
Ef 4, 1-6a: *La vocación que hay de seguir; una sola fe, un solo bautismo.*
Gál 5, 13-17. 22-23a. 24-25: *Un solo mandamiento y un solo Espíritu.*

Mc 12, 28c-31: *El mandamiento principal.*
Lc 8, 4-9. 11-15: *La parábola del Sembrador.*
Lc 19, 1-10: *Zaqueo.*
Jn 6, 44-47: *Nadie puede acercarse a mí, si el Padre no lo trae.*
Jn 13, 34-35: *El mandamiento nuevo.*
Jn 15, 9-11 o 12-17: *Ámense los unos a los otros.*

Homilía

272. El celebrante luego ofrece una breve homilía explicando las 326
lecturas.

Se recomienda que, después de la homilía, el celebrante invite a 327
los niños a pasar unos momentos orando en silencio.

Luego se puede entonar un canto apropiado.

Entrega de los Evangelios

273. Según lo sugieran las circunstancias, durante el canto o después de él, se puede entregar a los niños un libro que contenga los evangelios. Hay que preparar a los niños para esta entrega, bien sea antes en la homilía, o con unas breves palabras de explicación en este momento. 328

Intercesiones

274. Siguen las súplicas con estas palabras u otras semejantes. 329

Celebrante:

Oremos por estos queridos niños,
que son sus hijos,
sus compañeros y amigos,
y que ahora se acercan a Dios.

Lector:

Para que crezcan constantemente
en su deseo de vivir con Jesús, oremos al Señor.
℟. Señor, escucha nuestra oración.

Lector:

Para que perteneciendo a la Iglesia
encuentren la verdadera felicidad, oremos al Señor.
℟. Señor, escucha nuestra oración.

Lector:

Para que se les conceda la fortaleza
para perseverar en su preparación para el Bautismo,
oremos al Señor.
℟. Señor, escucha nuestra oración.

Lector:

Para que los libres con bondad
de la tentación del temor y del desaliento, oremos al Señor.
℟. Señor, escucha nuestra oración.

Lector:

Para que se regocijen en la felicidad
de recibir los sacramentos del Bautismo, la Confirmación y la Eucaristía, oremos al Señor.
℟. Señor, escucha nuestra oración.

Oración sobre los niños

275. El celebrante concluye con la siguiente oración: 329

Oh Señor, que has inspirado en estos niños
el deseo de ser cristianos perfectos,
concédeles que, avanzando siempre en su camino hacia ti,
experimenten que sus deseos y nuestras súplicas hayan sido escuchadas.
Por Jesucristo, nuestro Señor.

Todos:

Amén.

Despedida

276. Después de la oración, se despide a los niños y a la comunidad 329
concluyendo la celebración con un canto litúrgico. USA

Pero si por alguna razón se celebra la Eucaristía a continuación (cfr. n. **261**), se despide antes a los catecúmenos.

Celebrante:

Vayan en paz,
y que el Señor permanezca con ustedes.

Todos:

Demos gracias a Dios.

RITO DE ELECCIÓN O INSCRIPCIÓN DE LOS NOMBRES (Opcional)

USA

277. El rito litúrgico opcional llamado tanto "Elección" como "inscripción de los nombres", puede celebrarse con niños en edad catequética, especialmente aquellos cuyo catecumenado se ha extendido por un período largo de tiempo. Esta celebración, que generalmente coincide con el principio de la Cuaresma, marca el principio del período final de preparación para los sacramentos de Iniciación, durante el cual se anima a los niños a seguir a Cristo con mayor generosidad.

278. En el Rito de elección, basándose en el testimonio de los padres, padrinos y catequistas y en la reafirmación de los niños de su intención, la Iglesia juzga si los niños están listos y decide sobre su progreso hacia los sacramentos de Iniciación. Así la Iglesia hace su elección, esto es, escoge y admite a aquellos niños que tienen las disposiciones que los hacen dignos de participar en los sacramentos de Iniciación, durante la siguiente celebración principal.

279. El rito debe celebrarse en la iglesia catedral, en una iglesia parroquial o, si es necesario, en otro lugar que sea apropiado y conveniente. Si la elección de los niños en edad catequética tiene lugar dentro de una celebración en la cual catecúmenos mayores de edad también van a recibir la elección de la Iglesia, se debe usar el rito para los adultos (nn. **129–137**) con las adaptaciones de los textos apropiados hechas por el celebrante.

280. El rito se celebra durante la Misa, después de la homilía, y debe celebrarse durante la Misa del primer domingo de Cuaresma. Si el rito se celebra en un día diferente, se deben usar siempre los textos y las lecturas del ritual para la Misa. Se escogen de las lecturas asignadas al primer domingo de Cuaresma (cfr. Leccionario, nn. 22–24) o bien otras lecturas del Leccionario que sean apropiadas. Siempre se puede celebrar la Misa ritual propia "Para la elección o inscripción del nombre", usando el color morado en cualquier día menos los enumerados en los nn. 1–4 de la Tabla de los días litúrgicos. También se puede usar la Misa del viernes de la cuarta semana de Cuaresma. Cuando se celebra fuera de la Misa, el rito tiene lugar después de las lecturas y de la homilía y se concluye con la despedida tanto de los elegidos como de los fieles.

LITURGIA DE LA PALABRA

Homilía

281. El obispo, o el celebrante que actúa como delegado del obispo, dice la homilía. Esta debe ser breve y apropiada a la mentalidad de los niños. Se anima a la comunidad entera a dar buen ejemplo a los niños y a mostrar su apoyo e interés en ellos mientras se preparan para celebrar los sacramentos pascuales.

Presentación de los niños

282. Después de la homilía, el sacerdote encargado de la Iniciación de los niños, o un diácono, un(a) catequista o un(a) representante de la comunidad, presenta a los niños, con las siguientes palabras u otras semejantes:

Reverendísimo (Reverendo) Padre,
estos niños, que ahora le presento a usted,
están terminando su preparación para la Iniciación cristiana.
El amor de Dios los ha sostenido,
y nuestra comunidad los ha apoyado con oración y buen ejemplo.

Al acercarse la Pascua, ellos piden ser admitidos
a los sacramentos del Bautismo, de la Confirmación y de la
Eucaristía.

El celebrante contesta:

Mis queridos niños que van a ser escogidos en Cristo,
acérquense ahora con sus padres y padrinos.

Se llama a los niños por su nombre, uno por uno. Cada catecúmeno, acompañado por uno de sus padres (o ambos) y por sus padrinos, se acerca y permanece de pie ante el celebrante.

Si hay demasiados niños, todos son presentados en grupos, por ejemplo, cada grupo por su propio catequista. Pero en este caso, se debe aconsejar a los catequistas que tengan con anterioridad una celebración especial en la cual ellos llamen a cada niño por su nombre.

Afirmación por parte de los padres y de los padrinos (y de la asamblea)

283. Entonces el celebrante se dirige a la asamblea en estas u otras palabras semejantes:

Queridos padres y padrinos (y miembros de esta asamblea):
Estos niños han pedido ser iniciados
en la vida sacramental de la Iglesia en esta Pascua.
En el nombre de la santa Iglesia de Dios,
los invito a ustedes a dar su recomendación a su favor.

Se dirige a los padres, a los padrinos (y a la asamblea):

¿Se han mostrado estos niños sinceros
en su deseo del Bautismo, de la Confirmación y de la Eucaristía?

Padres, padrinos (y asamblea):

Sí, lo han hecho.

Celebrante:

¿Han escuchado bien la Palabra de Dios?

Padres, padrinos (y asamblea):

Sí, lo han hecho.

Celebrante:

¿Han procurado vivir como sus fieles seguidores?

Padres, padrinos (y asamblea):

Sí, lo han hecho.

Celebrante:

¿Han participado en la vida de oración y servicio en esta comunidad?

Padres, padrinos (y asamblea):

Sí, lo han hecho.

Pregunta y petición de los catecúmenos

284. Luego dirigiéndose a los catecúmenos con las siguientes palabras u otras parecidas:

Mis queridos niños, sus padres y padrinos (y esta comunidad entera)
ha hablado a su favor.
La Iglesia en el nombre de Cristo acepta su palabra
y los llama a ustedes a los sacramentos pascuales.

Ahora ustedes deben dar a conocer a toda la Iglesia
que han oído a Cristo llamándolos y que quieren seguirlo.

Por lo tanto, ¿quieren ustedes entrar plenamente en la vida de la Iglesia
por medio de los sacramentos del Bautismo, la Confirmación y la Eucaristía?

Niños:

Sí, queremos.

Celebrante:

Entonces, den su nombre para la inscripción.

Los niños dan su nombre, bien sea acercándose con sus padrinos al celebrante o quedándose en sus sitios, y la inscripción misma de los nombres puede hacerse de diferentes modos. Los niños pueden inscribir su nombre ellos mismos o pueden decir sus nombres, los cuales son inscritos por los padrinos o por el ministro que presentó a los niños (cfr. n. **282**). Mientras se está haciendo la inscripción, se puede cantar algo apropiado, por ejemplo, el salmo 16 (15).

Si los catecúmenos son muy numerosos, la inscripción puede consistir simplemente en la presentación al celebrante de una lista de los nombres, con palabras como estas: **Estos son los nombres de los que piden la Iniciación** o, cuando el obispo es el celebrante y le han presentado a catecúmenos de diversas parroquias: **Estos son los nombres de los catecúmenos de la parroquia** N. **que solicitan la Iniciación**.

Salmo 16 (15)

1 Protégeme, Dios mío, que me refugio en ti.
2 Yo digo al Señor: "Tú eres mi Dios".
No hay bien para mí fuera de ti.

3 En los santos que hay en la tierra, varones insignes,
pongo toda mi complacencia.
4 Se multiplican las desgracias
de quienes van tras dioses extraños;
yo no derramaré sus libaciones con mis manos,
ni tomaré sus nombres en mis labios.

5 El Señor es el lote de mi heredad y mi copa,
mi suerte está en tu mano:
6 me ha tocado un lote hermoso,
me encanta mi heredad.

7 Bendeciré al Señor que me aconseja,
hasta de noche me instruye internamente.
8 Tengo siempre presente al Señor,
con él a mi derecha no vacilaré.

9 Por eso se me alegra el corazón,
se gozan mis entrañas,
y mi carne descansa esperanzada.
10 Porque no me abandonarás en la región de los muertos
ni dejarás a tu fiel ver la corrupción.

11 Me enseñarás el sendero de la vida,
me saciarás de gozo en tu presencia,
de alegría perpetua a tu derecha.

Recepción o elección

285. Al final de la inscripción de los nombres, después de que ha explicado brevemente el significado del rito que acaba de hacerse, el celebrante se vuelve a los catecúmenos y les dice las siguientes palabras u otras semejantes:

Mis queridos niños, con gran alegría los declaro a ustedes entre los elegidos de Dios.
Ustedes han sido escogidos para ser iniciados en la Pascua
por los sacramentos del Bautismo, de la Confirmación y de la Eucaristía.

Niños:

Demos gracias a Dios.

El celebrante continúa:

Dios es siempre fiel a todos los que él llama.
Por su parte, ustedes deben procurar conocer, amar,
y servir al Señor más y más cada día que pasa.
Sigan contando con sus padrinos, padres y catequistas
para la ayuda que necesitan a fin de ser fieles al camino de Jesús.

Luego el celebrante se dirige a los padres, a los padrinos y a toda la asamblea con estas palabras u otras semejantes:

Queridos amigos, ustedes han hablado a favor de estos jóvenes.
Acéptenlos ahora como elegidos en el Señor.

Anímenlos a vivir el camino del Evangelio.
Ofrézcanles el apoyo de su amor y cuidado.
Y, sobre todo, sean un buen modelo para ellos de cómo vivir cristianamente
para que por su ejemplo ellos puedan crecer más profundamente en la fe de la Iglesia.

Invita a los padres y padrinos a poner la mano sobre el hombro del elegido a quien van a recibir a su cuidado, o a indicar lo mismo con otro gesto.

Reconocimiento de los padrinos

286. El celebrante puede hablar brevemente sobre la nueva relación que existirá entre los padres y padrinos de los elegidos. Puede concluir poniendo sus manos extendidas sobre los padres y padrinos mientras reza con estas palabras u otras semejantes:

Que el Señor todopoderoso llene de gozo sus corazones
con la esperanza de la vida eterna que ha hecho brillar sobre estos elegidos.
De palabra y de obra, sean constantes y den testimonio de la fe.
Que estos niños crezcan como miembros vivos del pueblo de Dios.
Y que ellos y ustedes sean un apoyo mutuo constante, en Cristo Señor nuestro.

Padres y padrinos:

Amén.

Intercesiones por los elegidos

287. Luego, la comunidad ora por los elegidos. El celebrante puede adaptar la introducción y las intenciones según las diferentes circunstancias. Además, se deben añadir las intenciones acostumbradas por la Iglesia y por el mundo si los elegidos van a ser despedidos después de las intercesiones y la Oración de los fieles se omite durante la Misa (cfr. n. **290**).

Celebrante:

Mis hermanos y hermanas,
al empezar este Tiempo de Cuaresma,
esperamos con gusto la Iniciación de estos niños
en el misterio de la pasión, muerte y resurrección de Cristo durante la Pascua.
Oremos para que esta Cuaresma sea para ellos, y para todos nosotros,
un tiempo de genuina renovación cristiana.

Lector:

Para que todos nosotros
podamos en esta Cuaresma crecer en nuestro amor por Dios y por el prójimo,
roguemos al Señor.

℟. Señor, escucha nuestra oración.

Lector:

Para que estos elegidos sean libres de todo egoísmo
y aprendan a pensar primero en los demás,
roguemos al Señor.

℟. Señor, escucha nuestra oración.

Lector:

Para que sus padres, padrinos y catequistas
sean ejemplos vivos del Evangelio que inspiren a estos niños,
roguemos al Señor.

℟. Señor, escucha nuestra oración.

Lector:

Para que sus maestros siempre les muestren
la dulzura de la Palabra de Dios,
roguemos al Señor.

℟. Señor, escucha nuestra oración.

Lector:

Para que estos niños compartan con otros
el gozo que han encontrado en su amistad con Jesús,
roguemos al Señor.

℟. Señor, escucha nuestra oración.

Lector:

Para que, junto con los adultos que han sido elegidos,
estos niños aprendan a amar a la Iglesia
y a profesar con orgullo lo que creen,
roguemos al Señor.

℟. Señor, escucha nuestra oración.

Lector:

Para que nuestra comunidad, durante este tiempo cuaresmal,
crezca en caridad y sea constante en la oración,
roguemos al Señor.

℟. Señor, escucha nuestra oración.

Oración sobre los elegidos

288. El celebrante, con las manos extendidas sobre los elegidos, dice una de las siguientes oraciones:

A

Señor Dios,
tú nos creaste
y nos diste la vida.
Bendice a estos niños
y añádelos a tu familia.
Que sean felices en la vida que tú has ganado para nosotros.
Por Jesucristo, nuestro Señor.

℟. Amén.

B

Padre de amor y poder,
tu voluntad es establecer todo en Cristo
y atraernos a su amor que abraza todo.
Guía a los elegidos de tu Iglesia:
fortalécelos en su vocación,
intégralos en el reino de tu Hijo,
y séllalos con el Espíritu que nos prometiste.
Por Jesucristo, nuestro Señor.

℟. Amén.

Despedida de los elegidos

289. Si se va a celebrar la Eucaristía, normalmente se despide a los elegidos en este momento usando la opción A o B; sin embargo, si los elegidos tienen que permanecer durante la celebración eucarística, se usa la opción C; si no se celebra la Eucaristía, se despide a toda la asamblea usando la opción D.

A

El diácono o el celebrante despide a los elegidos con esta o parecida monición:

Mis queridos niños, elegidos de Dios,
ustedes han entrado con nosotros en el camino cuaresmal.
Cristo será su camino, su verdad y su vida.
Hasta que nos volvamos a ver, vayan en paz.

Elegidos:

Amén.

Los elegidos salen.

B

Como fórmula opcional para despedir a los elegidos, el diácono o el celebrante puede usar estas u otras palabras semejantes:

Mis queridos niños, vayan ahora. Piensen en la Palabra de Dios y sepan que estamos con ustedes y rezaremos por ustedes. Esperamos con alegría el día en que se unan a nosotros a la mesa del Señor.

C

Si por razones graves los elegidos no pudieran salir (cfr. n. **75.3**) y debieran permanecer con los fieles bautizados, se les debe informar de que, aunque asisten a la celebración eucarística, no pueden participar en ella al modo de los bautizados. El diácono o el celebrante les puede recordar esto con estas palabras u otras semejantes:

Aunque ustedes no pueden unirse a nosotros en la mesa del Señor, permanezcan con nosotros como un signo de nuestra esperanza de que todos los hijos de Dios comerán y beberán con el Señor y trabajarán con su Espíritu Santo para renovar la faz de la tierra.

D

Sin embargo, si no se va a celebrar la Eucaristía, se puede añadir un canto adecuado a las circunstancias, y se despide a los fieles y a los elegidos con estas palabras u otras semejantes:

Vayan en paz,
y que el Señor permanezca con ustedes.

Todos:
Demos gracias a Dios.

CELEBRACIÓN DE LA EUCARISTÍA

290. Después de la despedida, se celebra la Eucaristía. Se continúa inmediatamente con la Oración universal (Oración de los fieles) por las necesidades de la Iglesia y de todo el mundo; luego se dice el Credo, cuando está prescrito, y sigue la preparación de los dones. Pero por razones pastorales la Oración universal y el Credo pueden omitirse.

SEGUNDO PASO: ESCRUTINIOS O RITOS PENITENCIALES

291. Estos Ritos penitenciales, que señalan el segundo paso en la Iniciación cristiana de los niños, son ocasiones importantes en su catecumenado. Pertenecen a la categoría de los escrutinios que tienen lugar en el Ritual de Iniciación de adultos (nn. **138–177**). Así pues, se pueden seguir y adaptar las normas dadas para el rito con los adultos (nn. **141–146**), puesto que los Ritos penitenciales de los niños tienen una finalidad similar. 330

292. Como los escrutinios de ordinario pertenecen al último tiempo de la preparación para el Bautismo, los Ritos penitenciales exigen que los niños vayan acercándose a la madurez en la fe y a la comprensión que se requiere para el Bautismo. 331

293. Junto con los niños, participan en la celebración de estos Ritos penitenciales sus padrinos y sus compañeros bautizados del grupo de la catequesis. Por lo tanto, los ritos son adaptados de tal manera que sean beneficiosos también para todos los participantes que no son catecúmenos. En realidad, estos Ritos penitenciales son una ocasión apropiada para que los niños bautizados del grupo catequístico celebren el sacramento de la Penitencia por primera vez. En tal caso, debe procurarse que en la celebración se añadan explicaciones, oraciones y actos rituales que se refieran a la celebración del sacramento con estos niños. 332

294. Los Ritos penitenciales se celebran durante la Cuaresma, si los catecúmenos van a ser iniciados en la Pascua; si no es así, se celebran en el tiempo que parezca más oportuno. Por lo menos se debe celebrar un Rito penitencial, y, si cómodamente puede tenerse, un segundo rito debe seguir después de un intervalo apropiado. Los textos para la segunda celebración deben basarse en el modelo del primero que se ofrece aquí, pero se usan los textos para las súplicas y la oración de exorcismo que se da en el rito de los adultos (nn. **153–154**, **167–168**, **174–175**), con las modificaciones necesarias. 333

INTRODUCCIÓN DEL RITO

295. El celebrante saluda a la asamblea y en pocas palabras explica que el rito tendrá distintos significados para los diferentes participantes: para los niños catecúmenos, para los ya bautizados, especialmente para los que en este día se acercan por primera vez al sacramento de la Penitencia, para los padres y amigos, catequistas, sacerdotes, etc. Porque todos oirán el feliz anuncio del perdón de los pecados y alabarán la misericordia de Dios Padre. 334

Se puede entonar algún canto a propósito para significar la fe y el gozo por la misericordia de Dios Padre.

296. El celebrante luego dice una de las siguientes oraciones: 335

A

Oremos.

Dios clemente y misericordioso,
que revelas tu bondad perdonando
y te llenas de gloria al santificarnos,
lava de toda mancha a los que reconocemos nuestros pecados,
y restablece la vida en nuestros corazones.
Por Jesucristo, nuestro Señor.

℟. Amén.

B

Oremos.

Concédenos, Señor, los dones del perdón y de la paz,
para que, lavados de nuestros pecados,
te sirvamos con corazón sosegado.
Por Jesucristo, nuestro Señor.

℟. Amén.

LITURGIA DE LA PALABRA

Lecturas y homilía

297. Puede escogerse una o varias lecturas de la siguiente lista; si hay más de una lectura, debe usarse entre las lecturas uno de los salmos responsoriales dados aquí. Tomado de la Misa ritual "Iniciación cristiana fuera de la Vigilia Pascual" (Leccionario, n. 753) u otros cantos. 336

Lecturas

Ez 36, 25-28: *El corazón nuevo y el espíritu nuevo.*
Is 1, 16-18: *Purificación de los pecados.*
Mc 1, 1-5. 14-15: *Arrepiéntanse y crean en el Evangelio.*
Mc 2, 1-12: *Curación del paralítico.*
Lc 15, 1-7: *La oveja perdida y encontrada.*
1 Jn 1, 8—2, 2: *Jesucristo, nuestro Salvador.*

O también se pueden usar los evangelios asignados a los escrutinios del rito de los adultos:

Jn 4, 1-14: *La mujer samaritana.*
Jn 9, 1. 6-9. 13-17. 34-39: *Curación del ciego de nacimiento.*
Jn 11, 3-7. 17. 20-27. 33b-45: *La resurrección de Lázaro.*

Salmos responsoriales

Sal 23 (22), 1-3a. 3b-4. 5-6
℟. (1) El Señor es mi pastor; nada me faltará.

Sal 27 (26), 1. 4. 8b-9abc. 13-14
℟. (1a) El Señor es mi luz y mi salvación.

Sal 32 (31), 1-2. 5. 11
℟. (1a) Dichoso aquel que ha sido absuelto de su culpa y su pecado.

Sal 89 (88), 3-4. 16-17. 21-22. 25. 27
℟. (2a) Proclamaré sin cesar la misericordia del Señor.

Homilía

298. Después de las lecturas, el celebrante explica los sagrados textos en una breve homilía. 336

Durante la homilía o inmediatamente después, el celebrante prepara a todos en la asamblea para la conversión y el arrepentimiento hablándoles de temas apropiados y luego guardando tiempos de silencio para la reflexión. 337

Si la asamblea incluye niños bautizados que recibirán el sacramento de la Penitencia por primera vez, el celebrante se dirige a ellos y los invita a mostrar una señal externa de su fe en Cristo el Salvador y del dolor por sus pecados.

Intercesiones

299. Después de un breve intervalo de silencio que ayude a todos los presentes a un sincero dolor por sus pecados, el celebrante introduce las siguientes súplicas con una invitación dirigida a la asamblea. Para la introducción por el celebrante y las intenciones de las súplicas se pueden usar también los textos en el rito de los adultos (nn. **153, 167, 174**) con las modificaciones necesarias. 338

Celebrante:

Oremos por N. y N.,
que se preparan para celebrar los sacramentos de Iniciación
cristiana,
por N. y N., que recibirán por primera vez el perdón de Dios
en el sacramento de la Penitencia,
y por nosotros, que esperamos la misericordia de Cristo.

Lector:

Para que abramos nuestros corazones al Señor Jesús
con gratitud y fe,
roguemos al Señor.

℟. Señor, escucha nuestra oración.

Lector:

Para que con sinceridad tratemos
de conocer nuestras faltas y reconocer nuestros pecados,
roguemos al Señor.

℟. Señor, escucha nuestra oración.

Lector:

Para que, como hijos de Dios,
admitamos abiertamente nuestra fragilidad y nuestras culpas,
roguemos al Señor.

℟. Señor, escucha nuestra oración.

Lector:

Para que en la presencia de Cristo
expresemos dolor por nuestros pecados,
roguemos al Señor.

℟. Señor, escucha nuestra oración.

Lector:

Para que seamos liberados de los males presentes
y preservados de los futuros,
roguemos al Señor.

℟. Señor, escucha nuestra oración.

Lector:

Para que aprendamos de nuestro Padre celestial
a triunfar por amor sobre todos los pecados humanos,
roguemos al Señor.

℟. Señor, escucha nuestra oración.

Exorcismo

300. Luego el celebrante, con las manos extendidas sobre los niños, 339
dice una de las oraciones siguientes:

A

Oremos.

Padre de las misericordias,
que entregaste a tu Hijo amado
para dar al género humano,
oprimido por la esclavitud del pecado,
la libertad de llegar a ser tus hijos;
escucha a estos jóvenes,
que ya han experimentado las tentaciones
y reconocen sus propias culpas,
y mira con bondad y clemencia su esperanza.
Concédeles pasar de las tinieblas
a la luz que no se apaga,
límpialos del pecado,
para que, gozando en paz, puedan caminar seguros
bajo tu protección por el camino de la vida.
Por Jesucristo, nuestro Señor.

Todos:
Amén.

B 392

El celebrante invita a los niños a orar con él, diciendo:

Dios de la misericordia y Padre de todos nosotros,
mira a N. y N., que pronto van a ser bautizados.

Niños:
Hemos oído las palabras de Jesús
y las amamos.

Celebrante:

Aunque han tratado de vivir como tus hijos,
algunas veces encuentran esto difícil.

Niños:

Padre, queremos hacer siempre lo que te agrada,
pero algunas veces es difícil.

Celebrante:

Padre amoroso, libra a estos jóvenes
de cualquier cosa que pueda hacerles mal
y ayúdalos a caminar siempre en tu luz.

Niños:

Queremos caminar con Jesús,
que entregó su vida por nosotros.
Padre, ayúdanos a seguirlo.

Celebrante:

Si caen en el camino y hacen lo que no te agrada,
cuida de ellos y dales tu fuerza,
para que se levanten nuevamente
y continúen su camino hacia ti
con Jesucristo, nuestro Señor.

Niños:

Padre celestial, danos tu gracia.

Unción con el óleo de los catecúmenos o imposición de las manos

301. El rito continúa con la unción con el óleo de los catecúmenos (opción A). Pero por razones pastorales, por ejemplo, si los niños ya han sido ungidos, se puede usar la imposición de las manos (opción B). 340 USA

A
Unción con el óleo de los catecúmenos

Si el sacerdote prefiere bendecir el óleo para el rito, usa la siguiente bendición: USA

Dios nuestro, fuerza y protección de tu pueblo, 131
que hiciste del aceite un signo de fortaleza,
dígnate bendecir ✠ este óleo,
y fortalece a los catecúmenos que con él serán ungidos,
para que, al recibir la fuerza y la sabiduría de Dios,
comprendan más profundamente el Evangelio de Cristo,
afronten animosamente las exigencias de la vida cristiana
y, hechos dignos de la adopción filial,
sientan la alegría de renacer y vivir en tu Iglesia.
Por Jesucristo, nuestro Señor.

℟. Amén.

El celebrante continúa, diciendo: 340

132

Para que el poder de Cristo Salvador los fortalezca,
los ungimos con este óleo de salvación
en el nombre del mismo Jesucristo, Señor nuestro,
que vive y reina por los siglos de los siglos.

Niños:

Amén.

Cada niño es ungido con el óleo de los catecúmenos en el pecho y en las dos manos y aun en otras partes del cuerpo, si esto parece oportuno.

Si hay un gran número de catecúmenos, algunos sacerdotes o diáconos adicionales pueden ayudar en la unción.

Una bendición de los catecúmenos puede seguir a la unción (n. **97**).

B 340

Imposición de las manos

El celebrante, de frente a los niños, dice:

Que los fortalezca la fuerza de Cristo Salvador,
que vive y reina por los siglos de los siglos.

Niños:

Amén.

Entonces, en silencio, el celebrante impone las manos sobre la cabeza de cada catecúmeno.

Despedida de los catecúmenos

302. El diácono o el celebrante despide a los catecúmenos (opción A o palabras semejantes), o los envía de regreso a sus sitios en la iglesia, donde permanecen (opción B): 341

A

N. y N., aquí entre nosotros
el Señor Jesús les ha abierto a ustedes los brazos de su
misericordia.
Ahora, vayan en paz.

Niños:

Demos gracias a Dios.

B

N. y N., aquí entre nosotros
el Señor Jesús les ha abierto a ustedes los brazos de su
misericordia.
Regresen a sus sitios ahora y continúen con nosotros en oración.

Niños:

Demos gracias a Dios.

LITURGIA DE LA PENITENCIA

303. Entonces comienza la liturgia del sacramento de la Penitencia para los niños bautizados que celebrarán este sacramento por primera vez. Después de que el celebrante da una breve instrucción, sigue la confesión individual, primero de los niños, luego de los demás en la asamblea. 342

Un canto apropiado o una oración de acción de gracias sigue a la celebración del sacramento; luego todos salen.

TERCER PASO: CELEBRACIÓN DE LOS SACRAMENTOS DE INICIACIÓN

304. A fin de hacer resaltar el carácter pascual del Bautismo, la celebración de los sacramentos de Iniciación debe tenerse preferentemente en la Vigilia Pascual o en un domingo, el día que la Iglesia se dedica a recordar la resurrección de Cristo (cfr. *Ritual para el Bautismo de los niños*, Introducción, n. 9), tomando en cuenta las instrucciones del n. **256**. 343

305. En esta tercera etapa de su Iniciación cristiana, los niños recibirán el sacramento del Bautismo; el obispo o presbítero que los bautiza conferirá también la Confirmación, y los niños participarán por primera vez en la liturgia de la Eucaristía. 344

306. Si los sacramentos de Iniciación se celebran en otra oportunidad que no sea la Vigilia Pascual o el domingo de Pascua, se debe usar la Misa del día o la Misa ritual en el *Misal Romano*, "Para el Bautismo". Las lecturas se escogen de entre las que se dan en el Leccionario, para la "Iniciación cristiana fuera de la Vigilia Pascual" (nn. 751–755); pero en su lugar se pueden usar las lecturas del domingo o festividad. 345

307. Todos los niños que se van a bautizar son acompañados por su propio padrino o padrinos escogidos por ellos y aprobados por el sacerdote (cfr. n. **11**; *La Iniciación cristiana*, Observaciones generales, n. 10). 346

308. Algunos niños del grupo catequético que ya estaban bautizados católicos podrían estar completando su Iniciación cristiana en los sacramentos de la Confirmación y la Eucaristía en la misma celebración. Cuando el propio obispo no es el celebrante, debe conferir la facultad de confirmar a esos niños al presbítero que oficiará como celebrante[1]. Para su Confirmación, los niños del grupo USA

[1] Cfr. *Ritual para la Confirmación*, Observaciones previas, n. 7b.

catequético anteriormente bautizados han de tener sus propios padrinos. Si es posible, estas personas deberían ser sus padrinos de Bautismo, pero se puede escoger a otras personas idóneas[2].

LITURGIA DE LA PALABRA

309. La Misa empieza cuando se han reunido los niños que solicitan la Iniciación, sus padres o tutores, padrinos y otros niños del grupo catequético, amigos y miembros de la parroquia. Los textos para la Misa y las lecturas en la Liturgia de la Palabra son los que ya se indicaron en el n. **306**. 347

La homilía sigue a las lecturas.

CELEBRACIÓN DEL BAUTISMO

Instrucción del celebrante

310. Después de la homilía, el celebrante y los niños con sus padres 348
o tutores y sus padrinos se acercan a la fuente bautismal, si esta USA
se encuentra a la vista de los fieles; de otro modo se reúnen en el santuario, donde debe haberse preparado de antemano un recipiente con agua. El celebrante se dirige a la familia, a los amigos, y a la asamblea completa con estas u otras palabras semejantes:

Queridos amigos,
con la aprobación de sus padres,
N. y N. han pedido ser bautizados.
Pidamos al Padre
que los cuente entre sus hijos de adopción en Cristo.

[2] Cfr. Ibid., nn. 5 y 6.

Bendición del agua

311. Luego, el celebrante bendice el agua o, con las manos extendidas dice la bendición que se ofrece en la opción A. 349 USA

Cuando el Bautismo se celebra fuera de la Vigilia Pascual (cfr. n. **26**), el celebrante puede usar la opción A o las otras fórmulas de bendición que se dan en el n. **222** como opciones B y C.

Pero cuando el Bautismo se celebra durante el Tiempo Pascual 350
(cfr. n. **26**) y se tiene el agua ya bendecida en la Vigilia Pascual, el celebrante usa la opción B, para que esta parte de la celebración mantenga los temas de acción de gracias y súplica; puede también usar la segunda fórmula de acción de gracias del Tiempo Pascual que se da en el n. **222** como opción E.

A 349

Bendición del agua: De frente a la fuente, el celebrante dice la siguiente bendición con las manos extendidas (para el canto, cfr. n. **222**):

Dios nuestro,
que con tu poder invisible realizas obras admirables
por medio de los signos sacramentales
y has hecho que tu creatura, el agua, signifique
de muchas maneras la gracia del Bautismo;

Dios nuestro,
cuyo Espíritu aleteaba sobre la superficie de las aguas
en los mismos principios del mundo,
para que ya desde entonces
el agua recibiera el poder de dar la vida;

Dios nuestro,
que incluso en las aguas torrenciales del diluvio
prefiguraste el nuevo nacimiento de los hombres,
al hacer que de una manera misteriosa,
un mismo elemento diera fin al pecado y origen a la virtud;

Dios nuestro,
que hiciste pasar a pie, sin mojarse, el Mar Rojo
a los hijos de Abraham,
a fin de que el pueblo,
liberado de la esclavitud del faraón,
prefigurara al pueblo de los bautizados;

Dios nuestro,
cuyo Hijo, al ser bautizado por el Precursor
en el agua del Jordán,
fue ungido por el Espíritu Santo;
suspendido en la cruz,
quiso que brotaran de su costado sangre y agua;
y después de su resurrección mandó a sus apóstoles:
"Vayan y enseñen a todas las naciones,
bautizándolas en el nombre del Padre,
y del Hijo y del Espíritu Santo":
mira ahora a tu Iglesia en oración
y abre para ella la fuente del Bautismo.

Que por obra del Espíritu Santo
esta agua adquiera la gracia de tu Unigénito,
para que el hombre, creado a tu imagen,
limpio de su antiguo pecado,
por el sacramento del Bautismo,
renazca a la vida nueva por el agua y el Espíritu Santo.

Antes de continuar, el celebrante hace una pausa y toca el agua con la mano derecha:

Te pedimos, Señor, que por tu Hijo,
descienda sobre el agua de esta fuente
el poder del Espíritu Santo,
para que todos,
sepultados con Cristo en su muerte por el Bautismo,
resuciten también con él a la vida nueva.
Él, que vive y reina contigo en la unidad del Espíritu Santo
y es Dios por los siglos de los siglos.

℟. Amén.

La asamblea canta la siguiente aclamación u otra que sea apropiada (para el canto, cfr. n. **222**): MR

Fuentes del Señor, bendigan al Señor,
alábenlo y glorifíquenlo por los siglos.

B 389.2

Acción de gracias en Tiempo Pascual sobre el agua ya bendecida: De frente a la fuente que contiene el agua bendita, el celebrante dice lo siguiente:

Bendito seas, Dios Padre todopoderoso,
que creaste el agua para purificar y dar la vida.

Todos:
Bendito seas por siempre, Señor (u otra aclamación apropiada).

Celebrante:
Bendito seas, Dios Hijo único, Jesucristo,
que hiciste brotar agua y sangre de tu costado,
para que de tu muerte y resurrección naciera la Iglesia.

Todos:

Bendito seas por siempre, Señor.

Celebrante:

Bendito seas, Dios Espíritu Santo,
que ungiste a Cristo cuando se bautizó en las aguas del Jordán,
para que todos fuéramos bautizados en ti.

Todos:

Bendito seas por siempre, Señor.

Celebrante:

Por el misterio de esta agua bendita,
dígnate admitir al nuevo nacimiento espiritual
a tus hijos (N. y N.)
a quienes has llamado a este baño
que se administra en la fe de la Iglesia,
para que posean la vida eterna.
Por Jesucristo, nuestro Señor.

Todos:

Amén.

Profesión de fe

Profesión de fe de la comunidad

312. Antes de la renuncia al pecado y la profesión de fe de los niños, 351
el celebrante puede, según las circunstancias, invitar a los padres o tutores, padrinos, y a todos los presentes a profesar su fe:

N. y N. han completado una larga preparación
y están preparados para el Bautismo.
Recibirán nueva vida de Dios en su bondad:
llegarán a ser cristianos.

Desde ahora, necesitamos ayudarlos aún más.
Esto es especialmente importante para ustedes, sus padres,
que les han dado permiso para ser bautizados
y que son los primeros responsables de su educación,
pero todos nosotros que, de alguna manera,
los hemos preparado a encontrar a Cristo hoy,
debemos siempre estar dispuestos a ayudarlos.

Por lo tanto,
antes de que estos niños hagan su profesión de fe ante nosotros,
renovemos en presencia suya públicamente
y de acuerdo con nuestra conciencia,
la profesión de nuestra fe,
que es la fe de la Iglesia.

Entonces, junto con el celebrante todos recitan la Profesión de fe usando bien sea el Credo de los Apóstoles (opción A), o el Credo Niceno-constantinopolitano (opción B).

A 351

Credo de los Apóstoles

Todos, a una con el celebrante, dicen:

Creo en Dios, Padre todopoderoso,
Creador del cielo y de la tierra.

Creo en Jesucristo, su único Hijo, nuestro Señor,

En las palabras que siguen, hasta **María Virgen**, todos se inclinan.

que fue concebido por obra y gracia del Espíritu Santo,
nació de santa María Virgen,
padeció bajo el poder de Poncio Pilato,
fue crucificado, muerto y sepultado,
descendió a los infiernos,
al tercer día resucitó de entre los muertos,
subió a los cielos
y está sentado a la derecha de Dios, Padre todopoderoso.
Desde allí ha de venir a juzgar a vivos y muertos.

Creo en el Espíritu Santo,
la santa Iglesia católica,
la comunión de los santos,
el perdón de los pecados,
la resurrección de la carne
y la vida eterna.

Amén.

B 351

Credo Niceno-constantinopolitano 186

Todos, a una con el celebrante, dicen:

Creo en un solo Dios,
Padre todopoderoso,
Creador del cielo y de la tierra,
de todo lo visible y lo invisible.

Creo en un solo Señor, Jesucristo,
Hijo único de Dios,
nacido del Padre antes de todos los siglos:
Dios de Dios, Luz de Luz,
Dios verdadero de Dios verdadero,
engendrado, no creado,
de la misma naturaleza del Padre,
por quien todo fue hecho;
que por nosotros, los hombres,
y por nuestra salvación bajó del cielo,

En las palabras que siguen, hasta **se hizo hombre**, todos se inclinan.

y por obra del Espíritu Santo
se encarnó de María, la Virgen, y se hizo hombre;
y por nuestra causa fue crucificado
en tiempos de Poncio Pilato;
padeció y fue sepultado,
y resucitó al tercer día, según las Escrituras,
y subió al cielo,
y está sentado a la derecha del Padre;
y de nuevo vendrá con gloria

para juzgar a vivos y muertos,
y su reino no tendrá fin.

Creo en el Espíritu Santo,
Señor y dador de vida,
que procede del Padre y del Hijo,
que con el Padre y el Hijo
recibe una misma adoración y gloria,
y que habló por los profetas.

Creo en la Iglesia,
que es una, santa, católica y apostólica.
Confieso que hay un solo Bautismo
para el perdón de los pecados.
Espero la resurrección de los muertos
y la vida del mundo futuro.

Amén.

Profesión de fe de los niños catecúmenos

313. El celebrante se dirige brevemente a los niños catecúmenos 352
con estas u otras palabras semejantes: USA

Niños (N. y N.), ustedes han pasado largo tiempo en su preparación
y ahora han pedido ser bautizados.

Sus padres han dado asentimiento a su deseo;
sus catequistas, compañeros y amigos los han ayudado
y todos los que han venido aquí hoy les prometen
el ejemplo de su fe y su total apoyo.

Antes de ser bautizados, rechacen ustedes a Satanás
y profesen su fe aquí en presencia de la Iglesia de Dios.

Renuncia al pecado

314. El celebrante, usando una de las siguientes fórmulas, les pre- 353
gunta a todos los catecúmenos juntos.

A

Celebrante:

¿Renuncian ustedes a Satanás,
y a todas sus obras,
y todas sus seducciones?

Niños:

Sí, renuncio.

B

Celebrante:

¿Renuncian ustedes al pecado,
para vivir en la libertad de los hijos de Dios?

Niños:

Sí, renuncio.

Celebrante:

¿Renuncian a todas las seducciones del mal,
para que el pecado no los esclavice?

Niños:

Sí, renuncio.

Celebrante:

¿Renuncian ustedes a Satanás,
padre y autor de todo pecado?

Niños:

Sí, renuncio.

315. Se omite la unción con el óleo de los catecúmenos, según fue 354
decretado por la Conferencia de Obispos Católicos de los Estados USA
Unidos (cfr. n. **33.7**).

PROFESIÓN DE FE

316. El celebrante, informado por los padrinos del nombre de cada niño, interroga a cada uno de los niños que haga su profesión de fe y luego inmediatamente lo bautiza. 355

Celebrante:

N., ¿crees en Dios,
Padre todopoderoso,
creador del cielo y de la tierra?

Niño(a):

Sí, creo.

Celebrante:

¿Crees en Jesucristo,
su Hijo único y Señor nuestro,
que nació de la Virgen María,
padeció y murió por nosotros,
resucitó y está sentado a la derecha del Padre?

Niño(a):

Sí, creo.

Celebrante:

¿Crees en el Espíritu Santo,
en la santa Iglesia católica,
en la comunión de los santos,
en el perdón de los pecados,
en la resurrección de los muertos y en la vida eterna?

Niño(a):

Sí, creo.

Cuando los niños que van a bautizarse son muy numerosos pueden hacer la profesión de fe todos a la vez o por grupos. Sigue el Bautismo de cada niño. USA

Rito del Bautismo

317. El celebrante bautiza a cada niño bien sea por inmersión (opción A), o por infusión (opción B). Cada Bautismo puede ser seguido por una corta aclamación (cfr. Apéndice II, nn. **595–597**), cantada o dicha por la asamblea. 356

Si hay un gran número de niños para ser bautizados, pueden dividirse en grupos y ser bautizados por otros sacerdotes o diáconos. Al bautizar, bien sea por inmersión (opción A), o por infusión (opción B), estos ministros dicen la fórmula sacramental para cada niño. Durante los Bautismos, es bueno que la asamblea cante o que haya lecturas de la Sagrada Escritura, o simplemente una oración en silencio. 222

A 356

Si el Bautismo es por inmersión de todo el cuerpo o de la cabeza solamente, debe hacerse con pudor y decorosamente. Uno o ambos padrinos tocan al niño. El celebrante sumerge al niño del todo o sólo la cabeza tres veces sucesivas, y le bautiza invocando una sola vez a la Santísima Trinidad: 220

N., YO TE BAUTIZO EN EL NOMBRE DEL PADRE,

Lo sumerge por primera vez.

Y DEL HIJO,

Lo sumerge por segunda vez.

Y DEL ESPÍRITU SANTO.

Lo sumerge por tercera vez.

B 356

Si el Bautismo se hace derramando el agua, uno o ambos padrinos ponen la mano derecha sobre el hombro del niño, y el celebrante, tomando el agua bautismal, la derrama tres veces en la cabeza inclinada del niño, bautizándolo en el nombre de la Santísima Trinidad:

N., YO TE BAUTIZO EN EL NOMBRE DEL PADRE,

Derrama el agua por primera vez.

Y DEL HIJO,

Derrama el agua por segunda vez.

Y DEL ESPÍRITU SANTO.

Derrama el agua por tercera vez.

RITOS COMPLEMENTARIOS

318. Si los neófitos van a ser confirmados, se omite la unción con el Crisma después del Bautismo (n. **319**) y se sigue inmediatamente con los ritos complementarios (nn. **320–321**). 357

UNCIÓN DESPUÉS DEL BAUTISMO

319. Si la Confirmación de los bautizados se celebra por separado de su Bautismo (cfr. n. **215**), el celebrante los unge con el Crisma inmediatamente después del Bautismo. Cuando se ha bautizado a un gran número, otros presbíteros o diáconos pueden ayudar con la unción. 358

El celebrante dice primero lo siguiente sobre todos los recién bautizados antes de la unción:

Dios todopoderoso,
Padre de nuestro Señor Jesucristo,
que les ha dado la nueva vida
por el agua y el Espíritu Santo
y les ha concedido el perdón de todos los pecados,
los unja con el Crisma de la salvación,
para que, incorporados a su pueblo,
sean para siempre miembros de Cristo,
Sacerdote, Profeta y Rey.

Niños:

Amén.

En silencio, el celebrante unge con el santo Crisma a cada uno de los recién bautizados en la parte superior (coronilla) de la cabeza.

Imposición de la vestidura blanca

320. El celebrante dice la siguiente fórmula y, a las palabras **Reciban, pues, la vestidura blanca** los padrinos imponen a los niños recién bautizados la vestidura blanca, a no ser que la costumbre local considere otro color más a propósito. Si las circunstancias lo sugieren, se puede omitir este rito. 359

Celebrante:

N. y N., ustedes se han transformado en nuevas criaturas
y están revestidos de Cristo.
Reciban, pues, la vestidura blanca,
que han de llevar limpia de mancha
ante el tribunal de nuestro Señor Jesucristo,
para alcanzar la vida eterna.

Niños:

Amén.

Entrega de un cirio encendido

321. El celebrante toma en las manos el cirio pascual, o al menos lo toca, y dice: 360

Acérquense, padrinos y madrinas,
para que entreguen a los recién bautizados la luz de Cristo.

Un padrino de cada neófito se acerca al celebrante, enciende un cirio en el cirio pascual, y se lo entrega a su ahijado(a). Entonces el celebrante dice:

Ustedes han sido transformados en luz de Cristo.
Caminen siempre como hijos de la luz
y guarden la llama de la fe viva en sus corazones
para que puedan salir al encuentro del Señor cuando venga
con todos los santos en la gloria de los cielos.

Niños:
Amén.

CELEBRACIÓN DE LA CONFIRMACIÓN

322. Entre la celebración del Bautismo y de la Confirmación, la asamblea puede cantar un himno apropiado. 361

El lugar para la celebración de la Confirmación puede ser en el presbiterio o cerca de la fuente bautismal, según donde se haya celebrado el Bautismo, de acuerdo con las costumbres locales. 362

Si se va a confirmar a niños que habían sido bautizados anteriormente, ellos y sus padrinos se unen a los niños recién bautizados para recibir el sacramento. USA

323. Si el obispo ha conferido el Bautismo, él debe ahora también conferir la Confirmación. Si el obispo no está presente, el presbítero que confirió el Bautismo ha de administrar la Confirmación (cfr. *Código de Derecho Canónico*, can. 866; n. **308**). 362

Cuando hay un gran número de niños para ser confirmados, el ministro de la Confirmación puede pedir a otros presbíteros que le ayuden como ministros del sacramento (cfr. n. **14**).

Invitación

324. El celebrante primero habla brevemente a los niños que se 363
van a confirmar con estas palabras u otras semejantes:

Mis queridos niños, que han sido regenerados por Cristo
y transformados en miembros suyos y de su pueblo sacerdotal,
ahora van a recibir al Espíritu Santo
que ha sido derramado sobre nosotros;
el mismo Espíritu que envió el Señor sobre los apóstoles el día de Pentecostés
y que ellos y sus sucesores confieren a los bautizados.

Ustedes recibirán la fuerza prometida del Espíritu Santo;
con ella, configurados más perfectamente a Cristo
podrán dar testimonio de la pasión, muerte y resurrección del Señor,
y, con su ayuda, serán miembros activos de su Iglesia
y constructores del Cuerpo de Cristo en la fe y en el amor.

Luego, el celebrante (teniendo a su lado a los presbíteros que van a ayudarle), de pie y con las manos juntas, exhorta al pueblo, diciendo:

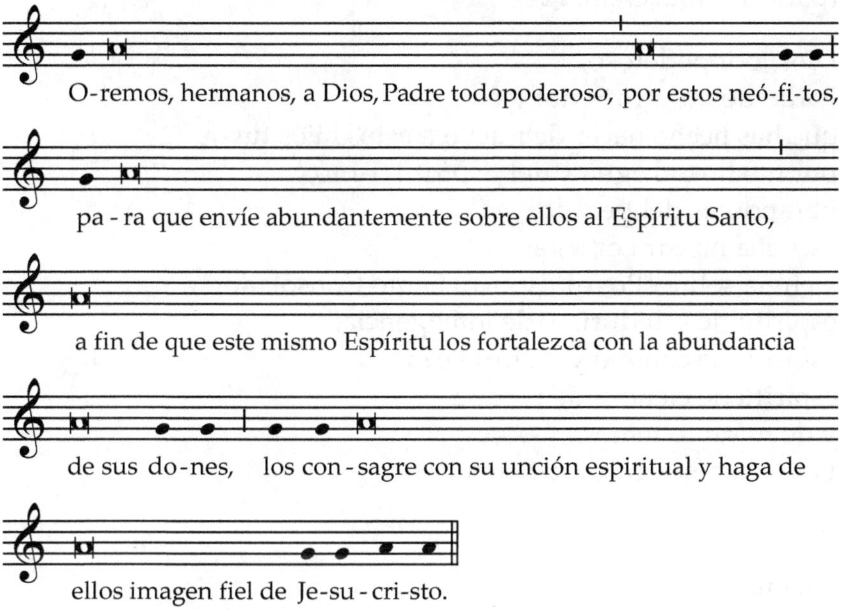

Oremos, hermanos, a Dios, Padre todopoderoso,
por estos neófitos,
para que envíe abundantemente sobre ellos
al Espíritu Santo,
a fin de que este mismo Espíritu
los fortalezca con la abundancia de sus dones,
los consagre con su unción espiritual
y haga de ellos imagen fiel de Jesucristo.

Todos oran en silencio unos instantes.

Imposición de las manos

325. Luego, el celebrante (y los presbíteros que lo ayudan) impone las manos sobre todos los confirmandos. El celebrante, él solo, dice (para el canto, cfr. n. **234**): 364

Dios todopoderoso,
Padre de nuestro Señor Jesucristo,
que has hecho nacer de nuevo a estos hijos tuyos
por medio del agua y del Espíritu Santo,
librándolos del pecado,
escucha nuestra oración
y envía sobre ellos al Espíritu Santo Consolador:
espíritu de sabiduría y de inteligencia,
espíritu de consejo y de fortaleza,
espíritu de ciencia, de piedad
y de tu santo temor.
Por Jesucristo, nuestro Señor.

Todos:
Amén.

Unción con el Crisma

326. Un ministro presenta al celebrante el santo Crisma. Cuando el celebrante es el obispo, los presbíteros que se asocian como ministros del sacramento reciben el Crisma de su mano. 365

Cada uno de los confirmandos se acerca al celebrante (o a uno de los ministros asociados para conferir el sacramento); o, si parece más conveniente, el celebrante (y los ministros asociados) se acerca(n) a cada confirmando. Uno o ambos padrinos le coloca(n) la mano derecha sobre el hombro del confirmando y dice el nombre de este al ministro o, si se prefiere, el mismo confirmando dice su nombre. Mientras dura la unción, se puede entonar algún canto adecuado.

El ministro del sacramento moja el pulgar derecho en el Crisma y traza el signo de la cruz en la frente del confirmando, mientras dice:

N., recibe por esta señal el Don del Espíritu Santo.

El recién confirmado:

Amén.

El ministro del sacramento añade:

La paz sea contigo.

El recién confirmado:

Y con tu espíritu.

CELEBRACIÓN DE LA EUCARISTÍA

327. Como no se dice la Profesión de fe, la Oración universal comienza inmediatamente y los neófitos participan en ella por primera vez. 366

Algunos de los neófitos pueden participar en la procesión llevando los dones al altar.

328. En la Plegaria Eucarística I se hace mención de los neófitos en la forma propia del **Hanc igitur** (**Acepta, Señor, en tu bondad**), en la Vigilia Pascual del *Misal Romano*, Ordinario de la Misa, n. 87, y fuera de la Vigilia Pascual de la Misa ritual "Para el Bautismo". En la Vigilia Pascual y fuera de la Vigilia Pascual, en la Plegaria Eucarística I, se hace mención de los padrinos en la sección **Memento, Domine** (**Acuérdate, Señor, de tus hijos**) de la Misa ritual "Para el Bautismo". Si se usan las Plegarias Eucarísticas II, III o IV, se usa la fórmula propia para los neófitos de la Misa ritual "Para el Bautismo". 367

329. Es muy de desear que los niños recién bautizados, junto con sus padrinos, sus padres y catequistas, reciban la comunión bajo las dos especies. 368

Antes de decir **Ecce Agnus Dei** (**Éste es el Cordero de Dios**), el celebrante puede recordar brevemente a los neófitos el valor de tan excelso misterio que es la culminación de su Iniciación y el centro de toda la vida cristiana. Se pueden usar estas u otras palabras:

Queridos niños, USA
(en esta noche santísima)
ustedes han renacido del agua y del Espíritu Santo,
y, por primera vez,
recibirán el Pan de vida y el Cáliz de salvación.

Que el Cuerpo y la Sangre de Cristo el Señor
los conduzca a profundizar en su amistad
y en la comunión con toda la Iglesia;
que sea su alimento a lo largo de todo su camino de la vida,
y un anticipo del eterno banquete celestial.
Éste es el Cordero de Dios . . .

El celebrante también debe poner atención especial a cualquier niño anteriormente bautizado que pertenezca al grupo catequético que en esta celebración va a recibir la comunión por primera vez. Estos niños, junto con sus padres, padrinos de Bautismo, padrinos de Confirmación, y catequistas, pueden también recibir la comunión bajo las dos especies.

ETAPA DE LA MISTAGOGIA

330. Debe proveerse una etapa de la "Mistagogia" para ayudar a 369
los jóvenes neófitos y a sus compañeros que han completado su Iniciación cristiana. Esta etapa puede ser organizada adaptando las normas dadas para los adultos (nn. **244–251**).

CAPÍTULO III

RITUAL SIMPLIFICADO DE LA INICIACIÓN DE ADULTOS

331. En circunstancias extraordinarias, cuando una persona no ha podido pasar por todas las etapas de Iniciación, o cuando el Ordinario del lugar, juzgando de la sinceridad de la conversión cristiana de la persona y de su madurez religiosa, decide que puede recibir el Bautismo sin dilación, puede permitir el uso de este rito más simple en casos individuales (cfr. n. **34.4**) en el que, o bien todo se completa en una única ocasión (nn. **340–369**), o se da la opción de tener, además de la celebración de los sacramentos, alguno de los ritos del catecumenado o de la etapa de purificación e iluminación (nn. **332–335**). 240

Forma extensa

332. En algunas circunstancias extraordinarias como enfermedad, vejez, cambio de residencia, viajes largos, etc.: 274

a) cuando la persona no pudo comenzar el catecumenado con el rito apropiado, o, habiendo comenzado, no pudo completar todos los ritos;

b) o cuando pudiera causar un perjuicio espiritual al candidato si, por el uso del rito dado en los nn. **340–369** se viera privado de los beneficios de una preparación más larga,

entonces sería importante, con el permiso del obispo, desarrollar una forma extendida de la Iniciación incorporando los elementos del Ritual completo.

333. Por medio de tal extensión del rito abreviado, un nuevo simpatizante puede llegar al mismo nivel que los que ya han avanzado en el catecumenado, puesto que algunos de los primeros 275 elementos del rito completo pueden ser añadidos; por ejemplo: el Rito de entrada en el catecumenado (nn. **48–74**), o los exorcismos menores (n. **94**) y las bendiciones (n. **97**) de la etapa del catecumenado. La extensión puede también darse cuando un solicitante haya empezado el catecumenado con otros, por ejemplo, el Rito de elección (cfr. nn. **118–128**) y los ritos que pertenecen a la etapa de la purificación e iluminación (cfr. nn. **141–149**) y los sacramentos de Iniciación (cfr. nn. **206–217**).

334. Se pueden hacer adaptaciones con prudencia pastoral comparando el rito anterior con la forma extendida, del modo siguiente: 276

1) añadiendo al rito abreviado, por ejemplo, los ritos que pertenecen a la etapa del catecumenado (nn. **81–103**) o las entregas (nn. **157–162, 178–182**);
2) dividiendo y expandiendo el rito de recepción (nn. **340–345**) o la liturgia de la Palabra (nn. **346–352**). En el rito de recepción, el n. **342** se puede expandir para parecerse al Rito de entrada en el catecumenado (nn. **48–74**), quitando los nn. **343–344**, si es pertinente. Los siguientes nn. **343–344** pueden sustituir al Rito de elección. En la liturgia de la Palabra, los nn. **349–351** se pueden adaptar a uno u otro de los escrutinios (nn. **152–154, 166–168, 173–175**), etc;
3) usando parte de este rito más sencillo en lugar de algunos o todos de los ritos del Ritual normal; o, cuando los que buscan (conocidos como simpatizantes) son recibidos (cfr. n. **39.3**) integrando el Rito de entrada en el catecumenado (nn. **48–74**) con la elección (nn. **129–137**).

335. Cuando se usa este rito aumentado o combinado, debe tenerse cuidado de que: 277

1) el solicitante haya recibido una catequesis completa;
2) el rito se celebre con la participación activa de una asamblea;
3) después de recibir los sacramentos, el neófito tenga, en cuanto sea posible, el beneficio de una etapa de la mistagogia.

Forma abreviada

336. Antes de ser bautizada la persona, que habrá elegido un padrino (o madrina) (cfr. n. **11**) y haberse familiarizado con la comunidad cristiana local (cfr. nn. **39**, **75.2**), conviene que sea instruida y preparada en el tiempo oportuno para que se decanten y purifiquen mejor las razones por las que haya pedido el Bautismo y pueda madurar su conversión y su fe. 241

337. Este rito incluye elementos que expresan la presentación y la bienvenida a quien va a ser iniciado, así como su clara y firme voluntad de pedir la Iniciación cristiana, y también la aprobación por la Iglesia. Después de una liturgia adecuada de la Palabra se celebran los sacramentos de Iniciación. 242

338. Normalmente el rito se celebra durante la Misa. Las lecturas 243
escogidas deben estar de acuerdo con el carácter de la celebración; 253
pueden ser las del día o las que están en el Leccionario, para la Misa ritual "Iniciación cristiana fuera de la Vigilia Pascual" (nn. 751–755). Los otros textos de la Misa son los de la Misas ritual "Para el Bautismo" o de otra Misa. Después de recibir el Bautismo y la Confirmación, el neófito participa por primera vez en la celebración de la Eucaristía.

339. En la medida de lo posible, la celebración debe tenerse un domingo (cfr. n. **27**), con participación activa de la comunidad local. 244

RITO DE RECEPCIÓN

340. Antes de que comience la Liturgia de la Palabra, mientras los fieles, si las circunstancias así lo indican, cantan un himno apropiado, el celebrante, revestido con los ornamentos, se dirige fuera de la iglesia, o al vestíbulo o entrada, o incluso algún otro lugar adecuado en la iglesia, donde quien va a ser iniciado espera con su padrino o madrina. 245

Saludo

341. El celebrante saluda con amabilidad al solicitante y le habla a él (ella), y a sus padrinos y a todos los presentes, haciéndoles ver el gozo y la alegría de la Iglesia. Les recuerda a los padrinos y amigos la experiencia particular y la respuesta religiosa que han ayudado al solicitante a seguir su propio camino espiritual y a llegar a la presente celebración. 246

Luego, el celebrante invita a los padrinos y al solicitante a acercarse. Mientras se acercan y ocupan su sitio ante el sacerdote, se puede entonar algún canto apropiado, v.gr., el salmo 63 (62), 2-9:

Salmo 63 (62), 2-9

2 Oh Dios, tú eres mi Dios, por ti madrugo,
mi alma está sedienta de ti;
mi carne tiene ansia de ti,
como tierra reseca, agostada, sin agua.
3 ¡Cómo te contemplaba en el santuario
viendo tu fuerza y tu gloria!

4 Tu gracia vale más que la vida,
te alabarán mis labios.
5 Toda mi vida te bendeciré
y alzaré las manos invocándote.
6 Me saciaré como con manjares exquisitos,
y mis labios te alabarán jubilosos.

7 En el lecho me acuerdo de ti
y velando medito en ti,
8 porque fuiste mi auxilio,
y a la sombra de tus alas canto con júbilo.
9 Mi alma está unida a ti,
y tu diestra me sostiene.

DIÁLOGO

342. Entonces el celebrante, vuelto hacia el solicitante, le hace las siguientes preguntas. Al preguntar la intención del solicitante puede usar palabras distintas a las que se dan aquí y aceptar del solicitante respuestas libres y espontáneas: por ejemplo, a la primera pregunta, **¿Qué pides a la Iglesia de Dios?** o **¿Qué deseas?** o **¿Por qué razón has venido?**, puede recibir contestaciones tales como **La gracia de Cristo** o **El ingreso en la Iglesia** o **La vida eterna** u otras respuestas apropiadas. El celebrante formulará su siguiente pregunta según la contestación que ha recibido. 247

Celebrante:
N., ¿qué pides a la Iglesia de Dios?

Solicitante:
La fe.

Celebrante:
¿Qué te ofrece la fe?

Solicitante:
La vida eterna.

PRIMERA ADHESIÓN

343. El celebrante se dirige al solicitante, adaptando a las respuestas recibidas en el diálogo inicial estas palabras u otras parecidas: 248

Esta es la vida eterna:
que conozcas al Dios verdadero
y a su enviado Jesucristo.
Porque él, resucitado de entre los muertos,
ha sido constituido
rey de la vida y Señor de todas las cosas,
visibles e invisibles.

Pero no nos pedirías hoy esta vida juntamente con el Bautismo,
si no conocieras ya a Cristo y quisieras hacerte su discípulo.
Por eso te pregunto:
¿Has oído antes sus palabras?
¿Quieres guardar sus mandamientos?
¿Estás unido a nuestra comunidad y has tomado parte en nuestras oraciones?
Finalmente, ¿has cumplido todo esto con la intención de hacerte cristiano?

Solicitante:

Sí, lo he cumplido.

Afirmación por parte de los padrinos

344. Entonces el celebrante se dirige a los padrinos y pregunta: 249

Ustedes son los padrinos.
¿Creen ustedes, en la presencia de Dios,
que él (ella) es digno(a) de ser admitido(a) hoy
a los sacramentos de la Iniciación cristiana?

Padrinos:

Sí, lo (la) creemos digno(a).

Celebrante:

Han hablado en favor de N.
¿Están dispuestos a ayudarle a servir a Cristo con sus palabras y ejemplo?

Padrinos:

Sí, estamos dispuestos.

El celebrante, con las manos juntas, dice: 250

Oremos.

Padre misericordioso, te damos gracias
por tu siervo, N.,
a quien has llamado y ayudado de muchas maneras para que
te buscara.
Tú lo (la) has llamado hoy
y él (ella) te responde en la presencia de la Iglesia.
Míralo(la) benignamente y que tu amoroso designio sea
cumplido en él (ella).
Por Jesucristo, nuestro Señor.

Todos:

Amén.

Introducción en la iglesia

345. Usando estas u otras palabras semejantes, el celebrante invita al solicitante y a los padrinos a entrar en la iglesia: 251 USA

N., entra en la iglesia,
para que tomes parte con nosotros en la mesa de la Palabra
de Dios.

Luego, con un ademán, los invita a entrar.

Mientras tanto, se puede entonar un himno apropiado o la siguiente antífona, con el salmo 34 (33), 2-3. 6 y 9. 10-11 y 16:

Vengan, hijos míos, escúchenme;
les enseñaré el temor del Señor.

Salmo 34 (33), 2-3. 6 y 9. 10-11 y 16

2 Bendigo al Señor en todo momento,
su alabanza está siempre en mi boca;
3 mi alma se gloría en el Señor:
que los humildes lo escuchen y se alegren. ℟.

[6] Contémplenlo, y quedarán radiantes,
su rostro no se avergonzará.
[9] Gusten y vean qué bueno es el Señor,
dichoso el que se acoge a él. ℟.

[10] Todos sus santos, teman al Señor,
porque nada les falta a los que lo temen;
[11] los ricos empobrecen y pasan hambre,
los que buscan al Señor no carecen de nada.
[16] Los ojos del Señor miran a los justos,
sus oídos escuchan sus gritos. ℟.

LITURGIA DE LA PALABRA

346. Cuando el solicitante y los padrinos han llegado a sus sitios en la iglesia y el celebrante ha llegado al santuario, comienza la Liturgia de la Palabra; se omiten los ritos iniciales de la Misa. 252

Lecturas

347. Las lecturas son las ya indicadas en el n. **338.** 253

Homilía

348. La homilía sigue a la lectura del Evangelio. 253

Intercesiones y Rito penitencial

349. Después de la homilía, el solicitante y sus padrinos se acercan ante el celebrante. La asamblea entera se une para hacer las siguientes súplicas u otras semejantes. 254

Celebrante:

Oremos por nuestro hermano (nuestra hermana)
que pide los sacramentos de Cristo,
y también por nosotros pecadores,
para que, acercándonos a Cristo con corazón creyente y penitente,
caminemos sin desmayo en la renovación de la vida.

Lector:

Para que el Señor encienda en todos nosotros
un espíritu de verdadero arrepentimiento,
roguemos al Señor.

℟. Escúchanos, Señor.

Lector:

Para que nosotros, los que hemos muerto al pecado
y hemos sido salvados por Cristo por medio del Bautismo,
seamos testigos vivos de su gracia,
roguemos al Señor.

℟. Escúchanos, Señor.

Lector:

Para que este siervo,
que confía en la misericordia de Dios con corazón arrepentido,
se disponga a salir al encuentro de Cristo Salvador,
roguemos al Señor.

℟. Escúchanos, Señor.

Lector:

Para que, siguiendo a Cristo,
que quita el pecado del mundo,
nuestro hermano (nuestra hermana) sane del contagio del pecado
y rompa todas sus ataduras,
roguemos al Señor.

℟. Escúchanos, Señor.

Lector:

Para que por el poder del Espíritu Santo sea purificado de su pecado
y bajo su guía vaya por los caminos de la santidad,
roguemos al Señor.

℟. Escúchanos, Señor.

Lector:

Para que, sepultado junto con Cristo por el sacramento del Bautismo,
muera al pecado y siempre viva para Dios,
roguemos al Señor.

℟. Escúchanos, Señor.

Lector:

Para que el día del juicio pueda aparecer delante del Padre,
llevando frutos de santidad y caridad,
roguemos al Señor.

℟. Escúchanos, Señor.

Lector:

Para que el mundo entero,
en favor del cual el Padre entregó a su amado Hijo,
crea en su amor y a él se convierta,
roguemos al Señor.

℟. Escúchanos, Señor.

350. Después de las intercesiones, el solicitante se inclina o se arrodilla y se une a la asamblea para pronunciar la confesión general, que se puede omitir según lo aconsejen las circunstancias: 254 USA MR

Yo confieso ante Dios todopoderoso
y ante ustedes, hermanos,
que he pecado mucho
de pensamiento, palabra, obra y omisión.

Y, golpeándose el pecho, dicen:

Por mi culpa, por mi culpa, por mi gran culpa.

Luego prosiguen:

Por eso ruego a santa María, siempre Virgen,
a los ángeles, a los santos
y a ustedes, hermanos,
que intercedan por mí ante Dios,
nuestro Señor.

Oración de exorcismo

351. Omitiendo **Dios todopoderoso**, el celebrante concluye las súplicas (y el rito penitencial) con la siguiente oración: 255

Señor todopoderoso,
que enviaste a tu Hijo único
para que el hombre, esclavo del pecado,
alcance la libertad de tus hijos,
humildemente te rogamos por este siervo tuyo (sierva tuya),
que ha experimentado los halagos de este mundo
y las tentaciones del diablo
y ahora reconoce en tu presencia sus pecados;
por la pasión y resurrección de tu Hijo
arráncalo(la) del poder de las tinieblas
y, fortalecido(a) con la gracia de Cristo,
guárdalo(la) a lo largo del camino de la vida.
Por Jesucristo, nuestro Señor.

Todos:

Amén.

Imposición de las manos

352. El celebrante, de frente al solicitante, dice: 256

Que te fortalezca la fuerza de Cristo Salvador, USA
que vive y reina por los siglos de los siglos.

Todos:

Amén.

Luego, en silencio, el celebrante impone las manos sobre el solicitante.

CELEBRACIÓN DEL BAUTISMO

Instrucción del celebrante

353. El solicitante con su padrino o padrinos va a la fuente bautismal con el celebrante, luego el celebrante se dirige a la asamblea con esta u otra invitación parecida: 257

Queridos amigos,
oremos a Dios omnipotente por nuestro hermano (nuestra hermana) N.,
que pide el Bautismo.
Él lo (la) ha llamado y lo (la) ha traído a este momento;
que él le conceda a N. su luz y fuerza
para seguir a Cristo con un corazón resuelto
y para profesar la fe de la Iglesia.
Y que le conceda a N. la renovación por el Espíritu Santo,
a quien vamos a invocar sobre esta agua.

Bendición del agua

354. Luego, el celebrante bendice el agua, usando la opción A; puede también usar una de las otras fórmulas de bendición que se dan en n. **222** como opciones B y C. 258

Pero cuando el Bautismo se celebra durante el Tiempo Pascual (cfr. n. **26**) y el agua bendecida en la Vigilia Pascual está disponible, el celebrante usa la opción B, de manera que esta parte de la celebración mantenga los temas de acción de gracias e intercesión; puede usar también la segunda fórmula de acción de gracias del Tiempo Pascual que se da en el n. **222** como opción E.

A

Bendición del agua: De frente a la fuente, el celebrante dice la siguiente bendición con las manos extendidas (para el canto, cfr. n. **222**):

Dios nuestro,
que con tu poder invisible realizas obras admirables
por medio de los signos sacramentales
y has hecho que tu creatura, el agua, signifique
de muchas maneras la gracia del Bautismo;

Dios nuestro,
cuyo Espíritu aleteaba sobre la superficie de las aguas
en los mismos principios del mundo,
para que ya desde entonces
el agua recibiera el poder de dar la vida;

Dios nuestro,
que incluso en las aguas torrenciales del diluvio
prefiguraste el nuevo nacimiento de los hombres,
al hacer que de una manera misteriosa,
un mismo elemento diera fin al pecado y origen a la virtud;

Dios nuestro,
que hiciste pasar a pie, sin mojarse, el Mar Rojo
a los hijos de Abraham,
a fin de que el pueblo,
liberado de la esclavitud del faraón,
prefigurara al pueblo de los bautizados;

Dios nuestro,
cuyo Hijo, al ser bautizado por el Precursor
en el agua del Jordán,
fue ungido por el Espíritu Santo;
suspendido en la cruz,
quiso que brotaran de su costado sangre y agua;
y después de su resurrección mandó a sus apóstoles:
"Vayan y enseñen a todas las naciones,
bautizándolas en el nombre del Padre,
y del Hijo y del Espíritu Santo":
mira ahora a tu Iglesia en oración
y abre para ella la fuente del Bautismo.

Que por obra del Espíritu Santo
esta agua adquiera la gracia de tu Unigénito,
para que el hombre, creado a tu imagen,
limpio de su antiguo pecado,
por el sacramento del Bautismo,
renazca a la vida nueva por el agua y el Espíritu Santo.

Antes de continuar, el celebrante hace una pausa y toca el agua con la mano derecha:

Te pedimos, Señor, que por tu Hijo,
descienda sobre el agua de esta fuente
el poder del Espíritu Santo,
para que todos,
sepultados con Cristo en su muerte por el Bautismo,
resuciten también con él a la vida nueva.
Él, que vive y reina contigo en la unidad del Espíritu Santo
y es Dios por los siglos de los siglos.

Todos:
Amén.

B 389.2

ACCIÓN DE GRACIAS EN TIEMPO PASCUAL SOBRE EL AGUA YA BENDECIDA: De frente a la fuente que contiene el agua bendita, el celebrante dice lo siguiente:

Bendito seas, Dios Padre todopoderoso,
que creaste el agua para purificar y dar la vida.

Todos:
Bendito seas por siempre, Señor (u otra aclamación apropiada).

Celebrante:
Bendito seas, Dios Hijo único, Jesucristo,
que hiciste brotar agua y sangre de tu costado,
para que de tu muerte y resurrección naciera la Iglesia.

Todos:
Bendito seas por siempre, Señor.

Celebrante:
Bendito seas, Dios Espíritu Santo,
que ungiste a Cristo cuando se bautizó en las aguas del Jordán,
para que todos fuéramos bautizados en ti.

Todos:
Bendito seas por siempre, Señor.

Celebrante:
Por el misterio de esta agua bendita,
dígnate admitir al nuevo nacimiento espiritual
a tu hijo (hija) N.
a quién has llamado a este baño
que se administra en la fe de la Iglesia,
para que posea la vida eterna.
Por Jesucristo, nuestro Señor.

Todos:
Amén.

Profesión de fe

355. Después de la bendición del agua (o de la oración de acción 259
de gracias), el celebrante continúa con la profesión de fe, la cual USA
incluye la renuncia al pecado y la profesión misma.

Renuncia al pecado

356. Usando una de las siguientes fórmulas, el celebrante interroga 259
al solicitante. USA

Se deja al juicio del obispo diocesano, el que las fórmulas para la renuncia al pecado sean más específicas y detalladas según las circunstancias lo requieran (cfr. n. **33.8**).

A

Celebrante:

¿Renuncias al pecado,
para vivir en la libertad de los hijos de Dios?

Solicitante:

Sí, renuncio.

Celebrante:

¿Renuncias a todas las seducciones del mal,
para que el pecado no te esclavice?

Solicitante:

Sí, renuncio.

Celebrante:

¿Renuncias a Satanás, padre y autor de todo pecado?

Solicitante:

Sí, renuncio.

B

Celebrante:

¿Renuncias a Satanás,
y a todas sus obras,
y a todas sus seducciones?

Solicitante:

Sí, renuncio.

C

Celebrante:

¿Renuncias a Satanás?

Solicitante:

Sí, renuncio.

Celebrante:

¿Renuncias a todas sus obras?

Solicitante:

Sí, renuncio.

Celebrante:

¿Renuncias a sus falsas promesas?

Solicitante:

Sí, renuncio.

Profesión de fe

357. Entonces el celebrante le pregunta al solicitante: 260

N., ¿crees en Dios,
Padre todopoderoso,
creador del cielo y de la tierra?

Solicitante:

Sí, creo.

Celebrante:

¿Crees en Jesucristo,
su único Hijo, nuestro Señor,
que nació de la Virgen María,
padeció y murió por nosotros
resucitó y está sentado a la derecha del Padre?

Solicitante:

Sí, creo.

Celebrante:

¿Crees en el Espíritu Santo,
en la santa Iglesia católica,
en la comunión de los santos,
en el perdón de los pecados,
en la resurrección de los muertos y en la vida eterna?

Solicitante:

Sí, creo.

Rito del Bautismo

358. Inmediatamente después de la profesión de fe, el celebrante 260
bautiza al solicitante bien sea por inmersión (opción A), o por in- 261
fusión (opción B). Después del Bautismo es adecuado que la asamblea cante una aclamación corta (cfr. Apéndice II, nn. **595–597**).

A 261

Si el Bautismo es por inmersión de todo el cuerpo o de la cabeza solamente, se debe hacer con pudor y decoro. Uno o ambos padrinos ayudan al solicitante. El celebrante, sumerge al solicitante del todo o sólo la cabeza por tres veces sucesivamente, y le bautiza en el nombre de la Santísima Trinidad:

N., YO TE BAUTIZO EN EL NOMBRE DEL PADRE,

Lo sumerge por primera vez.

Y DEL HIJO,

Lo sumerge por segunda vez.

Y DEL ESPÍRITU SANTO.

Lo sumerge por tercera vez.

B 262

Si el Bautismo se hace por infusión, uno o ambos padrinos ponen la mano derecha en el hombro del solicitante, y el celebrante saca el agua de la fuente y, derramándola tres veces sobre la cabeza inclinada del solicitante, lo bautiza en el nombre de la Santísima Trinidad:

N., YO TE BAUTIZO EN EL NOMBRE DEL PADRE,

Derrama el agua por primera vez.

Y DEL HIJO,

Derrama el agua por segunda vez.

Y DEL ESPÍRITU SANTO.

Derrama el agua por tercera vez.

RITOS COMPLEMENTARIOS

359. Los ritos complementarios (nn. **360–361**) se llevan a cabo 263
inmediatamente después del Bautismo. Después de estos ritos, USA
sigue la celebración de la Confirmación (nn. **362–366**).

Imposición de la vestidura blanca

360. El celebrante dice la siguiente fórmula, y a las palabras **Recibe, pues, la vestidura blanca** el padrino o la madrina (o ambos) le imponen al recién bautizado la vestidura blanca o de otro color conforme a la costumbre local. Si las circunstancias lo sugieren, se puede omitir este rito. 264

Celebrante:

N., ya has sido transformado(a) en una nueva creatura
y te has revestido de Cristo.
Recibe, pues, la vestidura blanca,
que has de llevar limpia de mancha
ante el tribunal de nuestro Señor Jesucristo,
para alcanzar la vida eterna.

El recién bautizado:

Amén.

Entrega de un cirio encendido

361. El celebrante toma en las manos el cirio pascual, o al menos lo toca, y dice: 265

Acércate, padrino (madrina),
para que entregues al recién bautizado la luz de Cristo.

El padrino (la madrina) se acerca al celebrante, enciende un cirio en el cirio pascual, y se lo entrega al neófito.

Entonces el celebrante le dice al recién bautizado:

Has sido iluminado(a) por Cristo.
Camina siempre como hijo(a) de la luz,
y guarda la llama de la fe viva en su corazón
para que puedas salir al encuentro del Señor cuando venga
con todos los santos en la gloria celestial.

El recién bautizado:

Amén.

CELBRACIÓN DE LA CONFIRMACIÓN

362. Entre la celebración del Bautismo y de la Confirmación, la asamblea puede entonar un canto apropiado. 266

363. Si el obispo ha conferido el Bautismo, él debe ahora también conferir la Confirmación. Si el obispo no está presente, el presbítero que confirió el Bautismo ha de administrar la Confirmación (cfr. *Código de Derecho Canónico*, can. 866). 267

Invitación

364. El celebrante primero habla brevemente al neófito con estas palabras u otras semejantes: 268

N., regenerado(a) ya en Cristo por el Bautismo
y transformado(a) en miembro suyo y de su pueblo sacerdotal,
ahora vas a recibir al Espíritu Santo
que ha sido derramado sobre nosotros;
es el mismo Espíritu que envió el Señor sobre los apóstoles el día de Pentecostés,
y que ellos y sus sucesores confieren a los bautizados.

Tú también recibirás la fuerza prometida del Espíritu Santo;
con ella, configurado(a) más perfectamente a Cristo,
podrás dar testimonio de la pasión, muerte y resurrección del Señor,
y ayudado(a) con su fortaleza, serás miembro activo de la Iglesia
para la edificación del Cuerpo de Cristo en la fe y en el amor.

Luego, el celebrante, de pie y con las manos juntas, exhorta al pueblo, diciendo:

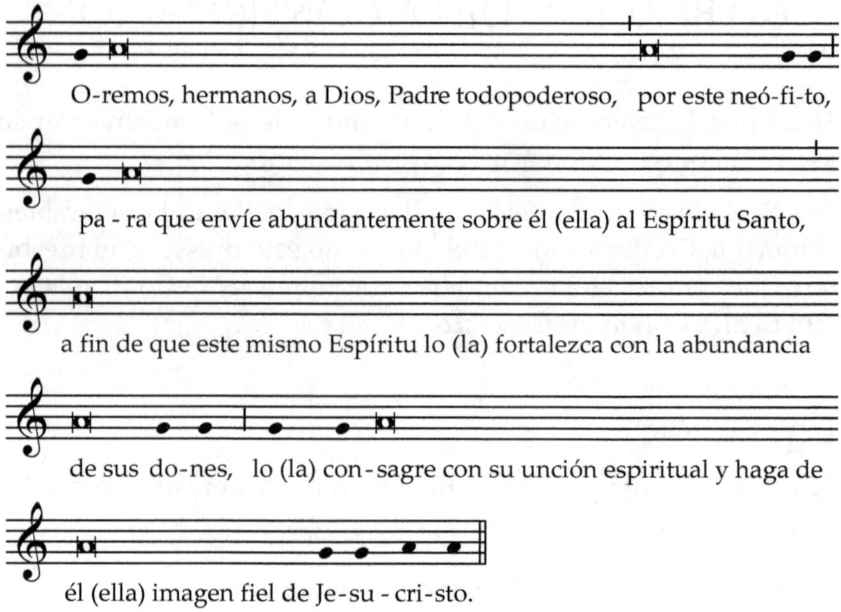

Oremos, hermanos, a Dios, Padre todopoderoso,
por este neófito,
para que envíe abundantemente sobre él (ella)
al Espíritu Santo,
a fin de que este mismo Espíritu
lo (la) fortalezca con la abundancia de sus dones,
lo (la) consagre con su unción espiritual
y haga de él (ella) imagen fiel de Jesucristo.

Todos oran en silencio unos instantes.

Imposición de las manos

365. Luego, el celebrante impone las manos sobre el confirmando, 269
diciendo:

Dios todopoderoso,
Padre de nuestro Señor Jesucristo,
que has hecho nacer de nuevo a este hijo tuyo (esta hija tuya)
por medio del agua y del Espíritu Santo,
librándolo(la) del pecado,
escucha nuestra oración
y envía sobre él (ella) al Espíritu Santo Consolador:
espíritu de sabiduría y de inteligencia,
espíritu de consejo y de fortaleza,
espíritu de ciencia, de piedad
y de tu santo temor.
Por Jesucristo, nuestro Señor.

Todos:

Amén.

Unción con el Crisma

366. Un ministro presenta al celebrante el santo Crisma. 270

El confirmando se acerca al celebrante. Uno o ambos padrinos le coloca(n) la mano derecha sobre el hombro del confirmando y dice el nombre de este al celebrante o, si se prefiere, el mismo confirmando dice su nombre.

El celebrante moja el pulgar derecho en el Crisma y traza el signo de la cruz en la frente del confirmando, mientras dice:

N., RECIBE POR ESTA SEÑAL EL DON DEL ESPÍRITU SANTO.

El recién confirmado:

Amén.

El celebrante añade:

La paz sea contigo.

El recién confirmado:

Y con tu espíritu.

CELEBRACIÓN DE LA EUCARISTÍA

367. Como no se dice la profesión de fe, se empieza inmediatamente con la Oración de los fieles y el neófito participa en ella por primera vez. 271

El neófito también ayuda a llevar los dones al altar.

368. En la Plegaria Eucarística I se hace mención del neófito en la forma propia del **Hanc igitur** (**Acepta, Señor, en tu bondad**) y del padrino (madrina) en la sección **Memento, Domine** (**Acuérdate, Señor, de tus hijos**) de la Misa ritual "Para el Bautismo". Si se usan las Plegarias Eucarísticas II, III o IV, se usa la fórmula propia para los neófitos de la Misa ritual "Para el Bautismo". 272

369. Conviene que el neófito reciba la Sagrada Comunión bajo las dos especies, junto con sus padrinos, padres católicos, cónyuge católico y catequistas. 273

Antes de decir **Ecce Agnus Dei** (**Éste es el Cordero de Dios**), el celebrante puede recordar brevemente al neófito el valor de tan excelso misterio que es la culminación de su Iniciación y el centro de toda la vida cristiana. Se pueden usar estas u otras palabras:

N., (en esta noche santísima) USA
tú has renacido del agua y del Espíritu Santo,
y, por primera vez,
recibirás el Pan de vida y el Cáliz de salvación.

Que el Cuerpo y la Sangre de Cristo el Señor
te conduzca a profundizar en su amistad
y en la comunión con toda la Iglesia;
que sea tu alimento a lo largo de todo tu camino de la vida,
y un anticipo del eterno banquete celestial.

Éste es el Cordero de Dios . . .

CAPÍTULO IV

RITUAL BREVE DE LA INICIACIÓN DE ADULTOS EN PELIGRO PRÓXIMO O INMINENTE DE MUERTE

370. Las personas, bien sean catecúmenos o no, que están en pe- 278
ligro de muerte pero no inmediata y que por tanto son capaces de oír y responder a las preguntas necesarias pueden ser bautizadas con este rito breve (nn. **375–399**).

371. Las personas que ya han sido aceptadas como catecúmenos 279
deben prometer que, una vez recuperada la salud, acabarán la catequesis acostumbrada. Las personas que no son catecúmenos deben dar señales claras de su conversión a Cristo y de su renuncia a los cultos falsos y no deben estar ligadas con obstáculos morales en su vida (por ejemplo, poligamia "simultánea", etc.). También deben prometer que al recobrar la salud seguirán el curso de la Iniciación que les corresponda.

372. Este rito breve está diseñado particularmente para que lo 280
dirijan catequistas y laicos.

Un presbítero o diácono puede usarlo en caso de necesidad urgente. Pero, normalmente, un presbítero o diácono ha de usar el rito simplificado de la Iniciación cristiana dado en los nn. **340–369**, con los cambios que se requieran por las circunstancias de lugar y tiempo.

Sin embargo, un presbítero que bautiza y tenga el sagrado Crisma, y tiempo, no debe dejar de conferir la Confirmación después del Bautismo, en cuyo caso se omite la unción postbautismal (n. **228**).

Si el ministro del Bautismo es un presbítero, un diácono, un(a) catequista o una persona laica que tenga facultad para distribuir la Comunión, debe, si es posible, dar la Eucaristía a la persona recién bautizada. En este caso, antes de empezar la celebración del rito, se coloca con reverencia el Santísimo Sacramento en una mesa cubierta con un mantel blanco.

373. En el caso de una persona que esté a punto de morir, es decir, 281
que se enfrente a una muerte inminente y el tiempo urja, el ministro omite todo y derrama el agua natural (aunque no esté bendecida) sobre la cabeza de la persona enferma, mientras dice la fórmula sacramental acostumbrada (cfr. *La Iniciación cristiana*, Observaciones generales, n. 23).

374. Si las personas que fueron bautizadas al estar en peligro de 282
muerte o a punto de morir recobran la salud, han de ser instruidas 294
con la catequesis debida, ser recibidas en la iglesia en el tiempo oportuno, y allí recibir los otros sacramentos de Iniciación. En tales casos se siguen las normas indicadas en los nn. **400–410**. Una persona enferma que ha recibido algunos o todos los sacramentos de Iniciación, si recupera la salud, debe completar la catequesis normal y los sacramentos o ritos que no habían sido celebrados (cfr. nn. **371**, **400–410**).

INICIO DEL RITO

375. El ministro saluda a la familia y luego habla con la persona 283
enferma sobre su deseo de recibir el Bautismo y, si la persona enferma no es un catecúmeno (una catecúmena), sobre los motivos de su conversión. Después de que haya decidido bautizarlo(la), el ministro debe instruir a la persona brevemente, si es necesario.

376. Luego el ministro invita a la familia, a la persona designada 284
como padrino (madrina) y a los amigos y allegados presentes a que se acerquen alrededor de la persona enferma y elige a uno o dos de los presentes como testigos. Se prepara agua, aunque no esté bendecida.

Diálogo

377. El ministro se dirige a la persona enferma con estas u otras palabras parecidas: 285

Querido hermano (Querida hermana), has pedido el Bautismo
porque quieres alcanzar la vida eterna como los cristianos.
Pues bien, la vida eterna consiste en que conozcas
al Dios verdadero y a su enviado Jesucristo.
Esta es la fe de los cristianos.
¿Sabes esto?

Enfermo:
Sí, lo sé.

Ministro:
Junto con la profesión de fe en Jesucristo,
deberás esforzarte, como hacen los cristianos,
por cumplir sus mandamientos.
¿Sabes esto?

Enfermo:
Sí, lo sé.

Ministro:
¿Estás dispuesto(a) a vivir como los cristianos?

Enfermo:
Sí, estoy dispuesto(a).

Ministro:
Prometes, pues,
que, al recobrar las fuerzas,
procurarás conocer mejor a Cristo,
y seguirás el curso de la instrucción cristiana.
¿Lo prometes?

Enfermo:
Sí, lo prometo.

Afirmación por parte del padrino y de los testigos

378. Dirigiéndose al padrino (madrina) y a los testigos, el ministro les hace las siguientes preguntas con estas u otras palabras semejantes: 286

Has escuchado la promesa de N.
Como padrino (madrina), ¿prometes que se la recordarás
y le ayudarás a aprender las enseñanzas de Cristo,
a tomar parte en la vida de nuestra comunidad,
y a dar testimonio como verdadero cristiano?

Padrino (madrina):
Sí, lo prometo.

Ministro:
Y todos ustedes, que han sido testigos de esta promesa,
¿ayudarán a cumplirla?

Testigos:
Sí, ayudaremos.

Entonces el ministro se dirige a la persona enferma y dice: 287
Así pues, ahora serás bautizado(a) para la vida eterna,
según el mandato de nuestro Señor Jesucristo.

LITURGIA DE LA PALABRA

Evangelio

379. Según la oportunidad y la urgencia, el ministro lee algunas palabras de un evangelio y las explica. Se puede usar uno de los siguientes pasajes: 287

Mt 22, 35-40: *Este es el más grande y el primero de los mandamientos.*
Mt 28, 18-20: *Enseñen a todas las naciones, bautizándolas en el nombre del Padre y del Hijo y del Espíritu Santo.*
Mc 1, 9-11: *Jesús fue bautizado por Juan en el Jordán.*
Jn 3, 1-6: *Nadie verá el Reino de Dios, si no renace de lo alto.*
Jn 6, 44-47: *Él que cree en mi tiene vida eterna.*

Intercesiones por el solicitante

380. El ministro entonces invita a los presentes a ofrecer intercesiones por el enfermo. El ministro puede adaptar o acortar las súplicas según la condición de la persona enferma. Las intercesiones pueden omitirse si la persona enferma parece cansarse. 288 UEAP 109, 123

Ministro:

Oremos a Dios misericordioso
por nuestro hermano enfermo (nuestra hermana enferma)
que ha pedido el don del Bautismo;
oremos por sus padrinos
y por toda su familia y sus amigos.

Lector:

Padre, aumenta su fe en Cristo,
tu Hijo y nuestro Salvador;
con fe te lo pedimos.

℟. Escúchanos, Señor.

Lector:

Concédele su deseo de poseer la vida eterna
y de entrar en el reino de los cielos;
con fe te lo pedimos.

℟. Escúchanos, Señor.

Lector:

Cumple su esperanza de conocerte a ti,
el Creador del mundo y el Padre de todos;
con fe te lo pedimos.

℟. Escúchanos, Señor.

Lector:

Por el Bautismo perdónale sus pecados y santifícalo(la);
con fe te lo pedimos.

℟. Escúchanos, Señor.

Lector:

Concédele la salvación que Cristo conquistó
por su muerte y resurrección;
con fe te lo pedimos.

℟. Escúchanos, Señor.

Lector:

En tu amor adóptalo(la) en tu familia;
con fe te lo pedimos.

℟. Escúchanos, Señor.

[Lector:

Restáurale la salud
para que él (ella) tenga tiempo de conocer e imitar a Cristo más profundamente;
con fe te lo pedimos.

℟. Escúchanos, Señor.]

Lector:

Conserva unidos en la fe y el amor
a todos aquellos que hemos sido bautizados en un solo Cuerpo de Cristo;
con fe te lo pedimos.

℟. Escúchanos, Señor.

Oración sobre el solicitante

381. El ministro concluye las súplicas con la siguiente oración: 289

Padre, mira benigno la fe y el deseo
de tu amado siervo (amada sierva) N.;
por medio de esta agua,
que elegiste para nuestro nacimiento sobrenatural,
únelo(la) a la muerte y resurrección de Cristo.
Perdónale todos sus pecados,
adóptalo(la) como uno(a) de tus hijos(as),
y agrégalo(la) a tu pueblo santo.
[Concédele también que, recobrada la salud,
te dé gracias formando parte de tu Iglesia,
y, siguiendo fielmente los mandamientos de Cristo,
se haga perfecto discípulo (perfecta discípula) suyo.]
Por Jesucristo, nuestro Señor.

Todos:

Amén.

CELEBRACIÓN DEL BAUTISMO

Renuncia al pecado

382. El ministro primero pide a la persona enferma que renuncie al pecado; para ello el ministro puede usar la siguiente fórmula o la más extensa dada en el n. **356** y puede hacer las adaptaciones necesarias (cfr. n. **72**). 290

Ministro:

¿Renuncias a Satanás,
y a todas sus obras,
y a todas sus seducciones?

Enfermo:

Sí, renuncio.

Profesión de fe

383. Se hace entonces una profesión de fe. Se puede usar una de 290
las siguientes fórmulas.

A

Ministro:

N., ¿crees en Dios,
Padre todopoderoso,
creador del cielo y de la tierra?

Enfermo:

Sí, creo.

Ministro:

¿Crees en Jesucristo,
su Hijo único y Señor nuestro,
que nació de la Virgen María,
padeció y murió por nosotros,
resucitó y está sentado a la derecha del Padre?

Enfermo:

Sí, creo.

Ministro:

¿Crees en el Espíritu Santo,
en la santa Iglesia católica,
en la comunión de los santos,
en el perdón de los pecados,
en la resurrección de los muertos y en la vida eterna?

Enfermo:

Sí, creo.

B USA

Enfermo: 199

Creo en Dios, Padre todopoderoso,
Creador del cielo y de la tierra.

Creo en Jesucristo, su único Hijo, nuestro Señor,

En las palabras que siguen, hasta **María Virgen**, todos se inclinan.

que fue concebido por obra y gracia del Espíritu Santo,
nació de santa María Virgen,
padeció bajo el poder de Poncio Pilato,
fue crucificado, muerto y sepultado,
descendió a los infiernos,
al tercer día resucitó de entre los muertos,
subió a los cielos
y está sentado a la derecha de Dios, Padre todopoderoso.
Desde allí ha de venir a juzgar a vivos y muertos.

Creo en el Espíritu Santo,
la santa Iglesia católica,
la comunión de los santos,
el perdón de los pecados,
la resurrección de la carne
y la vida eterna.
Amén.

Rito del Bautismo

384. El ministro, pronuncia el nombre que desea recibir la persona 291
enferma, y la bautiza, diciendo:

N., yo te bautizo en el nombre del Padre,

Derrama el agua por primera vez.

y del Hijo,

Derrama el agua por segunda vez.

y del Espíritu Santo.

Derrama el agua por tercera vez.

Unción después del Bautismo

385. Si el ministro del Bautismo es un diácono, dice la siguiente 291
oración para la unción con el santo Crisma después del Bautismo: 263

Dios todopoderoso,
Padre de nuestro Señor Jesucristo,
que te ha dado la nueva vida
por el agua y el Espíritu Santo
y te ha concedido el perdón de todos los pecados,
te unja con el Crisma de la salvación,
para que, incorporado(a) a su pueblo,
seas para siempre miembro de Cristo,
Sacerdote, Profeta y Rey.

El recién bautizado:

Amén.

En silencio, el ministro unge con el santo Crisma al recién bautizado en la parte superior (coronilla) de la cabeza.

386. Si el ministro no es un sacerdote, el rito continúa con la cele- USA
bración del Viático (n. **393**).

387. Si no se celebran ni la Confirmación ni el Viático, uno de los USA
ritos alternativos conclusivos (n. **399**, opción B) sigue al Bautismo. 292

CELEBRACIÓN DE LA CONFIRMACIÓN

388. Si el ministro del Bautismo es un presbítero, también confiere la Confirmación (cfr. arriba, n. **372**). 293

Si no hay suficiente tiempo por la condición de la persona enferma, se puede omitir la invitación (n. **389**); es suficiente con que el presbítero unja con el Crisma, mientras dice las palabras **N., RECIBE POR ESTA SEÑAL EL DON DEL ESPÍRITU SANTO**. Si es posible primero impone las manos sobre la persona enferma con la oración **Dios todopoderoso**.

INVITACIÓN

389. El presbítero primero habla brevemente al neófito con estas palabras u otras semejantes: 293

N., regenerado(a) ya en Cristo por el Bautismo
y transformado(a) en miembro suyo y de su pueblo sacerdotal,
ahora vas a recibir al Espíritu Santo
que ha sido derramado sobre nosotros;
es el mismo Espíritu que envió el Señor sobre los apóstoles el día de Pentecostés,
y que ellos y sus sucesores confieren a los bautizados.

Según lo sugieran las circunstancias, el presbítero invita a los presentes a orar en silencio por unos momentos.

IMPOSICIÓN DE LAS MANOS

390. El presbítero impone las manos sobre el confirmando, diciendo: 293

Dios todopoderoso,
Padre de nuestro Señor Jesucristo,
que has hecho nacer de nuevo a este hijo tuyo (esta hija tuya)
por medio del agua y del Espíritu Santo,
librándolo(la) del pecado,
escucha nuestra oración
y envía sobre él (ella) al Espíritu Santo Consolador:
espíritu de sabiduría y de inteligencia,
espíritu de consejo y de fortaleza,
espíritu de ciencia, de piedad
y de tu santo temor.
Por Jesucristo, nuestro Señor.

Todos:
Amén.

Unción con el Crisma

391. El presbítero moja el pulgar derecho en el Crisma y traza el 293
signo de la cruz en la frente del confirmando, mientras dice:

N., recibe por esta señal el Don del Espíritu Santo.

El recién confirmado:
Amén.

El presbítero añade:
La paz sea contigo.

El recién confirmado:
Y con tu espíritu.

392. Si no se va a celebrar el Viático, uno de los ritos alternativos USA
conclusivos (n. **399**, opción A) sigue a la Confirmación.

CELEBRACIÓN DEL VIÁTICO

393. Se da la Comunión como Viático inmediatamente después de la Confirmación o, si no se celebra esta, inmediatamente después de la celebración del Bautismo. USA 294

Invitación a la oración

394. El ministro se dirige a la persona enferma: si el Viático sigue a la celebración de la Confirmación, el ministro usa la opción A o palabras semejantes; si no se celebra la Confirmación y el Viático sigue al Bautismo, el ministro usa la opción B o palabras semejantes. 294

A

Ministro:

N., Dios nuestro Padre te ha liberado de tus pecados,
te ha regenerado
y te ha hecho uno(a) de sus hijos(as) en Cristo.
Antes de recibir el Cuerpo del Señor
y en el espíritu de esa adopción que acabas de recibir hoy,
únete ahora a nosotros en oración, como el Señor nos enseñó.

Luego el neófito y todos los presentes se unen al ministro en la Oración del Señor:

Padre nuestro . . .

B

Ministro:

N., Dios nuestro Padre te ha liberado de tus pecados,
te ha regenerado
y te ha hecho uno(a) de sus hijos(as) en Cristo.
Pronto, con el favor de Dios,
recibirás la plenitud del Espíritu Santo por la Confirmación.
Antes de recibir el Cuerpo del Señor
y en el espíritu de esa adopción que acabas de recibir hoy,
únete ahora a nosotros en oración, como el Señor nos enseñó.

Luego el neófito y todos los presentes se unen al ministro en la Oración del Señor:

Padre nuestro . . .

Sagrada Comunión como Viático

395. El ministro muestra el Santísimo Sacramento al neófito, 294
y dice: UEAP
130, 13

Éste es el Cordero de Dios,
que quita el pecado del mundo.
Dichosos los invitados a la cena del Señor.

El neófito y todos los que van a recibir la Comunión dicen:

Señor, no soy digno
de que entres en mi casa,
pero una palabra tuya
bastará para sanarme.

El ministro da la Comunión al neófito, diciendo:

El Cuerpo de Cristo (o: **La Sangre de Cristo**).

El neófito contesta:

Amén.

Inmediatamente, o después de dar la Comunión el ministro añade:

Que nuestro Señor Jesucristo te proteja y te guíe a la vida eterna.

El neófito contesta:

Amén.

Las otras personas que están presentes y deseen recibir la Comunión lo hacen entonces de la manera habitual.

A continuación, se puede tener un breve momento de oración en silencio.

Oración después de la Comunión

396. El ministro dice una oración conclusiva: 294

Oremos.

Señor, Padre santo, Dios todopoderoso y eterno,
te suplicamos con fe
que el Cuerpo y la Sangre de Cristo, tu Hijo,
que nuestro hermano (nuestra hermana) ha recibido,
le sirva para bien de su alma y de su cuerpo,
y como remedio para alcanzar la vida eterna.
Por Jesucristo, nuestro Señor.

Todos:
Amén.

CONCLUSIÓN DEL RITO

Bendición

397. El ministro bendice a la persona enferma y a los presentes, UEAP
usando una de las siguientes bendiciones. 133

A

Cuando el ministro es un sacerdote o diácono dice:
Que nuestro Señor Jesucristo te acompañe y te defienda.
℟. Amén.

Que te anteceda para guiarte y vaya detrás de ti para protegerte.
℟. Amén.

Que ponga sus ojos sobre ti, te guarde y te bendiga.
℟. Amén.

(Y a todos ustedes, los aquí presentes,
los bendiga Dios todopoderoso,
Padre, Hijo ✠, y Espíritu Santo.
℟. Amén.)

B

Un ministro laico invoca la bendición de Dios y se signa a sí mismo con la señal de la cruz, diciendo:

Que el Señor nos bendiga,
nos guarde de todo mal,
y nos lleve a la vida eterna.
℟. Amén.

Signo de paz

398. El ministro y los presentes pueden darle a la persona enferma el saludo de paz. UEAP 133

CONCLUSIONES ALTERNATIVAS DEL RITO

399. Cuando la celebración concluye después de la Confirmación y no se da el Viático, el rito concluye usando la opción A. Cuando la celebración termina inmediatamente después del Bautismo y no se celebra ni la Confirmación ni el Viático, el rito concluye usando la opción B. 292 USA

A

El ministro se dirige al enfermo con las siguientes palabras:

N., Dios nuestro Padre te ha liberado de tus pecados,
te ha regenerado
y te ha hecho su hijo(a) en Cristo.
Pronto, con el favor de Dios, te acercarás al altar de Dios
para compartir el pan de vida a la mesa de su sacrificio.
En el espíritu de esa adopción que acabas de recibir hoy,
únete ahora a nosotros en oración, como el Señor nos enseñó.

Entonces el neófito y todos los presentes se unen al ministro diciendo la Oración del Señor:

Padre nuestro . . .

Se puede impartir ahora la bendición (n. **397**) y el saludo de paz (n. **398**).

B

El ministro se dirige al enfermo con las siguientes palabras:

N., Dios nuestro Padre te ha liberado de tus pecados,
te ha regenerado
y te ha hecho su hijo(a) en Cristo.
Pronto, con el favor de Dios,
recibirás la plenitud del Espíritu Santo por la Confirmación
y te acercarás al altar de Dios
para compartir el pan de vida a la mesa de su sacrificio.
En el espíritu de esa adopción que acabas de recibir hoy,
únete ahora a nosotros en oración, como el Señor nos enseñó.

Entonces el neófito y todos los presentes se unen al ministro diciendo la Oración del Señor:

Padre nuestro . . .

Se puede impartir ahora la bendición (n. **397**) y el saludo de paz (n. **398**).

CAPÍTULO V

PREPARACIÓN DE ADULTOS BAUTIZADOS PERO NO CATEQUIZADOS PARA LA CONFIRMACIÓN Y LA EUCARISTÍA

400. Las siguientes normas pastorales se refieren a los adultos 295
católicos que fueron bautizados como niños pero que no han re- USA
cibido más formación catequética ni han recibido, por lo tanto, los sacramentos de la Confirmación y la Eucaristía. Estas sugerencias pueden aplicarse también a casos semejantes, especialmente el de un adulto que recobra la salud después de haber sido bautizado en peligro de muerte o a punto de morir (cfr. n. **374**), o bautizado válidamente en otra comunidad cristiana.

Aunque los adultos que no están catequizados no han oído todavía el mensaje del misterio de Cristo, su condición difiere de la de los catecúmenos, puesto que por el Bautismo ya son miembros de la Iglesia e hijos de Dios. Por lo tanto, su conversión está basada en el Bautismo que ya han recibido, cuya virtud deben desarrollar después.

401. Como en el caso de los catecúmenos, la preparación de adul- 296
tos que no están catequizados requiere bastante tiempo (cfr. n. **76**) para que la fe infundida en el Bautismo pueda crecer, llegar a su madurez y profundizarse en ellos por la formación pastoral que reciban. Para fortalecerlos en la vida cristiana se necesita un programa de instrucción, una catequesis adaptada a sus necesidades, el contacto con la comunidad de los fieles, y la participación en algunos ritos litúrgicos.

402. En general, el plan de la catequesis corresponde al propuesto para los catecúmenos (cfr. n. **75.1**); pero en el proceso de la catequesis el sacerdote, el diácono o el (la) catequista debe tener presente la condición especial de estos adultos que ya han sido enriquecidos por el Bautismo. 297

403. Así como ayuda a los catecúmenos, la comunidad de los fieles debe también ayudar a estos adultos con caridad y oración mutua (cfr. nn. **4, 75.2**) y dando testimonio de su idoneidad cuando llegue el momento de que sean admitidos a los sacramentos (cfr. nn. **120, 121**). 298

404. Un acompañante presenta a estos adultos a la comunidad (cfr. n. **10**). Durante el tiempo de su formación catequética, todos escogen padrinos (uno o dos, varón y mujer) aprobados por el sacerdote. Sus padrinos actuarán con estos adultos como los representantes de la comunidad y tienen las mismas responsabilidades que los padrinos tienen hacia los catecúmenos (cfr. n. **11**). Las mismas personas que fueron padrinos en el Bautismo de estos adultos se pueden escoger como padrinos para esta etapa, con tal de que sean verdaderamente capaces de cumplir con las responsabilidades de padrinos. 299

405. La etapa de preparación debe ser santificada por medio de celebraciones litúrgicas. La primera de estas es un rito por el cual los adultos reciben la bienvenida en la comunidad y se reconoce su pertenencia a ella porque ya han sido marcados con el sello del Bautismo. Con este fin se ofrece el Rito de bienvenida a los candidatos, que aparece a continuación en la sección A. 300 USA

406. Una vez que se ha celebrado el Rito de bienvenida, estos adultos participan en las celebraciones de la Palabra de Dios, ya sea en las que se reúne toda la asamblea de los fieles ya sea en las celebraciones preparadas para los catecúmenos (cfr. nn. **81–84**). 301

407. Para significar la acción de Dios en esta obra de preparación, sería muy oportuno emplear algunos de los ritos propios del catecumenado que respondan a la condición especial de estos adultos y a sus necesidades espirituales. Entre estos está la entrega del Credo (nn. **157–162**) y de la Oración del Señor (nn. **178–182**) y también la entrega de un libro de los Evangelios (n. **64**). Se pueden usar también los ritos adicionales presentados en las secciones B, C y D según las necesidades particulares y las circunstancias de los candidatos. 302 USA

408. Las etapas de la catequesis de estos adultos católicos que no están catequizados deben coordinarse convenientemente con el año litúrgico. Esto es especialmente importante en la última etapa, que por regla general debe coincidir con la Cuaresma. Durante el tiempo cuaresmal se deben tener algunas ceremonias penitenciales que ayuden a estos adultos a prepararse para la celebración del sacramento de la Penitencia. 303

409. El momento más importante de su formación completa será normalmente la Vigilia Pascual. En esa ocasión los adultos católicos profesarán su fe bautismal, recibirán el sacramento de la Confirmación, y participarán de la Eucaristía. El presbítero debe recibir del obispo diocesano la facultad de conferir la Confirmación a un católico bautizado como niño. Si no se puede conferir la Confirmación en la Vigilia Pascual porque ni el obispo ni ningún otro ministro autorizado está presente, debe celebrarse la Confirmación cuanto antes y, si es posible, durante el Tiempo Pascual. 304

410. Los adultos católicos completarán su formación cristiana y serán plenamente integrados en la comunidad participando en la etapa de la mistagogia junto con los neófitos. 305

RITOS OPCIONALES PARA ADULTOS BAUTIZADOS PERO NO CATEQUIZADOS

A. RITO DE BIENVENIDA A LOS CANDIDATOS USA

411. Este rito opcional da la bienvenida a los adultos bautizados pero no catequizados que buscan completar su Iniciación cristiana por los sacramentos de la Confirmación y de la Eucaristía o ser recibidos a la plena comunión con la Iglesia católica.

412. Las oraciones y gestos rituales reconocen que tales candidatos ya son parte de la comunidad porque han sido marcados por el Bautismo. Ahora la Iglesia los rodea con cuidado y apoyo especial mientras se preparan para ser sellados con el don del Espíritu Santo en la Confirmación y para tomar su lugar en el banquete eucarístico del sacrificio de Cristo.

413. Una vez que se les ha dado la bienvenida en la vida de la comunidad, estos adultos, además de asistir regularmente a la Eucaristía del domingo, toman parte en las celebraciones de la Palabra de Dios con toda la asamblea cristiana y en las celebraciones preparadas especialmente para provecho de los candidatos.

414. Se tendrá el rito en días específicos durante el año (cfr. n. **18**), que sean convenientes para las condiciones locales.

415. Cuando el Rito de bienvenida a los candidatos para los sacramentos de la Confirmación y de la Eucaristía se combina con el Rito de entrada en el catecumenado, se usa el rito alternativo que se encuentra en el Apéndice I, 1 (nn. **505–529**).

BIENVENIDA A LOS CANDIDATOS

416. Cuando se celebra este rito durante la Misa, se canta, como de costumbre, el canto de entrada. Como ya se cuentan entre los bautizados, los candidatos se sientan en un lugar destacado entre los fieles.

Saludo

417. El celebrante saluda cordialmente a los candidatos. Después les dirige la palabra a ellos, a sus acompañantes y a todos los presentes, señalando el gozo y satisfacción de la Iglesia al darles la bienvenida. Recuerda a la asamblea que estos candidatos ya han sido bautizados. Si es oportuno, puede también indicar brevemente el camino especial que ha conducido a los candidatos a solicitar completar su Iniciación cristiana.

Después invita a los acompañantes y a los candidatos a que se adelanten. Mientras se acercan y ocupan un lugar ante el celebrante, se puede entonar algún canto apropiado, v.gr., el salmo 63 (62), 2-9:

Salmo 63 (62), 2-9

2 Oh Dios, tú eres mi Dios, por ti madrugo,
    mi alma está sedienta de ti;
mi carne tiene ansia de ti,
    como tierra reseca, agostada, sin agua.
3 ¡Cómo te contemplaba en el santuario
    viendo tu fuerza y tu gloria!

4 Tu gracia vale más que la vida,
    te alabarán mis labios.
5 Toda mi vida te bendeciré
    y alzaré las manos invocándote.
6 Me saciaré como con manjares exquisitos,
    y mis labios te alabarán jubilosos.

7 En el lecho me acuerdo de ti
    y velando medito en ti,
8 porque fuiste mi auxilio,
    y a la sombra de tus alas canto con júbilo.
9 Mi alma está unida a ti,
    y tu diestra me sostiene.

Diálogo

418. Si los candidatos no son conocidos por todos los presentes, el celebrante les pregunta o los llama por su nombre. Los candidatos contestan uno por uno, aun si, debido a un gran número, se hace la pregunta una sola vez. Esto se puede hacer del modo siguiente, o de otro modo parecido.

A

Celebrante:

¿Cómo te llamas?

Candidato:

N.

B

El celebrante, si lo desea, dice en voz alta el nombre de cada candidato.

El candidato responde:

Presente.

El celebrante continúa con la pregunta siguiente dirigida a cada uno de los candidatos individualmente, o, cuando el número es grande, dirigida a todos para que los candidatos contesten como grupo. El celebrante puede usar otras palabras diferentes a las que se dan aquí cuando interroga a los candidatos sobre su intención y puede dejar que contesten en sus propias palabras.

Celebrante:

¿Qué pides a la Iglesia de Dios?

Candidato:

Ser aceptado(a) como candidato(a) para la instrucción catequética
que prepara para la Confirmación y la Eucaristía
(o bien: **para la recepción a la plena comunión con la Iglesia católica**).

Declaración de intención del candidato

419. El celebrante se dirige a los candidatos, adaptando una de las siguientes fórmulas a las respuestas recibidas de nuevo con estas palabras u otras semejantes:

A

Bendito sea Dios y Padre de nuestro Señor Jesucristo,
quien, en su gran misericordia, nos ha regenerado a una vida de esperanza,
una esperanza que se funda en la resurrección de Cristo de entre los muertos.
Por el Bautismo en Cristo Jesús, esta esperanza de gloria les pertenece a ustedes.
Cristo les abrió el camino del Evangelio que lleva a la vida eterna.
Ahora, bajo la inspiración del Espíritu Santo,
ustedes desean continuar ese camino de fe.

¿Están ustedes dispuestos a reflexionar más profundamente
en el misterio de su Bautismo,
a escuchar con nosotros la instrucción de los apóstoles,
y a unirse a nosotros en una vida de oración y servicio?

Candidato:

Sí, estoy dispuesto(a).

B

Celebrante:

Declaren ante esta comunidad
las razones por las cuales desean entrar más plenamente en la vida de la Iglesia.

Los candidatos responden con un breve testimonio personal.

Afirmación por parte de los acompañantes y de la asamblea

420. Después, vuelto hacia los acompañantes y a toda la asamblea, les interroga con estas palabras u otras semejantes:

Ustedes, los acompañantes de estos candidatos que ahora presentan a la Iglesia
y todos ustedes hermanos aquí presentes,
¿están dispuestos a ayudarlos a completar su Iniciación cristiana
(o bien: **a prepararse para la recepción a la plena comunión con la Iglesia católica**)?

Todos:

Sí, estamos dispuestos.

Con las manos juntas, el celebrante dice:

Padre de bondad,
te damos gracias por estos hijos tuyos.
Ya los has consagrado en el Bautismo
y ahora los llamas a la plenitud de la vida sacramental de la Iglesia:
te alabamos y te bendecimos, Padre de bondad.

Todos:

Te alabamos y te bendecimos,
Padre de bondad.

Signación de los candidatos con la cruz

421. Luego el celebrante hace la señal de la cruz en la frente de los candidatos. Se deja a la discreción del celebrante el signar después uno, varios, o todos los sentidos. El celebrante solo dice la fórmula que acompaña a cada signación.

Signación de la frente

422. El celebrante se dirige a los candidatos con estas u otras palabras semejantes:

Queridos candidatos, ustedes han expresado el deseo
de compartir plenamente la vida de la Iglesia católica.
Ahora los signo con la señal de la cruz de Cristo
e invito a sus catequistas y acompañantes a que hagan
lo mismo.

Luego el celebrante hace la señal de la cruz sobre todos en conjunto, al mismo tiempo que un acompañante o catequista hace la señal de la cruz en la frente de cada candidato. El celebrante dice:

Recibe la señal de la cruz en la frente
como recuerdo de tu Bautismo
en la muerte y resurrección salvadoras de Cristo.

Según lo indiquen las circunstancias, la signación se puede concluir cantando una aclamación de alabanza a Cristo, por ejemplo:

¡Gloria y alabanza a ti, Señor Jesús!

Signación de los otros sentidos

423. Son los catequistas o acompañantes quienes hacen las signaciones (si las circunstancias lo requieren, pueden hacerlas varios presbíteros o diáconos).

Todas y cada una de estas signaciones pueden concluir, si parece oportuno, alabando a Cristo, v.gr.: **¡Gloria y alabanza a ti, Señor Jesús!** Pero las fórmulas siempre las dice el celebrante, que dice:

Mientras signan los oídos:

Reciban la señal de la cruz en los oídos,
para que escuchen la voz del Señor.

Mientras signan los ojos:

Reciban la señal de la cruz en los ojos,
para que vean la gloria de Dios.

Mientras signan los labios:

Reciban la señal de la cruz en los labios,
para que respondan a la Palabra de Dios.

Mientras signan el pecho:

Reciban la señal de la cruz en el pecho,
para que Cristo habite por la fe en sus corazones.

Mientras signan los hombros:

Reciban la señal de la cruz en los hombros,
para que lleven el suave yugo de Cristo.

[Mientras signan las manos:

Reciban la señal de la cruz en las manos,
para que Cristo sea conocido por el trabajo que hagan.

Mientras signan los pies:

Reciban la señal de la cruz en los pies,
para que puedan caminar siguiendo a Cristo.]

Después el celebrante solo signa colectivamente a todos los candidatos sin tocarlos, haciendo sobre ellos la señal de la cruz mientras dice:

Los signo a todos ustedes
en el nombre del Padre, y del Hijo ✠, y del Espíritu Santo,
para que vivan por los siglos de los siglos.

Candidatos:

Amén.

424. El celebrante concluye la signación de la frente (y de los sentidos) con la Oración colecta de la Misa del día o con la siguiente oración:

Oremos.

Oh Dios todopoderoso,
que por la cruz y resurrección de tu Hijo
llenaste de vida a tu pueblo,
te rogamos nos concedas que tus siervos,
quienes en el Bautismo aceptaron la señal de la cruz,
siguiendo las huellas de Cristo,
posean en su vida la fuerza salvadora de la cruz,
y la manifiesten en su conducta.
Por Jesucristo, nuestro Señor.

℟. Amén.

LITURGIA DE LA PALABRA

Instrucción

425. El celebrante habla brevemente a los candidatos y a sus acompañantes, ayudándoles a comprender la dignidad de la Palabra de Dios, que se anuncia y se escucha en la Iglesia.

Lecturas

426. Las lecturas son las asignadas para ese día. Se pueden substituir por otras lecturas apropiadas, siguiendo las normas del Leccionario.

Homilía

427. Sigue una homilía que explica las lecturas.

Entrega de los Evangelios

428. Si así lo desea, el celebrante puede entregar con dignidad y reverencia una copia de los Evangelios a los candidatos. El celebrante puede usar alguna fórmula apropiada al regalo que se da, v.gr.:

Recibe el Evangelio de Jesucristo, Hijo de Dios.

Es oportuno que los candidatos den una respuesta apropiada a las palabras y regalo del celebrante.

Profesión de fe

429. Se dice el Credo, cuando está prescrito.

Oración universal (Oración de los fieles)

430. Entonces los acompañantes y toda la congregación se unen en la Oración universal (Oración de los fieles). A las intenciones por la Iglesia y por el mundo, se añade una o más de las siguientes súplicas por los candidatos.

Lector:

Para que Dios nuestro Padre revele diariamente más y más su
Cristo a estos candidatos,
roguemos al Señor.

℟. Señor, escucha nuestra oración.

Lector:

Para que estos candidatos lleguen a un aprecio más profundo
del don de su Bautismo,
que los une a Cristo,
roguemos al Señor.

℟. Señor, escucha nuestra oración.

Lector:

Para que ellos encuentren en nuestra comunidad signos convincentes de unidad y de amor generoso,
roguemos al Señor.

℟. Señor, escucha nuestra oración.

Lector:

Para que sus corazones y los nuestros respondan más a las necesidades de los demás,
roguemos al Señor.

℟. Señor, escucha nuestra oración.

Lector:

Para que a su debido tiempo estos candidatos puedan ser
(abrazados por el perdón misericordioso del Padre,)
sellados con el don del Espíritu Santo
y conozcan el gozo de ser uno con nosotros
a la mesa del sacrificio de Cristo,
roguemos al Señor.

℟. Señor, escucha nuestra oración.

Oración conclusiva

431. Después de la Oración universal, el celebrante, con las manos extendidas sobre los candidatos, dice la siguiente oración:

Dios todopoderoso y eterno,
cuyo amor nos congrega a todos en unidad,
recibe las oraciones de tu pueblo.

Mira bondadoso a estos siervos tuyos,
ya consagrados a ti en el Bautismo,
y atráelos a la plenitud de la fe.

Guarda a tu familia unida con los lazos del amor.
Por Jesucristo, nuestro Señor.

℟. Amén.

Despedida de la asamblea

432. Si no se va a celebrar la Eucaristía, se puede añadir un canto adecuado a las circunstancias, y se despide a toda la asamblea con estas palabras u otras semejantes:

Vayan en paz,
y que el Señor los acompañe.

Todos:
Demos gracias a Dios.

CELEBRACIÓN DE LA EUCARISTÍA

433. Cuando se celebra la Eucaristía, sigue la preparación de los dones.

B. RITO DE ENVÍO DE LOS CANDIDATOS PARA EL LLAMADO A LA CONVERSIÓN CONTINUA USA

434. Este rito opcional se presenta aquí para las parroquias cuyos candidatos que buscan completar su Iniciación cristiana o ser recibidos a la plena comunión con la Iglesia católica serán llamados por el obispo a la conversión continua.

435. Como el obispo es el signo de unidad dentro de una Iglesia particular, es conveniente que él reconozca a estos candidatos. Sin embargo, es responsabilidad de la comunidad parroquial, el preparar a los candidatos para una vida más plena en la Iglesia. Por la experiencia en el culto, en la vida diaria y en el servicio dentro de la comunidad parroquial, los candidatos profundizan su aprecio de la tradición de la Iglesia y su carácter universal. Este rito ofrece a la comunidad local la oportunidad de expresar su gozo por la decisión de los candidatos y enviarlos a la "celebración de reconocimiento" seguros del cuidado y del apoyo de la parroquia.

436. El rito se celebra en la iglesia parroquial a una hora apropiada antes del Rito de llamado de los candidatos a la conversión continua.

437. Cuando el Rito de envío de los candidatos para el llamado a la conversión continua se combina con el Rito de envío de los catecúmenos para la elección, se usa el rito alternativo que se encuentra en el Apéndice I, 2 (nn. **530–546**).

LITURGIA DE LA PALABRA

Homilía

438. Después de las lecturas, el celebrante ofrece la homilía. Esta debe ser apropiada a la situación actual y se debe dirigir no sólo a los candidatos sino a toda la comunidad de los fieles, para animar a todos a dar buen ejemplo y a acompañar a los candidatos a lo largo del camino que los lleve a su Iniciación completa.

Presentación de los candidatos

439. Después de la homilía, el presbítero a cargo de la formación de los candidatos, o un diácono, o catequista o un delegado (una delegada) de la comunidad, presenta a los candidatos, con las siguientes palabras u otras semejantes:

Reverendo Padre, estos candidatos,
a quienes le presento ahora,
van a empezar la etapa final de su preparación
para los sacramentos de la Confirmación y de la Eucaristía
(o bien: **la preparación para ser recibidos a la plena comunión con la Iglesia católica**).

Han encontrado su fuerza en la gracia de Dios
y apoyo en las oraciones y ejemplo de la comunidad.

Ahora piden ser reconocidos
por el progreso que han alcanzado en su formación espiritual
y recibir la seguridad de nuestras bendiciones y oraciones
al presentarse para el Rito de llamado a la conversión continua
que se celebrará esta tarde
(o bien: **se celebrará el próximo domingo** [o bien especifíquese el día]).

El celebrante contesta:

Candidatos, acérquense junto con sus padrinos.

Se llama a los candidatos por su nombre, uno por uno. Cada candidato, acompañado por un padrino o una madrina (o ambos), se acerca y permanece de pie ante el celebrante.

Afirmación por parte de los padrinos (y de la asamblea)

440. Entonces el celebrante se dirige a la asamblea con estas u otras palabras semejantes:

Mis queridos amigos, estos candidatos,
ya unidos a nosotros por razón de su Bautismo en Cristo,
han pedido completar su Iniciación
(o bien: **ser recibidos a la plena comunión con la Iglesia católica**).
Los que los conocen creen que su deseo es sincero.
Durante el tiempo de su formación catequética
han escuchado la palabra de Cristo
y han tratado de seguir sus mandamientos más perfectamente;
han compartido la compañía de sus hermanos y hermanas cristianos en esta comunidad
y se han unido a ellos en la oración.

Y así les anuncio a todos ustedes
que nuestra comunidad ratifica su deseo
de completar su Iniciación
(o bien: **de ser recibidos a la plena comunión**).
Por lo tanto, les pido a sus padrinos que nos den su opinión una vez más,
para que todos ustedes la puedan oír.

Se dirige a los padrinos:

En la presencia de Dios, ¿creen ustedes que estos candidatos
están preparados para recibir los sacramentos de la Confirmación y de la Eucaristía
(o bien: **preparados para ser recibidos a la plena comunión con la Iglesia católica**)?

Padrinos:

Sí, lo creemos.

Cuando es adecuado según las circunstancias, el celebrante puede pedir a toda la asamblea que exprese su aprobación de los candidatos.

441. El celebrante concluye la afirmación con lo siguiente:

Y ahora, queridos amigos, me dirijo a ustedes.
Sus propios padrinos (y esta comunidad entera) han hablado a su favor.
La Iglesia, en el nombre de Cristo, acepta su testimonio
y los envía a ustedes al llamado a la conversión continua,
donde el Obispo N. los exhortará a vivir en mayor conformidad
con la vida de Cristo.

Oración universal (Oración de los fieles)

442. Entonces los padrinos y toda la congregación se unen en la Oración universal (Oración de los fieles). A las intenciones por la Iglesia y por el mundo, se añade una o más de las siguientes súplicas por los candidatos.

Lector:

Para que estos candidatos renuncien a todo egoísmo
y piensen en los demás antes de en sí mismos,
roguemos al Señor.

℟. Señor, escucha nuestra oración.

Lector:

Para que sus padrinos sean ejemplos vivos del Evangelio
tanto en la vida pública como en la privada,
roguemos al Señor.

℟. Señor, escucha nuestra oración.

Lector:

Para que sus catequistas siempre comuniquen la dulzura de la Palabra de Dios,
a quienes la buscan,
roguemos al Señor.

℟. Señor, escucha nuestra oración.

Lector:

Para que estos candidatos compartan con los demás
la alegría que han encontrado en su fe,
roguemos al Señor.

℟. Señor, escucha nuestra oración.

Lector:

Para que nuestra comunidad, durante esta (o bien: **la próxima**) Cuaresma,
resplandezca con la plenitud de la caridad y sea constante en la oración,
roguemos al Señor.

℟. Señor, escucha nuestra oración.

Oración sobre los candidatos

443. Después de las intercesiones, el celebrante, con las manos extendidas sobre los candidatos, concluye la Oración universal con esta oración:

Padre todopoderoso y rico en misericordia,
tú deseas restaurar todo en Cristo
y atraer a él a toda la humanidad.
Guía con bondad a estos candidatos de la Iglesia
y concede que, fieles a la vocación que han recibido,
sean edificados en el reino de tu Hijo,
y sellados con el Espíritu prometido.
Por Jesucristo, nuestro Señor.

℟. Amén.

Despedida de la asamblea

444. Si no se va a celebrar la Eucaristía, se puede añadir un canto adecuado a las circunstancias, y se despide a toda la asamblea con estas palabras u otras semejantes:

Vayan en paz,
y que el Señor los acompañe.

Todos:
Demos gracias a Dios.

CELEBRACIÓN DE LA EUCARISTÍA

445. Cuando se celebra la Eucaristía, se dice el Credo, cuando está prescrito, y sigue la preparación de los dones. Pero por razones pastorales se puede omitir el Credo.

C. RITO DE LLAMADO DE LOS CANDIDATOS A LA CONVERSIÓN CONTINUA

USA

446. Este rito puede celebrarse con adultos bautizados, pero no catequizados previamente, que desean completar su Iniciación cristiana por los sacramentos de la Confirmación y de la Eucaristía o que desean ser recibidos a la plena comunión con la Iglesia católica.

447. El rito está diseñado para celebraciones en comunidades donde no hay catecúmenos.

448. Este rito puede celebrarse al principio de la Cuaresma, especialmente para los adultos católicos (cfr. n. **409**). El obispo o el párroco es el celebrante principal.

449. Si el Rito de llamado de los candidatos a la conversión continua se combina con el Rito de elección de los catecúmenos (bien sea en una celebración parroquial o en una en que el obispo es el celebrante), se usa el rito alternativo que se encuentra en el Apéndice I, 3 (nn. **547–561**).

LITURGIA DE LA PALABRA

Homilía

450. Después de las lecturas, el celebrante dice la homilía. Esta debe ser adecuada a la situación particular y debe dirigirse no sólo a los candidatos sino a toda la comunidad de los fieles, para animar a todos a dar buen ejemplo y a acompañar a los candidatos en su última preparación que los lleva a la celebración de la Confirmación y de la Eucaristía.

Presentación de los candidatos para la Confirmación y la Eucaristía

451. Después de la homilía, el presbítero a cargo de la formación de los candidatos, o un diácono, o catequista o un delegado (una delegada) de la comunidad, presenta a los candidatos, con las siguientes palabras u otras semejantes:

Reverendísimo (Reverendo) Padre,
(próximas ya las solemnidades pascuales,)
los candidatos que ahora le presento,
desean completar su Iniciación cristiana
(o bien: **se preparan para ser recibidos a la plena comunión con la Iglesia católica**).
Han encontrado fuerza en la gracia divina
y ayuda en las oraciones y el ejemplo de la comunidad.
Ahora humildemente piden, después de la debida preparación,
ser admitidos a la Confirmación y a la Eucaristía
(o bien: **participar plenamente en la Eucaristía**).

El celebrante responde:

Acérquense los que desean participar plenamente en la vida sacramental de la Iglesia,
acompañados por sus padrinos.

Se llama a los candidatos por su nombre, uno por uno. Cada candidato, acompañado por un padrino o una madrina (o ambos), se acerca y permanece de pie ante el celebrante.

Afirmación por parte de los padrinos (y de la asamblea)

452. Luego el celebrante se dirige a la asamblea. Si ha participado en la deliberación anterior sobre la preparación de los candidatos (cfr. n. **122**), puede usar bien sea la opción A o B o palabras semejantes; si no ha participado en la deliberación previa, usa la opción B o palabras semejantes.

A

Celebrante:
Queridos hermanos y hermanas,
estos candidatos, han pedido participar plenamente
en la vida sacramental de la Iglesia católica.

Los que los conocen,
han juzgado que es sincero su deseo.
Durante el tiempo de su preparación,
han reflexionado sobre el misterio de su Bautismo
y han llegado a apreciar más profundamente la presencia de Cristo en sus vidas.
Han compartido la compañía de sus hermanos y hermanas y se han unido a ellos en la oración.

Y así tengo el gusto de reconocer su deseo
de participar plenamente en la vida sacramental de la Iglesia.
Ahora les pido a sus padrinos que den su opinión una vez más,
para que todos ustedes la puedan oír.

Se dirige a los padrinos:
¿Juzgan ustedes, en presencia de Dios,
que estos candidatos son dignos de ser admitidos
a los sacramentos de la Confirmación y de la Eucaristía
(o bien: **a la plena comunión con la Iglesia católica**)?

Los padrinos:
Sí, lo creemos.

453. Cuando sea apropiado, el celebrante puede también pedir a toda la asamblea que exprese su aprobación de los candidatos:

Ahora les pregunto a ustedes, los miembros de esta comunidad:
¿Están ustedes dispuestos a afirmar el testimonio expresado sobre estos candidatos
y a apoyarlos con la fe, la oración y el ejemplo

durante su preparación para participar más plenamente en los sacramentos de la Iglesia?

Todos:

Sí, lo estamos.

B

Celebrante:

La vida cristiana y las exigencias que se derivan
de los sacramentos no pueden tomarse a la ligera.
Por lo tanto, antes de concederles a estos candidatos su petición
de participar plenamente en los sacramentos de la Iglesia,
es importante que la Iglesia oiga el testimonio
de sus padrinos sobre su disposición.

Se dirige a los padrinos:

¿Han escuchado fielmente la Palabra de Dios proclamada por la Iglesia?

Padrinos:

Sí, lo han hecho.

Celebrante:

¿Han llegado a un aprecio más profundo de su Bautismo,
en el cual fueron unidos a Cristo y a su Iglesia?

Padrinos:

Sí, lo han hecho.

Celebrante:

¿Han reflexionado suficientemente en la tradición de la Iglesia,
que es su herencia, y se han unido a sus hermanos y hermanas en la oración?

Padrinos:

Sí, lo han hecho.

Celebrante:

¿Han avanzado en la vida de amor y servicio a los demás?

Padrinos:

Sí, lo han hecho.

Cuando sea apropiado, el celebrante puede también pedir a toda la asamblea que exprese su aprobación de los candidatos:

Ahora les pregunto a ustedes, los miembros de esta comunidad:
¿Están ustedes dispuestos a afirmar el testimonio expresado sobre estos candidatos
y a incluirlos en su oración y afecto (en nuestro camino hacia la Pascua)?

Todos:

Sí, lo estamos.

Acto de reconocimiento

454. Luego el celebrante dice con estas palabras u otras semejantes:

N. y N., la Iglesia reconoce su deseo
(de ser sellados con el don del Espíritu Santo y)
de participar en la mesa eucarística de Cristo.
Únanse a nosotros (esta Cuaresma) en espíritu de arrepentimiento.
Escuchen el llamado del Señor a la conversión
y sean fieles a su alianza bautismal.

Candidatos:

Demos gracias a Dios.

Luego el celebrante se vuelve a los padrinos y les instruye con las siguientes palabras u otras parecidas:

Padrinos, continúen apoyando a estos candidatos
con sus consejos y cuidado.
Que ellos vean en ustedes amor por la Iglesia
y un sincero deseo de hacer el bien.
Guíenlos (en esta Cuaresma) a los gozos de los misterios
pascuales.

Los invita a poner la mano sobre el hombro del candidato a quien ellos van a recibir bajo su cuidado, o a hacer otro gesto que indique lo mismo.

Oración universal (Oración de los fieles)

455. Entonces los padrinos y toda la congregación se unen en la Oración universal (Oración de los fieles). A las intenciones por la Iglesia y por el mundo, se añade una o más de las siguientes súplicas por los candidatos.

Lector:

Para que estos candidatos lleguen a un aprecio más profundo
de su Bautismo en la muerte y resurrección de Cristo,
roguemos al Señor.

℟. Señor, escucha nuestra oración.

Lector:

Para que Dios bendiga a aquellos
que han alimentado en la fe a estos candidatos,
roguemos al Señor.

℟. Señor, escucha nuestra oración.

Lector:

Para que estos candidatos (abracen la disciplina de la Cuaresma
como un medio de purificación
y) se acerquen al sacramento de la Penitencia
con confianza en la misericordia de Dios,
roguemos al Señor.

℟. Señor, escucha nuestra oración.

Lector:

Para que abran sus corazones
a las inspiraciones del Espíritu Santo de Dios,
roguemos al Señor.

℟. Señor, escucha nuestra oración.

Lector:

Para que se acerquen a la mesa del sacrificio de Cristo
con gratitud y alabanzas,
roguemos al Señor.

℟. Señor, escucha nuestra oración.

Lector:

Para que nuestra comunidad (durante este tiempo cuaresmal)
crezca en caridad y sea constante en la oración,
roguemos al Señor.

℟. Señor, escucha nuestra oración.

456. Después de las súplicas, el celebrante, con las manos extendidas sobre los candidatos, concluye la Oración universal con esta oración:

Dios y Señor,
cuyo amor nos trae la vida
y cuyas misericordias nos regeneran,
mira favorablemente a estos candidatos,
y conforma sus vidas
al modelo de los sufrimientos de Cristo.
Que él sea su riqueza y sabiduría,
y que ellos experimenten en sus vidas
el poder que nos viene de su resurrección.
Él, que vive y reina por los siglos de los siglos.

℟. Amén.

Despedida de la asamblea

457. Si no se va a celebrar la Eucaristía, se puede añadir un canto adecuado a las circunstancias, y se despide a toda la asamblea con estas palabras u otras semejantes:

Vayan en paz,
y que el Señor los acompañe.

Todos:
Demos gracias a Dios.

CELEBRACIÓN DE LA EUCARISTÍA

458. Cuando se celebra la Eucaristía, se dice el Credo, cuando está prescrito, y sigue la preparación de los dones. Pero por razones pastorales se puede omitir el Credo.

D. RITO PENITENCIAL (ESCRUTINIO) USA

459. Este Rito penitencial puede servir para marcar la purificación cuaresmal de los adultos bautizados, pero no catequizados previamente, que se preparan para recibir los sacramentos de la Confirmación y de la Eucaristía o para ser recibidos a la plena comunión con la Iglesia católica. Se tiene durante la celebración de la Palabra de Dios como una especie de escrutinio, parecido a los escrutinios de los catecúmenos.

460. Puesto que el Rito penitencial generalmente pertenece al tiempo de la preparación final para los sacramentos, su celebración presupone que los candidatos han llegado a la madurez en la fe y han alcanzado los conocimientos requeridos para una vida más completa dentro de la comunidad.

461. Junto con los candidatos, sus padrinos y toda la asamblea litúrgica también participan en la celebración del Rito penitencial. Por lo tanto, el rito se ha de adaptar de tal manera que sea de provecho para todos los participantes. Este Rito penitencial puede también ayudar a preparar a los candidatos para la celebración del sacramento de la Penitencia.

462. Este Rito penitencial se puede celebrar el segundo domingo de Cuaresma o en un día cuaresmal feriado, si los candidatos van a recibir los sacramentos de la Confirmación, de la Eucaristía, o ambos, o van a ser recibidos a la plena comunión con la Iglesia católica en Pascua; de no ser así, en el momento más adecuado.

463. Este Rito penitencial se propone sólo para celebraciones con adultos bautizados que se preparan para la Confirmación y la Eucaristía, o para la recepción a la plena comunión con la Iglesia católica. Como la oración del exorcismo en los tres escrutinios para los catecúmenos que han recibido la elección de la Iglesia, propiamente pertenece a los elegidos y usa numerosas imágenes refiriéndose a su próximo Bautismo, esos escrutinios de los elegidos y este Rito penitencial para los que se preparan para la Confirmación y la Eucaristía se han mantenido separados y distintos. Por tanto, no se ha incluido ningún rito combinado en el Apéndice I.

RITOS INICIALES

Saludo e introducción

464. El presbítero da la bienvenida a la asamblea y en pocas palabras explica que el rito tendrá diverso significado para los diferentes participantes: los candidatos que ya están bautizados, particularmente aquellos que se preparan para celebrar el sacramento de la Penitencia por primera vez, los padrinos, los catequistas, los sacerdotes, etc. Todos estos participantes, según su propia condición, van a oír el mensaje consolador del perdón de los pecados, que los llevará a alabar la misericordia del Padre.

Se puede entonar un himno que exprese gozosamente la fe en la misericordia de Dios Padre.

Oración

465. El celebrante entonces dice la Oración colecta para el segundo domingo de Cuaresma (opción A) o, en otro día, la siguiente oración (opción B):

A

Señor Dios, que nos mandaste escuchar a tu Hijo muy amado,
dígnate alimentarnos íntimamente con tu palabra,
para que, ya purificada nuestra mirada interior,
nos alegremos en la contemplación de tu gloria.
Por nuestro Señor Jesucristo, tu Hijo,
que vive y reina contigo en la unidad del Espíritu Santo
y es Dios por los siglos de los siglos.

Todos:
Amén.

B

Señor de infinita compasión y de amor siempre fiel,
tus hijos e hijas comparecemos ante tu presencia
con toda humildad y confianza.
Míranos con compasión
pues reconocemos nuestro pecado.
Extiende tu mano
para salvarnos y llevarnos a la Resurrección.
No permitas que el poder de las tinieblas triunfe sobre nosotros
sino guárdanos libres de pecado
como miembros del cuerpo de Cristo
y ovejas de su propio rebaño.
Por nuestro Señor Jesucristo, tu Hijo,
que vive y reina contigo en la unidad del Espíritu Santo
y es Dios por los siglos de los siglos.

Todos:
Amén.

LITURGIA DE LA PALABRA

Lecturas

466. En el segundo domingo de Cuaresma, las lecturas de la Misa son las asignadas por el Leccionario (nn. 25–27). En otros días, se pueden usar lecturas apropiadas tomadas del Leccionario.

Homilía

467. Después de las lecturas, el celebrante explica los textos sagrados en la homilía. Debe preparar a todos los que están en la asamblea para la conversión y el arrepentimiento y explicar el significado del Rito penitencial (escrutinio) a la luz de la liturgia cuaresmal y del camino espiritual de los candidatos.

Oración en silencio

468. Después de la homilía, los candidatos con sus padrinos se adelantan y permanecen de pie ante el celebrante.

El celebrante se dirige primero a la asamblea de los fieles, invitándolos a orar en silencio y a pedir para los candidatos el espíritu de arrepentimiento, la conciencia de pecado, y la verdadera libertad de los hijos de Dios.

El celebrante luego se dirige a los candidatos, los invita también a orar en silencio y les sugiere que como signo de su disposición interior de arrepentimiento inclinen la cabeza o se arrodillen; y concluye con estas u otras palabras parecidas:

Candidatos, inclinen la cabeza (o bien: **arrodíllense**) y oren.

Los candidatos inclinan la cabeza o se arrodillan, y todos oran en silencio por unos minutos. Después, según lo sugieran las circunstancias, todos se ponen de pie.

Intercesiones por los candidatos

469. Luego los padrinos y toda la congregación se unen en las intercesiones por los candidatos. Si se va a celebrar la Eucaristía, las intenciones por la Iglesia y por todo el mundo deben añadirse a las siguientes intenciones por los candidatos.

Celebrante:

Hermanos y hermanas, oremos por estos candidatos (N. y N.).
Cristo ya los rescató en el Bautismo.
Ahora ellos buscan el perdón de sus pecados y la sanación de sus debilidades,
para poder estar listos para ser
(sellados con el Don del Padre y)
alimentados en la mesa del Señor.
Oremos también por nosotros mismos, que imploramos la misericordia de Cristo.

Lector:

Para que estos candidatos lleguen a un aprecio más profundo
de su Bautismo en la muerte y resurrección de Cristo,
oremos al Señor.

℟. Señor, escucha nuestra oración.

Lector:

Para que estos candidatos (abracen la disciplina de la Cuaresma
como un medio de purificación
y) se acerquen al sacramento de la Penitencia
con confianza en la misericordia de Dios,
oremos al Señor.

℟. Señor, escucha nuestra oración.

Lector:

Para que crezcan en el amor
y conserven la virtud y la santidad de vida,
oremos al Señor.

℟. Señor, escucha nuestra oración.

Lector:

Para que al renunciar a sí mismos
puedan atender primero a los demás,
oremos al Señor.

℟. Señor, escucha nuestra oración.

Lector:

Para que transmitan a los demás
la alegría que han alcanzado con la fe,
oremos al Señor.

℟. Señor, escucha nuestra oración.

Lector:

Para que acepten el llamado a la conversión con un corazón abierto
y no vacilen en hacer
los cambios personales que esto exija de ellos,
oremos al Señor.

℟. Señor, escucha nuestra oración.

Lector:

Para que el Espíritu Santo, que conoce todos los corazones,
fortalezca su debilidad con su poder,
oremos al Señor.

℟. Señor, escucha nuestra oración.

Lector:

Para que también sus familias pongan en Cristo su esperanza,
y encuentren en él la paz y la santidad,
oremos al Señor.

℟. Señor, escucha nuestra oración.

Lector:

Para que nos preparemos (para las fiestas pascuales,)
corrigiendo nuestros pensamientos, levantando el corazón,
entregándonos en oración y perseverando en obras de misericordia,
oremos al Señor.

℟. Señor, escucha nuestra oración.

Oración conclusiva

470. Después de las súplicas, el rito continúa con la oración sobre los candidatos, opción A (particularmente cuando se celebra en el segundo domingo de Cuaresma), o con la opción B.

A

El celebrante, de frente a los candidatos y con las manos juntas, dice:

Oremos.

Señor Dios,
en el misterio de la transfiguración
tu Hijo reveló su gloria a los discípulos
y los preparó para su muerte y resurrección.
Abre las mentes y los corazones de estos candidatos
a la presencia de Cristo en sus vidas.
Que humildemente reconozcan sus pecados y faltas
y sean libres de cualquier obstáculo y falsedad
que les impida dedicarse de todo corazón a tu reino.
Por Jesucristo, nuestro Señor.

℟. Amén.

En este momento, si se puede hacer sin dificultad, el celebrante impone las manos sobre cada uno de los candidatos.

Luego, con las manos extendidas sobre todos ellos, continúa:

Señor Jesús,
tú eres el Hijo Unigénito,
estos candidatos reconocen tu reino y buscan tu gloria.
Derrama sobre ellos el poder de tu Espíritu
para que puedan ser sin temor testigos de tu Evangelio
unidos con nosotros en la comunión del amor.
Tú, que vives y reinas por los siglos de los siglos.

℟. Amén.

B

El celebrante, de frente a los candidatos y con las manos juntas, dice:

Oremos.

Señor Dios nuestro,
nos creaste por amor
y nos redimiste por tu misericordia
con la sangre de tu Hijo.
Ilumina a estos hombres y mujeres con tu gracia,
para que, viendo claramente sus pecados y sus faltas,
pongan toda su confianza en tu misericordia
y resistan a todo lo que es engañoso y dañino.
Por Jesucristo, nuestro Señor.

℟. Amén.

En este momento, si se puede hacer fácilmente, el celebrante impone las manos sobre cada uno de los candidatos.

Luego, con las manos extendidas sobre todos ellos, continúa:

Señor Jesús,
cuyo amor llega misericordiosamente
a abrazar y sanar al corazón contrito,
guía a estos candidatos en el camino de la santidad,
y sánalos de las heridas de sus pecados.
Que siempre mantengan en su totalidad
el don de tu amor que una vez les diste
y en tu misericordia ahora les restauras.
Tú, que vives y reinas por los siglos de los siglos.

℟. Amén.

Si las circunstancias lo sugieren, se puede cantar un cántico apropiado, como, por ejemplo, los salmos 6, 26 (25), 32 (31), 38 (37), 39 (38), 40 (39), 51 (50), 116, 1-9 (114), 130 (129), 139 (138) o 142 (141).

Despedida de la asamblea

471. Si no se va a celebrar la Eucaristía, se puede añadir un canto adecuado a las circunstancias, y se despide a toda la asamblea con estas palabras u otras semejantes:

Vayan en paz,
y que el Señor los acompañe.

Todos:
Demos gracias a Dios.

CELEBRACIÓN DE LA EUCARISTÍA

472. Cuando se celebra la Eucaristía, se dice el Credo, cuando está prescrito, y sigue la preparación de los dones. Pero por razones pastorales se puede omitir el Credo.

CAPÍTULO VI

RITO DE RECEPCIÓN A LA PLENA COMUNIÓN CON LA IGLESIA CATÓLICA DE LOS CRISTIANOS BAUTIZADOS

473. Este es el rito litúrgico por el cual se recibe a una persona nacida y bautizada en una comunidad eclesial separada, a la plena comunión con la Iglesia católica, según el rito latino[1]. El rito está diseñado de tal manera que no se imponga una mayor carga que la necesaria para establecer la comunión y la unidad[2] (cfr. Hechos 15:28). R1

474. En el caso de los cristianos orientales que entran a la plena comunión con la Iglesia católica, no se requiere ningún rito litúrgico, sino simplemente una profesión de fe católica, aun si se permite a tales personas transferirse al rito latino después de haber recurrido a la Sede Apostólica[3]. R2

475. En lo que se refiere a la manera de celebrar el Rito de recepción: R3

a) El rito debe claramente ser una celebración de la Iglesia y tener como su punto principal la comunión eucarística. Por esta razón el rito normalmente se debe tener dentro de la Misa.

[1] Cfr. Concilio Vaticano II, Constitución sobre la sagrada Liturgia, *Sacrosanctum Concilium*, n. 69b; Decreto sobre el ecumenismo, *Unitatis redintegratio*, n. 3; Secretariado para la Unidad Cristiana, Directorio ecuménico I, n.19: *Acta Apostolicæ Sedis* 59 (1967), 581.

[2] Cfr. Concilio Vaticano II, Decreto sobre el ecumenismo, *Unitatis redintegratio*, n. 18.

[3] Cfr. Concilio Vaticano II, Decreto sobre las iglesias católicas orientales, *Orientalium Ecclesiarum*, nn. 25 y 4.

b) Debe evitarse cuidadosamente cualquier apariencia de triunfalismo y debe decidirse con anterioridad la manera de celebrar esta Misa, teniendo en cuenta las circunstancias particulares. Deben considerarse tanto las implicaciones ecuménicas como los lazos que unen al candidato y a la comunidad parroquial. Con frecuencia será preferible celebrar la Misa con sólo algunos parientes y amigos. Si por una razón seria no se puede celebrar la Misa, la recepción debe hacerse por lo menos dentro de una Liturgia de la Palabra, siempre que esto sea posible. Se debe consultar con la persona que se va a recibir a la plena comunión sobre la forma de la recepción.

476. Si el Rito de recepción tiene lugar fuera de la liturgia eucarís- R4
tica, se debe celebrar una Misa lo más pronto posible para que la persona recientemente recibida participe por primera vez con la comunidad católica, y así manifestar claramente la relación entre la recepción en la Iglesia y la comunión eucarística.

477. El cristiano bautizado ha de recibir una preparación tanto R5
doctrinal como espiritual, adaptada a los requisitos pastorales individuales, para la recepción a la plena comunión con la Iglesia católica. El candidato debe aprender a profundizar una adhesión interna a la Iglesia, donde él o ella encontrarán la plenitud de su Bautismo.

Durante el período de preparación, el candidato puede participar en el culto de conformidad con los requisitos del Directorio ecuménico.

Debe evitarse a toda costa cualquier cosa que pudiera connotar igualdad entre los candidatos y los catecúmenos.

478. Durante la etapa de su preparación doctrinal y espiritual los USA
candidatos para la recepción a la plena comunión con la Iglesia católica pueden beneficiarse individualmente de la celebración de ritos litúrgicos que marquen su progreso en la formación. Así, por razones pastorales y a la luz de la catequesis de la fe que estos cristianos bautizados han recibido previamente, se pueden celebrar uno o varios de los ritos incluidos en el Capítulo V, "Prepa-

ración de adultos bautizados pero no catequizados para la Confirmación y la Eucaristía", tal como se presentan o con palabras semejantes. De todos modos, sin embargo, se debe discernir el tiempo necesario para la formación catequética de cada candidato individualmente antes de su recepción a la plena comunión con la Iglesia católica.

479. Una persona nacida y bautizada fuera de la comunión visible R6
de la Iglesia católica no tiene que hacer una abjuración de herejía, sino simplemente una profesión de fe[4].

480. El sacramento del Bautismo no se puede repetir, y por tanto R7
no está permitido el conferirlo otra vez condicionalmente, excepto cuando hay una duda razonable sobre el hecho o la validez del Bautismo ya conferido. Si una investigación seria presenta tal duda prudente y parece necesario el conferir el Bautismo otra vez condicionalmente, el ministro debe explicar con anterioridad las razones por las cuales se está haciendo esto y lo administrará en forma privada[5].

El Ordinario del lugar ha de decidir en cada caso qué ritos se deben incluir o excluir al conferir un Bautismo condicional.

481. Es propio del obispo el recibir a la plena comunión con la R8
Iglesia católica a los cristianos bautizados. Pero un presbítero a quien el obispo confíe la celebración del rito tiene la facultad de confirmar al candidato dentro del Rito de recepción[6], a menos que la persona recibida ya haya sido válidamente confirmada.

482. Si la profesión de fe y la recepción tienen lugar durante la R9
Misa, el candidato, según su propia conciencia, debería confesarse con anterioridad, informando primero al confesor que va a ser recibido a la plena comunión. Cualquier confesor que esté legítimamente aprobado puede escuchar la confesión del candidato.

[4] Cfr. Secretariado para la Unidad Cristiana, Directorio ecuménico 1, nn. 19 y 20: *Acta Apostolicæ Sedis* 59 (1967), 581.

[5] Cfr. Ibid., nn. 14–15: *Acta Apostolicæ Sedis* 59 (1967), 580.

[6] Cfr. *Ritual para la Confirmación*, Observaciones previas, n.7.

483. Si la situación lo requiriera, un padrino, es decir, un hombre o mujer que haya tenido una mayor parte en la preparación y guía del candidato, puede acompañar al candidato en la recepción misma; se pueden permitir dos padrinos. R10

484. En la celebración eucarística dentro de la cual se tiene la recepción a la plena comunión o, si la recepción se tiene fuera de la Misa, en la Misa que sigue en otra ocasión, se permite la comunión bajo las dos especies a la persona recibida, a los padrinos, al cónyuge y a los padres que sean católicos, a los catequistas laicos que han instruido a esta persona, y, si el número de personas u otras circunstancias lo permiten, a todos los presentes. R11

485. Las Conferencias de Obispos pueden, según lo previsto en la Constitución sobre la sagrada Liturgia (art. 63), adaptar el Rito de recepción a las diferentes circunstancias. El Ordinario del lugar puede adaptarlo, extendiendo o acortando el rito, para que sea apropiado a las circunstancias particulares de esas personas y de ese lugar[7]. R12

486. Los nombres de las personas admitidas a la plena comunión de la Iglesia católica se deben inscribir en un libro especial, anotándose también la fecha y lugar de su Bautismo (cfr. *Estatutos nacionales para la Iniciación cristiana de adultos*, Norma 16 §§1-3). R13

RITO DE RECEPCIÓN DENTRO DE LA MISA

487. Si el Rito de recepción a la plena comunión se tiene en una solemnidad o en un domingo, se debe celebrar la Misa del día; en otros días se permite celebrar la Misa "Para la unidad de los cristianos". R14

[7] Cfr. Secretariado para la Unidad Cristiana, Directorio ecuménico I, n. 19: *Acta Apostolicæ Sedis* 59 (1967), 581.

LITURGIA DE LA PALABRA

Lecturas

488. Las lecturas pueden tomarse en todo o en parte de las que se dan en el Leccionario de ese día, para el Rito de recepción a la plena comunión, o para la Misa "Por la unidad de los cristianos" (nn. 867–871) o de la Misa ritual "Iniciación cristiana fuera de la Vigilia Pascual" (nn. 751–755). R29

Homilía

489. En la homilía que sigue a las lecturas, el celebrante, con gratitud a Dios, debe aludir al Bautismo como la base de la recepción del candidato, al sacramento de la Confirmación ya recibido o que se va a recibir, y a la Sagrada Eucaristía que por primera vez van a celebrar con la comunidad católica. R14

CELEBRACIÓN DE LA RECEPCIÓN

Invitación

490. Al final de la homilía, el celebrante invita, con las siguientes palabras u otras parecidas, al candidato a adelantarse con sus padrinos y hacer la profesión de fe con la comunidad: R14

N., por tu propia voluntad
has pedido el ser recibido(a) a la plena comunión con la
Iglesia católica.
Has tomado esta decisión después de haberla pensado
cuidadosamente
bajo la guía del Espíritu Santo.
Ahora te invito a pasar al frente con tus padrinos
para que, en la presencia de esta comunidad, profeses la fe católica.

En esta fe te unirás por primera vez con nosotros
a la mesa eucarística del Señor Jesús, el signo de la unidad
de la Iglesia.

Profesión de fe

491. La persona que va a ser recibida se une ahora a la comunidad para recitar el Credo Niceno-constantinopolitano, que siempre se dice en esta Misa: R15

Creo en un solo Dios,
Padre todopoderoso,
Creador del cielo y de la tierra,
de todo lo visible y lo invisible.

Creo en un solo Señor, Jesucristo,
Hijo único de Dios,
nacido del Padre antes de todos los siglos:
Dios de Dios, Luz de Luz,
Dios verdadero de Dios verdadero,
engendrado, no creado,
de la misma naturaleza del Padre,
por quien todo fue hecho;
que por nosotros, los hombres,
y por nuestra salvación bajó del cielo,

En las palabras que siguen, hasta **se hizo hombre**, todos se inclinan.

y por obra del Espíritu Santo
se encarnó de María, la Virgen, y se hizo hombre;
y por nuestra causa fue crucificado
en tiempos de Poncio Pilato;
padeció y fue sepultado,
y resucitó al tercer día, según las Escrituras,
y subió al cielo,
y está sentado a la derecha del Padre;
y de nuevo vendrá con gloria
para juzgar a vivos y muertos,
y su reino no tendrá fin.

Creo en el Espíritu Santo,
Señor y dador de vida,
que procede del Padre y del Hijo,
que con el Padre y el Hijo
recibe una misma adoración y gloria,
y que habló por los profetas.

Creo en la Iglesia,
que es una, santa, católica y apostólica.
Confieso que hay un solo Bautismo
para el perdón de los pecados.
Espero la resurrección de los muertos
y la vida del mundo futuro.

Amén.

El celebrante luego le pide a la persona que va a ser recibida que añada la siguiente profesión de fe. El candidato dice:

Creo y profeso
todo lo que la santa Iglesia católica
cree, enseña, y proclama como revelado por Dios.

Fórmula de recepción

492. El celebrante pone la mano derecha sobre la cabeza del candidato para la recepción que se omite cuando se va a conferir la Confirmación inmediatamente. En ambos casos, dice lo siguiente: R16 R18

N., el Señor te recibe en la Iglesia católica.
Su amorosa bondad te ha traído hasta aquí,
para que, en la unidad del Espíritu Santo,
puedas entrar en plena comunión con nosotros
en la fe que tú has profesado en presencia de esta familia suya.

Si no se celebra la Confirmación, sigue la señal de bienvenida por el celebrante (n. **495**). USA

CELEBRACIÓN DE LA CONFIRMACIÓN

Imposición de las manos

493. Si la persona que va a ser recibida no ha celebrado todavía el R17
sacramento de la Confirmación, el celebrante impone las manos 269
sobre la cabeza del candidato y empieza el rito de la Confirmación con la siguiente oración:

Dios todopoderoso,
Padre de nuestro Señor Jesucristo,
que has hecho nacer de nuevo a este hijo tuyo (esta hija tuya)
por medio del agua y del Espíritu Santo,
librándolo(la) del pecado,
escucha nuestra oración
y envía sobre él (ella) al Espíritu Santo Consolador:
espíritu de sabiduría y de inteligencia,
espíritu de consejo y de fortaleza,
espíritu de ciencia, de piedad
y de tu santo temor.
Por Jesucristo, nuestro Señor.

Todos:
Amén.

Unción con el Crisma

494. Uno o ambos padrinos le coloca(n) la mano derecha sobre el R17
hombro del confirmando y dice el nombre de este al celebrante o, 270
si se prefiere, el mismo confirmando dice su nombre.

El celebrante moja el pulgar derecho en el Crisma y traza el signo de la cruz en la frente del confirmando, mientras dice:

N., RECIBE POR ESTA SEÑAL EL DON DEL ESPÍRITU SANTO.

El recién confirmado:

Amén.

El celebrante añade:

La paz sea contigo.

El recién confirmado:

Y con tu espíritu.

Signo de bienvenida del celebrante

495. El celebrante entonces toma las manos de la persona recientemente recibida en sus propias manos como una señal de amistad y aceptación. Con el permiso del obispo diocesano se puede substituir por otro ademán, dependiendo de circunstancias locales. R18

Oración universal (Oración de los fieles)

496. A la recepción (y Confirmación) sigue la Oración universal (Oración de los fieles). En la introducción, el celebrante debe mencionar el Bautismo, (Confirmación,) y la Eucaristía, y expresar gratitud a Dios. Al comienzo de las súplicas, se menciona a la persona recibida en plena comunión. El celebrante puede usar estas u otras palabras semejantes: R19 R30

Queridos hermanos y hermanas:
nuestro hermano (nuestra hermana) N. ya se ha unido a Cristo
por medio del Bautismo (y la Confirmación)
y ahora, con gratitud a Dios,
lo (la) hemos recibido a la plena comunión con la Iglesia católica
(y lo [la] hemos confirmado con los dones del Espíritu Santo).
Pronto compartirá con nosotros de la mesa del Señor.
Al regocijarnos en la recepción de un nuevo miembro
dentro de la comunidad de la Iglesia católica,
unámonos con él (ella) implorando la gracia y misericordia de nuestro Salvador.

Lector:

Por N., a quien hemos recibido hoy como uno de nosotros
para que él (ella) obtenga la ayuda y guía del Espíritu Santo
para perseverar fielmente en la decisión que ha tomado,
roguemos al Señor.

℟. Señor, escucha nuestra oración.

Lector:

Por todos los que creen en Cristo y por las comunidades a las que pertenecen,
para que lleguen a la unidad perfecta,
roguemos al Señor.

℟. Señor, escucha nuestra oración.

Lector:

Por la Iglesia (Comunidad) en la cual N. fue bautizado(a)
y recibió su formación como cristiano(a),
para que crezca siempre en el conocimiento de Cristo
y lo proclame más efectivamente,
roguemos al Señor.

℟. Señor, escucha nuestra oración.

Lector:

Por todos aquellos que ya sienten arder la chispa del deseo de Dios,
para que puedan llegar a la plenitud de la verdad en Cristo,
roguemos al Señor.

℟. Señor, escucha nuestra oración.

Lector:

Por aquellos que todavía no creen en Cristo, el Señor,
para que entren en el camino de la salvación por la luz del Espíritu Santo,
roguemos al Señor.

℟. Señor, escucha nuestra oración.

Lector:

Por todas las personas,
para que, liberadas del hambre y de la guerra,
vivan en paz y tranquilidad,
roguemos al Señor.

℟. Señor, escucha nuestra oración.

Lector:

Por nosotros mismos,
para que, así como hemos recibido el don de la fe,
perseveremos también en ella hasta el fin de nuestras vidas,
roguemos al Señor.

℟. Señor, escucha nuestra oración.

Celebrante:

Dios todopoderoso y eterno,
escucha las oraciones que te ofrecemos
para que podamos continuar nuestro amoroso servicio a ti
con devoto agradecimiento.
Por Jesucristo, nuestro Señor.

℟. Amén.

Saludo de Paz

497. Después de la Oración universal (Oración de los fieles), los padrinos y toda la asamblea, si no es muy numerosa, saludan a la persona recién recibida de una manera amistosa. En este caso el saludo de paz antes de la Comunión puede ser omitido. Finalmente, la persona que ha sido recibida regresa a su sitio. R20

CELEBRACIÓN DE LA EUCARISTÍA

498. Luego continúa la Misa. Es bueno que la persona recibida y todos aquellos que se mencionan en el n. **484** reciban la Comunión bajo las dos especies. R21

RITO DE RECEPCIÓN FUERA DE LA MISA

499. Si, por una razón seria, el Rito de recepción a la plena comunión se tiene fuera de la Misa, se debe celebrar una Liturgia de la Palabra. R22

Si, en circunstancias excepcionales, no es posible ni aun una Liturgia de la Palabra, sólo la celebración de la recepción misma se R28 tiene como se describió en los nn. **490–497**. Empieza con las palabras introductorias (n. **490**) en las cuales el celebrante cita la Escritura, por ejemplo, un texto en alabanza a la misericordia de Dios que ha guiado al candidato, y habla de la comunión eucarística que seguirá el día más próximo posible.

500. El celebrante, revestido con el alba, o por lo menos con el ro- R23
quete, y con una estola de un color festivo, saluda a los presentes.

501. Se puede entonar un canto apropiado. Luego hay una o más R24
lecturas bíblicas, que el celebrante explica en la homilía (cfr. n. **489**).

Las lecturas pueden tomarse en todo o en parte de las que se dan R29
en el Leccionario de ese día, para la Misa "Por la unidad de los cristianos" (nn. 867–871) o de la Misa ritual "Iniciación cristiana fuera de la Vigilia Pascual" (nn. 751–755).

Sin embargo, cuando el rito se celebra fuera de la Misa, es preferible usar de los que se incluyen a continuación (cfr. Leccionario, nn. 761–763).

Lecturas del Nuevo Testamento

1. Rom 8, 28-39: *Los predestina para que reproduzcan en sí mismos la imagen de su propio Hijo.*
2. 1 Cor 12, 31—13, 13: *El amor dura por siempre.*
3. Ef 1, 3-14: *Dios nos eligió para que fuéramos santos e irreprochables a sus ojos, por el amor.*
4. Ef 4, 1-7. 11-13: *Un solo Señor, una sola fe, un solo bautismo. Un solo Dios y Padre de todos.*
5. Flp 4, 4-8: *Aprecien todo lo santo.*
6. 1 Tes 5, 16-24: *Que todo su ser: espíritu, alma y cuerpo, se conserve irreprochable hasta la llegada de nuestro Señor Jesucristo.*

Salmos responsoriales

Sal 27 (26), 1. 4. 8-9. 13-14
℟. (1a) El Señor es mi luz y mi salvación.

Sal 42 (41), 2-3; Sal 43 (42), 3. 4
℟. (Sal 42 [41], 3a) Estoy sediento del Dios que da la vida.

Sal 61 (60), 2. 3-4. 5-6. 8-9
℟. (4a) Señor, tú eres mi refugio.

Sal 63 (62), 2-6. 8-9
℟. (2b) Señor, Dios mío, mi alma tiene sed de ti.

Sal 65 (64), 2-6
℟. (2a) Tú mereces, Dios nuestro, que cantemos tus alabanzas.

Sal 121 (120), 1-2. 3-4. 5-6. 7-8
℟. (2a) El auxilio me viene del Señor.

Lecturas del Evangelio

1. Mt 5, 2-12a: *Alégrense y salten de contento, porque su premio será grande en los cielos.*
2. Mt 5, 13-16: *Que de igual manera brille la luz de ustedes ante los hombres.*
3. Mt 11, 25-30: *Has escondido estas cosas a los sabios y entendidos, y se las has revelado a la gente sencilla.*
4. Jn 3, 16-21: *Dios mandó a su Hijo al mundo para que todo el que crea en él tenga vida eterna.*
5. Jn 14, 15-23. 26-27: *El que me ama, cumplirá mi palabra y mi Padre lo amará y haremos en él nuestra morada.*
6. Jn 15, 1-6: *Yo soy la vid; ustedes, los sarmientos.*

502. Sigue la recepción misma, como aparece en los nn. **489–495.** R25

503. La Oración universal sigue a la recepción (y Confirmación). R19
En su introducción, el celebrante debe mencionar el Bautismo (la Confirmación) y la Eucaristía, y expresar gratitud a Dios. El celebrante puede usar la fórmula en el n. **496** o palabras semejantes.

La persona a quien se recibe a la plena comunión es mencionada al principio de las intenciones.

504. La Oración universal concluye con la Oración del Señor, cantada o recitada por todos los presentes. R26

El celebrante introduce la Oración del Señor con las siguientes palabras u otras semejantes: R31

Queridos hermanos y hermanas,
unámonos y oremos a Dios
como nuestro Señor Jesucristo nos enseñó a rezar:

Todos:

Padre nuestro . . .

Si la persona recibida estaba acostumbrada en su Comunidad a la doxología final **Tuyo es el reino**, esta debe añadirse aquí a la Oración del Señor.

Sigue la bendición del celebrante. Luego los padrinos y toda la R26
asamblea, si no es muy numerosa, pueden ofrecerle a la persona R27
recién recibida algún signo de bienvenida en la comunidad. Todos se marchan luego en paz.

APÉNDICE I

RITOS COMBINADOS

1. RITO DE ENTRADA EN EL CATECUMENADO Y DE BIENVENIDA A LOS CANDIDATOS

USA

505. Este rito es para el uso de las comunidades en que los catecúmenos se preparan para la Iniciación y donde adultos bautizados, pero no catequizados, empiezan su formación catequética, bien sea antes de completar su Iniciación cristiana con los sacramentos de la Confirmación y Eucaristía o bien antes de ser recibidos a la plena comunión con la Iglesia católica. Para una introducción teológica y litúrgica al Rito de entrada en el catecumenado, véanse nn. **41–47** más arriba.

506. En la catequesis de la comunidad y en la celebración de estos ritos, se debe cuidar de mantener la distinción entre catecúmenos y candidatos bautizados.

BIENVENIDA A LOS CANDIDATOS

507. Los solicitantes, junto con los candidatos para los sacramentos de la Confirmación y de la Eucaristía (o recepción a la plena comunión con la Iglesia católica), sus acompañantes y un grupo de los fieles se reúnen fuera de la iglesia (o en el atrio o pórtico), o en alguna parte apropiada de la iglesia o bien, finalmente, en otro lugar idóneo. El sacerdote o diácono acude a su encuentro, revestido con alba (o roquete) y estola, y si se desea, con capa pluvial de color festivo, para encontrarse con los que están esperando, mientras los fieles entonan un salmo o himno apropiado.

Instrucción preliminar

508. El celebrante saluda cordialmente a los solicitantes y a los candidatos. Después les dirige la palabra a ellos, a sus acompañantes y a todos los asistentes, señalando el gozo y satisfacción de la Iglesia y, si lo juzga oportuno para los acompañantes y amigos, puede evocar las experiencias particulares y la respuesta religiosa con la que cada candidato se enfrentó al comenzar su itinerario espiritual, hasta llegar a esta celebración. Usa estas u otras palabras semejantes:

Queridos amigos, la Iglesia con gran gozo da la bienvenida hoy a los que van a entrar en el catecumenado. En los meses que siguen se prepararán para su Iniciación en la fe cristiana por el Bautismo, la Confirmación, y la Eucaristía.

También extendemos la bienvenida a aquellos que, ya unidos a nosotros por el Bautismo, desean ahora completar su Iniciación cristiana por medio de la Confirmación y de la Eucaristía o ser recibidos a la plena comunión con la Iglesia católica.

Por todas estas personas, alabamos y damos gracias a Dios que los ha guiado por diferentes caminos a la unidad en la fe. Mis queridos amigos, los recibimos en el nombre de Cristo.

Después invita a los acompañantes, a los solicitantes y a los candidatos a que se adelanten. Mientras se acercan y ocupan un lugar ante el celebrante, se puede entonar algún canto apropiado, v.gr., el salmo 63 (62), 2-9:

Salmo 63 (62), 2-9

2 Oh Dios, tú eres mi Dios, por ti madrugo,
mi alma está sedienta de ti;
mi carne tiene ansia de ti,
como tierra reseca, agostada, sin agua.
3 ¡Cómo te contemplaba en el santuario
viendo tu fuerza y tu gloria!

4 Tu gracia vale más que la vida,
te alabarán mis labios.
5 Toda mi vida te bendeciré
y alzaré las manos invocándote.
6 Me saciaré como con manjares exquisitos,
y mis labios te alabarán jubilosos.

7 En el lecho me acuerdo de ti
y velando medito en ti,
8 porque fuiste mi auxilio,
y a la sombra de tus alas canto con júbilo.
9 Mi alma está unida a ti,
y tu diestra me sostiene.

DIÁLOGO CON QUIENES ENTRAN EN EL CATECUMENADO Y CON LOS CANDIDATOS PARA LA CATEQUESIS POSTBAUTISMAL

509. Entonces el celebrante pregunta a cada uno de los presentes, si es necesario, su nombre y apellido, a no ser que sean conocidos los nombres por ser muy pocos. Los nombres de los solicitantes del catecumenado se mencionan primero, luego los nombres de los candidatos a la catequesis postbautismal. Aunque el interrogatorio se haga una sola vez, si hay un gran número de personas, cada una debe responder individualmente. Esto se puede hacer del modo siguiente, o de otro modo parecido.

A

Celebrante:

¿Cómo te llamas?

Persona:

N.

B

Si lo desea, el celebrante llama a cada persona por su nombre, y este responde:

Presente.

El celebrante continúa con las siguientes preguntas a los solicitantes del catecumenado individualmente o cuando hay un gran número, las adapta para que los solicitantes contesten como grupo. El celebrante también puede hacer las preguntas con palabras distintas a las que se sugieren aquí, y admitir respuestas libres y espontáneas de los solicitantes después de la primera pregunta: **¿Qué pides a la Iglesia de Dios?** o **¿Qué deseas?** o **¿Por qué razón has venido?** se puede responder: **La gracia de Cristo, El ingreso en la Iglesia,** o bien: **La vida eterna** y otras respuestas convenientes, a las cuales el celebrante acomodará sus preguntas sucesivas.

Celebrante:

¿Qué pides a la Iglesia de Dios?

Solicitante:

La fe.

Celebrante:

¿Qué te ofrece la fe?

Solicitante:

La vida eterna.

El celebrante luego dirige individualmente la siguiente pregunta a los candidatos para la catequesis postbautismal. De nuevo, cuando hay un gran número de candidatos, estos pueden contestar como grupo. El celebrante puede usar palabras distintas a las que se sugieren aquí al preguntarles a los candidatos sobre sus intenciones y ellos pueden responder en sus propias palabras.

Celebrante:

¿Qué pides a la Iglesia de Dios?

Candidato:

Ser aceptado(a) como candidato(a) para la instrucción catequética que prepara para la Confirmación y la Eucaristía
(o bien: **para la recepción a la plena comunión con la Iglesia católica**).

510. Se deja a la discreción del obispo diocesano (cfr. n. **33.2**), el que la primera adhesión de los solicitantes al Evangelio (n. **511**) sea reemplazada por el rito de exorcismo y renuncia a los cultos falsos (nn. **70–72**).

Primera adhesión de los solicitantes

511. Después, el celebrante, acomodando de nuevo sus palabras a las respuestas recibidas en el n. **509**, se dirige otra vez a los solicitantes con estas u otras palabras semejantes:

Dios es nuestro creador
y él es quien todos los seres vivientes tienen su ser,
ilumina nuestras mentes
para que le conozcamos y le demos culto.
Él nos envió a su testigo fiel, Jesucristo,
para que nos anunciara a nosotros lo que él vio y oyó,
en el cielo y en la tierra.

Para ustedes, que se alegran en la venida de Cristo,
ha llegado el tiempo

de escuchar su palabra
para que, comenzando a amar a Dios
y a amar a su prójimo,
puedan poseer la vida eterna.
¿Están ustedes dispuestos a abrazar esta vida, con la ayuda de Dios?

Solicitantes:
Sí, estoy dispuesto(a).

Declaración de intención de los candidatos

512. Después, el celebrante, acomodando de nuevo sus palabras a las respuestas recibidas en el n. **509**, se dirige otra vez a los candidatos con estas u otras palabras semejantes:

Ustedes que piden completar su Iniciación cristiana
(o bien: **ser recibidos a la plena comunión con la Iglesia católica**),
¿están ustedes dispuestos a escuchar con nosotros la instrucción de los apóstoles,
y a unirse a nosotros en una vida de oración y servicio?

Candidato:
Sí, estoy dispuesto(a).

Afirmación por parte de los acompañantes y de la asamblea

513. Después, vuelto hacia los acompañantes y a toda la asamblea, les interroga con estas palabras u otras semejantes:

Ustedes, los acompañantes de estos hombres y mujeres que ahora presentan a la Iglesia
y todos ustedes hermanos aquí presentes,
¿están dispuestos a ayudarlos a encontrar y a seguir a Cristo?

Todos:
Sí, estamos dispuestos.

Con las manos juntas, el celebrante dice:

Padre de bondad,
te damos gracias por estos hijos tuyos que,
atendiendo a tu solicitud
te han buscado a ti,
que de maneras diversas los has precedido y has llamado
a su puerta
y porque han respondido a tu llamada ante nosotros hoy.
Por eso todos nosotros te alabamos y te bendecimos, Padre
de bondad.

Todos:

Te alabamos y te bendecimos,
Padre de bondad.

Signación de los solicitantes y de los candidatos con la señal de la cruz

514. Luego el celebrante hace la señal de la cruz en la frente de los solicitantes del catecumenado (o bien delante de la frente, si el obispo diocesano juzga que en su cultura no es apropiado el tocar; cfr. n. **33.3**). Se deja a la discreción del celebrante el signar después uno, varios, o todos los sentidos. El celebrante solo dice la fórmula que acompaña a cada signación.

Signación de la frente de los solicitantes

515. El celebrante se dirige a los solicitantes (si son pocos) y a sus acompañantes con estas u otras palabras semejantes:

Queridos amigos, acérquense ahora con sus acompañantes
para recibir la señal de su nuevo modo de vida como
catecúmenos.

Los solicitantes, con sus acompañantes, se van acercando uno a uno al celebrante. Este hace la señal de la cruz, con el pulgar, en la frente de cada uno de los solicitantes; luego, si no se va a signar ninguno de los sentidos, como en el n. **56**, los acompañantes hacen lo mismo. El celebrante dice:

N., recibe la señal de la cruz en la frente.
Cristo mismo te fortalece
con este signo de su amor
(si antes se ha hecho la renuncia: **con este signo de su victoria**).
Aprende ahora a conocerlo y a seguirlo.

Según lo indiquen las circunstancias, la signación puede terminar con el canto de una aclamación de alabanza a Cristo, por ejemplo:

¡Gloria y alabanza a ti, Señor Jesús!

Signación de los otros sentidos de los catecúmenos

516. Luego tiene lugar la signación de los demás sentidos (sin embargo, a juicio del celebrante, se puede omitir parcial o incluso totalmente).

Son los catequistas o acompañantes quienes hacen las signaciones (si las circunstancias lo requieren, pueden hacerlas varios presbíteros o diáconos).

Todas y cada una de estas signaciones pueden concluir, si parece oportuno, alabando a Cristo, v.gr.: **¡Gloria y alabanza a ti, Señor Jesús!** Pero las fórmulas siempre las dice el celebrante, que dice:

Mientras signan los oídos:
Reciban la señal de la cruz en los oídos,
para que escuchen la voz del Señor.

Mientras signan los ojos:
Reciban la señal de la cruz en los ojos,
para que vean la gloria de Dios.

Mientras signan los labios:

Reciban la señal de la cruz en los labios,
para que respondan a la Palabra de Dios.

Mientras signan el pecho:

Reciban la señal de la cruz en el pecho,
para que Cristo habite por la fe en sus corazones.

Mientras signan los hombros:

Reciban la señal de la cruz en los hombros,
para que lleven el suave yugo de Cristo.

[Mientras signan las manos:

Reciban la señal de la cruz en las manos,
para que Cristo sea conocido por el trabajo que hagan.

Mientras signan los pies:

Reciban la señal de la cruz en los pies,
para que puedan caminar siguiendo a Cristo.]

Después el celebrante solo signa colectivamente a todos los catecúmenos sin tocarlos, haciendo sobre ellos la señal de la cruz (o, si son pocos, sobre cada uno de ellos, con la fórmula en singular) mientras dice:

Los signo a todos ustedes
en el nombre del Padre, y del Hijo ✠, y del Espíritu Santo,
para que vivan por los siglos de los siglos.

Catecúmenos:

Amén.

517. Luego el celebrante hace la señal de la cruz en la frente de los candidatos para la Confirmación y la Eucaristía (o para la recepción a la plena comunión con la Iglesia católica). Se deja a la discreción del celebrante el signar después uno, varios, o todos los sentidos. El celebrante solo dice la fórmula que acompaña a cada signación.

Signación de la frente de los candidatos

518. El celebrante se dirige a los candidatos para la Confirmación y la Eucaristía y a sus acompañantes con estas palabras u otras semejantes:

Queridos candidatos para la Confirmación y la Eucaristía
(o bien: **para la recepción a la plena comunión**),
acérquense ahora con sus acompañantes
para recibir la señal de su vida en Cristo.

Uno a uno, los candidatos, junto con sus acompañantes, se acercan al celebrante; este hace la señal de la cruz con el pulgar en la frente a cada candidato; luego, si no se van a signar ninguno de los demás sentidos, los acompañantes hacen lo mismo. El celebrante dice:

N., recibe la señal de la cruz en la frente
como recuerdo de tu Bautismo
en la muerte y resurrección salvadoras de Cristo.

Según indiquen las circunstancias, la signación puede concluir con el canto de una aclamación de alabanza a Cristo, por ejemplo:

¡Gloria y alabanza a ti, Señor Jesús!

Signación de los otros sentidos de los candidatos

519. Son los catequistas o acompañantes quienes hacen las signaciones (si las circunstancias lo requieren, pueden hacerlas varios presbíteros o diáconos).

Todas y cada una de estas signaciones pueden concluir, si parece oportuno, alabando a Cristo, v.gr.: **¡Gloria y alabanza a ti, Señor Jesús!** Pero las fórmulas siempre las dice el celebrante, que dice:

Mientras signan los oídos:
Reciban la señal de la cruz en los oídos,
para que escuchen la voz del Señor.

Mientras signan los ojos:
Reciban la señal de la cruz en los ojos,
para que vean la gloria de Dios.

Mientras signan los labios:
Reciban la señal de la cruz en los labios,
para que respondan a la Palabra de Dios.

Mientras signan el pecho:
Reciban la señal de la cruz en el pecho,
para que Cristo habite por la fe en sus corazones.

Mientras signan los hombros:
Reciban la señal de la cruz en los hombros,
para que lleven el suave yugo de Cristo.

[Mientras signan las manos:
Reciban la señal de la cruz en las manos,
para que Cristo sea conocido por el trabajo que hagan.

Mientras signan los pies:
Reciban la señal de la cruz en los pies,
para que puedan caminar siguiendo a Cristo.]

Después el celebrante solo signa colectivamente a todos los candidatos sin tocarlos, haciendo sobre ellos la señal de la cruz mientras dice:

Los signo a todos ustedes
en el nombre del Padre, y del Hijo ✠, y del Espíritu Santo,
para que vivan por los siglos de los siglos.

Candidatos:

Amén.

520. El celebrante concluye la signación de la frente (y de los sentidos) con la siguiente oración:

Oremos.

Oh Dios todopoderoso,
que por la cruz y resurrección de tu Hijo
llenaste de vida a tu pueblo,
te rogamos nos concedas que tus siervos,
a los que hemos signado con la cruz,
siguiendo las huellas de Cristo,
posean en su vida la fuerza salvadora de la cruz,
y la manifiesten en su conducta.
Por Jesucristo, nuestro Señor.

℟. Amén.

Introducción en la iglesia

521. Después el celebrante invita a los catecúmenos y a los candidatos a entrar con sus acompañantes en la iglesia o en otro lugar idóneo donde se celebrará la liturgia de la Palabra, con estas palabras u otras semejantes:

N. y N., entren ustedes en la iglesia,
para que tengan parte con nosotros en la mesa de la Palabra
de Dios.

Luego, con un ademán, los invita a entrar.

Mientras tanto, se canta un himno apropiado o la siguiente antífona con el salmo 34 (33), 2-3. 6 y 9. 10-11 y 16:

Vengan, hijos míos, escúchenme:
les enseñaré el temor del Señor.

Salmo 34 (33), 2-3. 6 y 9. 10-11 y 16

2 Bendigo al Señor en todo momento,
su alabanza está siempre en mi boca;
3 mi alma se gloría en el Señor:
que los humildes lo escuchen y se alegren. ℟.

6 Contémplenlo, y quedarán radiantes,
su rostro no se avergonzará.
9 Gusten y vean qué bueno es el Señor,
dichoso el que se acoge a él. ℟.

10 Todos sus santos, teman al Señor,
porque nada les falta a los que lo temen;
11 los ricos empobrecen y pasan hambre,
los que buscan al Señor no carecen de nada.
16 Los ojos del Señor miran a los justos,
sus oídos escuchan sus gritos. ℟.

SAGRADA CELEBRACIÓN DE LA PALABRA DE DIOS

Instrucción

522. Cuando los catecúmenos y los candidatos han vuelto a sus asientos, el celebrante les habla brevemente, ayudándoles a comprender la dignidad de la Palabra de Dios, que se anuncia y se escucha en la Iglesia.

A continuación, se lleva procesionalmente el libro de las sagradas Escrituras, se le coloca con todo honor en el ambón y, si se juzga oportuno, se le inciensa.

Entonces se tiene la celebración litúrgica de la Palabra.

Lecturas

523. Las lecturas son las asignadas para el día. Según las normas del Leccionario, pueden escogerse otras lecturas apropiadas, tales como las siguientes.

Primera lectura

Gén 12, 1-4a: *Deja tu país y ve a la tierra que yo te mostraré.*

Salmo responsorial

Sal 33 (32), 4-5. 12-13. 18-19. 20 y 22
℟. (12b) Dichoso el pueblo escogido por Dios.
O bien:
℟. (22) Señor, ten misericordia de nosotros.

Versículo antes del Evangelio

Jn 1, 41. 17b

Hemos encontrado a Cristo, el Mesías.
La gracia y la verdad nos han llegado por él.

Evangelio

Jn 1, 35-42: *Este es el Cordero de Dios. Hemos encontrado al Mesías.*

Homilía

524. Después sigue la homilía que explica las lecturas.

Entrega de los Evangelios

525. Si así lo desea, el celebrante puede entregar con dignidad y reverencia una copia de los Evangelios a los catecúmenos y a los candidatos. También puede entregar a los catecúmenos una cruz, a no ser que se haya dado como uno de los ritos adicionales (cfr. n. **74**). El celebrante puede usar alguna fórmula apropiada al regalo que se da, v.gr.:

Recibe el Evangelio de Jesucristo, Hijo de Dios.

Es oportuno que los catecúmenos y los candidatos den una respuesta apropiada a las palabras y regalo del celebrante.

Intercesiones por los catecúmenos y los candidatos

526. Después, los acompañantes y toda la congregación se unen en estas súplicas u otras similares por los catecúmenos y los candidatos. Se añaden las peticiones acostumbradas por las intenciones de la Iglesia y de todo el mundo si, después de que se despide a los catecúmenos, se omite la Oración de los fieles de la celebración eucarística (cfr. n. **529**).

Celebrante:

Estos catecúmenos y candidatos, que son nuestros hermanos y hermanas,
ya han seguido un largo recorrido.
Nos regocijamos con ellos por la suave guía de Dios
que los ha traído hasta este día.

Ahora nosotros vamos a orar por ellos,
para que tengan la fortaleza de completar el gran camino que se abre ante ellos
para la plena participación en nuestra vida.

Lector:

Para que el Padre celestial les revele cada día más a Cristo,
roguemos al Señor.

℟. Escúchanos, Señor.

Lector:

Para que abracen con alma y corazón magnánimos la entera voluntad de Dios,
roguemos al Señor.

℟. Escúchanos, Señor.

Lector:

Para que gocen de nuestro apoyo constante y sincero en todo su camino,
roguemos al Señor.

℟. Escúchanos, Señor.

Lector:

Para que encuentren en nuestra comunidad
signos visibles de unidad y amor generoso,
roguemos al Señor.

℟. Escúchanos, Señor.

Lector:

Para que sus corazones y los nuestros se conmuevan
más profundamente con las necesidades de los demás,
roguemos al Señor.

℟. Escúchanos, Señor.

Lector:

Para que a su debido tiempo los catecúmenos sean hallados dignos
de recibir el Bautismo de la regeneración
y la renovación por el Espíritu Santo
y los candidatos sean hallados dignos
de completar su Iniciación por medio de los sacramentos de la Confirmación y de la Eucaristía
(o bien: **de ser recibidos a la plena comunión con la Iglesia católica**),
roguemos al Señor.

℟. Escúchanos, Señor.

ORACIÓN CONCLUSIVA

527. Al terminar las súplicas, el celebrante, extendiendo las manos sobre los catecúmenos y los candidatos, dice la siguiente oración:

Oremos.

Oh Dios omnipotente y eterno,
Padre de toda la creación,
que hiciste al ser humano a tu imagen
recibe con amor a estos siervos queridos que vienen ante ti,
y concédeles, pues oyeron entre nosotros la palabra de Cristo,
que, renovados con su virtud,
lleguen por tu gracia a la plena conformidad con tu Hijo.
Él, que vive y reina por los siglos de los siglos.

℟. Amén.

Despedida de los catecúmenos

528. Si se va a celebrar la Eucaristía, normalmente se despide a los catecúmenos en este momento usando la opción A o B; sin embargo, si los catecúmenos tienen que permanecer durante la celebración eucarística, se usa la opción C; si no se celebra la Eucaristía, se despide a toda la asamblea usando la opción D.

A

El celebrante recuerda brevemente con cuánto gozo han sido recibidos los catecúmenos y los exhorta a vivir según la Palabra de Dios que han oído. Una vez despedidos, el grupo de los catecúmenos sale, pero no se disuelve, sino que, acompañados por algunos fieles, permanecen reunidos para poder experimentar el gozo y para compartir mutuamente sus impresiones espirituales. El diácono o el celebrante los despide con estas u otras palabras semejantes:

Catecúmenos, vayan en paz,
y que el Señor los acompañe.

Catecúmenos:

Demos gracias a Dios.

B

Como fórmula opcional para despedir a los catecúmenos, el diácono o el celebrante puede usar estas u otras palabras semejantes:

Mis queridos amigos, esta comunidad los envía a ustedes ahora a reflexionar más profundamente sobre la Palabra de Dios que ustedes han compartido con nosotros hoy. Estén seguros de nuestro afecto, apoyo y oraciones por ustedes. Esperamos con gozo el día en que ustedes compartan plenamente de la mesa del Señor.

C

Si por razones graves los catecúmenos no pudieran salir (cfr. n. **75.3**) y debieran permanecer con los fieles bautizados, se les debe informar de que, aunque asisten a la celebración eucarística, no pueden participar en ella al modo de los bautizados. El diácono o el celebrante les puede recordar esto con estas palabras u otras semejantes:

Aunque ustedes todavía no pueden participar plenamente en la Eucaristía del Señor, quédense con nosotros como un signo de nuestra esperanza de que todos los hijos de Dios comerán y beberán con el Señor y trabajarán con su Espíritu Santo para renovar la faz de la tierra.

D

Sin embargo, si no se va a celebrar la Eucaristía, se puede añadir un canto adecuado a las circunstancias, y se despide a los fieles y a los catecúmenos con estas palabras u otras semejantes:

Vayan en paz,
y que el Señor permanezca con ustedes.

Todos:
Demos gracias a Dios.

CELEBRACIÓN DE LA EUCARISTÍA

529. Después de la despedida, si se celebra la Eucaristía, se continúa inmediatamente con la Oración universal (Oración de los fieles) por las necesidades de la Iglesia y de todo el mundo; luego se dice el Credo, cuando está prescrito, y sigue la preparación de los dones. Pero por razones pastorales la Oración universal y el Credo pueden omitirse.

2. RITO DE ENVÍO DE LOS CATECÚMENOS PARA LA ELECCIÓN Y DE LOS CANDIDATOS PARA EL LLAMADO A LA CONVERSIÓN CONTINUA

USA

530. Se provee este rito opcional para las parroquias donde los catecúmenos celebrarán su elección y cuyos adultos, candidatos para la Confirmación y la Eucaristía o para la recepción a la plena comunión con la Iglesia católica, celebrarán su llamado a la conversión continua en una celebración subsiguiente. Para una introducción teológica y litúrgica al Rito opcional de envío de los catecúmenos para la elección, véanse nn. **106–109** más arriba.

531. Con el fin de señalar la preocupación de la Iglesia por los catecúmenos, la celebración para admitir a los catecúmenos al paso de la elección debe ser presidida por el obispo. Sin embargo, es dentro de la comunidad parroquial donde se emite el juicio preliminar en cuanto al estado de formación y progreso de los catecúmenos.

Este rito ofrece la oportunidad a la comunidad local de expresar su aprobación de los catecúmenos y enviarlos a la celebración de la elección seguros del cariño y del apoyo de la parroquia.

532. Además, aquellos que, o bien están terminando su Iniciación por los sacramentos de la Confirmación y de la Eucaristía o bien se preparan para la recepción a la plena comunión con la Iglesia católica también están incluidos en este rito, puesto que ellos también serán presentados al obispo durante la celebración del Rito de elección de los catecúmenos.

533. El rito se celebra en la iglesia parroquial a una hora apropiada anterior al Rito de elección.

534. Se tiene el rito después de la homilía en una celebración de la Palabra de Dios (cfr. n. **89**) o en la Misa.

535. En la catequesis de la comunidad y en la celebración de estos ritos, se debe tener cuidado de mantener la distinción entre catecúmenos y candidatos bautizados.

LITURGIA DE LA PALABRA

Homilía

536. Después de las lecturas, el celebrante ofrece la homilía. Esta debe ser apropiada a la situación actual y se debe dirigir no sólo a los catecúmenos y a los candidatos sino a toda la comunidad de los fieles, para animar a todos a dar buen ejemplo y a acompañar a los catecúmenos y a los candidatos a lo largo del camino del Misterio Pascual.

Presentación de los catecúmenos

537. Después de la homilía, el presbítero encargado de la Iniciación de los catecúmenos, o un diácono, o catequista o un delegado (una delegada) de la comunidad, presenta a los catecúmenos con las siguientes palabras u otras semejantes:

Reverendo Padre, estos catecúmenos,
a quienes le presento ahora,
van a empezar la etapa final de su preparación y purificación
antes de su Iniciación.
Han encontrado su fuerza en la gracia de Dios
y apoyo en las oraciones y ejemplo de la comunidad.

Ahora piden ser reconocidos
por el progreso que han alcanzado en su formación espiritual
y recibir la seguridad de nuestras bendiciones y oraciones
al presentarse para el Rito de elección
que el Obispo N. celebrará esta tarde
(o bien: **celebrará el próximo domingo** [o bien especifíquese el día]).

El celebrante contesta:

Acérquense, los que van a ser enviados a la celebración de la
elección en Cristo,
junto con los que van a ser sus padrinos.

Se llama a los catecúmenos por su nombre, uno por uno. Cada catecúmeno, acompañado por un padrino o una madrina (o ambos), se acerca y permanece de pie ante el celebrante.

Afirmación por parte de los padrinos (y de la asamblea)

538. Entonces el celebrante se dirige a la asamblea con estas u otras palabras semejantes:

Mis queridos amigos, estos catecúmenos
que se han estado preparando para los sacramentos de la
Iniciación
esperan estar dispuestos para participar en el Rito de elección
y ser escogidos en Cristo para los sacramentos pascuales.
Es responsabilidad de esta comunidad el interrogarles sobre su
disposición
antes de ser presentados al obispo.

Se dirige a los padrinos:

Me dirijo a ustedes, padrinos,
para que den su testimonio acerca de estos catecúmenos.
¿Han tomado seriamente estos catecúmenos su formación en el
Evangelio
y en el modo de vivir la vida católica?

Padrinos:

Sí, así lo han hecho.

Celebrante:

¿Han dado señales de su conversión por el ejemplo de
sus vidas?

Padrinos:

Sí, así lo han hecho.

Celebrante:

¿Juzgan ustedes que están dispuestos
para presentarlos al obispo para el Rito de elección?

Padrinos:

Sí, lo están.

Cuando sea apropiado según las circunstancias, el celebrante puede pedir a toda la asamblea que exprese su aprobación de los catecúmenos.

El celebrante concluye la afirmación con las siguientes palabras:

Mis queridos catecúmenos, esta comunidad los recomienda con alegría al obispo,
quien, en nombre de Cristo, los invitará a los sacramentos pascuales.
Que Dios lleve a término la buena obra que ha empezado en ustedes.

539. Si la firma del Libro de los Elegidos va a tener lugar en presencia del obispo, se omite aquí. Sin embargo, si durante el Rito de elección se le va a presentar al obispo el Libro de los Elegidos ya firmado, los catecúmenos pueden acercarse en este momento a firmarlo, o deberán hacerlo después de la celebración o en algún otro momento antes del Rito de elección.

Presentación de los candidatos

540. El presbítero a cargo de la formación de los candidatos, o un diácono, o catequista o un delegado (una delegada) de la comunidad, presenta a los candidatos, usando las siguientes palabras u otras semejantes:

Reverendo Padre, estos candidatos,
a quienes le presento ahora,
van a empezar la etapa final de su preparación
para los sacramentos de la Confirmación y de la Eucaristía
(o bien: **la preparación para ser recibidos a la plena comunión con la Iglesia católica**).
Han encontrado su fuerza en la gracia de Dios
y apoyo en las oraciones y ejemplo de la comunidad.

Ahora piden ser reconocidos
por el progreso que han alcanzado en su formación espiritual
y recibir la seguridad de nuestras bendiciones y oraciones
al presentarse para el Rito de llamado a la conversión continua
que se celebrará esta tarde
(o bien: **se celebrará el próximo domingo** [o bien especifíquese el día]).

El celebrante contesta:

Candidatos, acérquense junto con sus padrinos.

Se llama a los candidatos por su nombre, uno a uno. Cada candidato, acompañado por un padrino o una madrina (o ambos), se acerca y permanece de pie ante el celebrante.

Afirmación por parte de los padrinos (y de la asamblea)

541. Entonces el celebrante se dirige a la asamblea con estas u otras palabras semejantes:

Mis queridos amigos, estos candidatos,
ya unidos a nosotros por razón de su Bautismo en Cristo,
han pedido completar su Iniciación
(o bien: **ser recibidos a la plena comunión con la Iglesia católica**).
Los que los conocen creen que su deseo es sincero.

Durante el tiempo de su formación catequética
han escuchado la palabra de Cristo
y han tratado de seguir sus mandamientos más perfectamente;
han compartido la compañía de sus hermanos y hermanas cristianos en esta comunidad
y se han unido a ellos en la oración.

Y así les anuncio a todos ustedes
que nuestra comunidad ratifica su deseo
de completar su Iniciación
(o bien: **de ser recibidos a la plena comunión**).
Por lo tanto, les pido a sus padrinos que nos den su opinión una vez más,
para que todos ustedes la puedan oír.

Se dirige a los padrinos:

En la presencia de Dios, ¿creen ustedes que estos candidatos
están preparados para recibir los sacramentos de la Confirmación y de la Eucaristía
(o bien: **preparados para ser recibidos a la plena comunión con la Iglesia católica**)?

Padrinos:

Sí, lo creemos.

Cuando es adecuado según las circunstancias, el celebrante puede pedir a toda la asamblea que exprese su aprobación de los candidatos.

542. El celebrante concluye la afirmación con lo siguiente:

Y ahora, queridos amigos, me dirijo a ustedes.
Sus propios padrinos (y esta comunidad entera) han hablado a su favor.
La Iglesia, en el nombre de Cristo, acepta su testimonio
y los envía a ustedes al llamado a la conversión continua,
donde el Obispo N. los exhortará a vivir en mayor conformidad
con la vida de Cristo.

Intercesiones por los catecúmenos y por los candidatos

543. Luego la comunidad ora por los catecúmenos y por los candidatos usando la siguiente fórmula u otra parecida. El celebrante puede adaptar la introducción y las intercesiones según las diferentes circunstancias. Si se decide, según el n. **546**, que después de la despedida de los catecúmenos se omita la Oración universal (Oración de los fieles) y que la Liturgia eucarística empiece inmediatamente, las súplicas por la Iglesia y por todo el mundo se añaden a las siguientes intenciones por los catecúmenos y por los candidatos.

Celebrante:

Mis hermanos y hermanas,
hoy comenzamos el camino cuaresmal
en la esperanza de los misterios salvíficos
de la pasión, muerte y resurrección del Señor.
Estos catecúmenos y candidatos, a quienes llevamos a los sacramentos pascuales,
esperan de nosotros un ejemplo de renovación cristiana.

Pidámosle al Señor por ellos y por nosotros,
para que podamos renovarnos por los esfuerzos de unos y otros
y juntos seamos hechos dignos de las gracias pascuales.

Lector:

Para que estos catecúmenos y candidatos renuncien a todo egoísmo
y piensen en los demás antes que en sí mismos,
roguemos al Señor.

℟. Señor, escucha nuestra oración.

Lector:

Para que sus padrinos sean ejemplos vivos del Evangelio
tanto en la vida pública como en la privada,
roguemos al Señor.

℟. Señor, escucha nuestra oración.

Lector:

Para que sus catequistas siempre comuniquen la dulzura de la Palabra de Dios,
a quienes la buscan,
roguemos al Señor.

℟. Señor, escucha nuestra oración.

Lector:

Para que estos catecúmenos y candidatos compartan con los demás
la alegría que han encontrado en su fe,
roguemos al Señor.

℟. Señor, escucha nuestra oración.

Lector:

Para que nuestra comunidad, durante esta (o bien: **la próxima**) Cuaresma,
resplandezca con la plenitud de la caridad y sea constante en la oración,
roguemos al Señor.

℟. Señor, escucha nuestra oración.

Oración sobre los catecúmenos y los candidatos

544. El celebrante, con las manos extendidas sobre los catecúmenos y sobre los candidatos, concluye las intercesiones con la siguiente oración:

Padre todopoderoso y rico en misericordia,
tú deseas restaurar todo en Cristo
y atraer a él a toda la humanidad.
Guía con bondad a estos catecúmenos y a estos candidatos de la Iglesia
y concede que, fieles a la vocación que han recibido,
sean edificados en el reino de tu Hijo,
y sellados con el Espíritu prometido.
Por Jesucristo, nuestro Señor.

℟. Amén.

Despedida de los catecúmenos

545. Si se va a celebrar la Eucaristía, normalmente se despide a los catecúmenos en este momento usando la opción A o B; sin embargo, si los catecúmenos tienen que permanecer durante la celebración eucarística, se usa la opción C; si no se celebra la Eucaristía, se despide a toda la asamblea usando la opción D.

A

El diácono o el celebrante despide a los catecúmenos con estas u otras palabras semejantes:

Mis queridos amigos, ustedes van a empezar el camino cuaresmal. Cristo será su camino, su verdad y su vida. En su nombre, los envío desde esta comunidad para celebrar con el obispo la voluntad del Señor de que ustedes sean contados entre sus elegidos. Hasta que nos veamos de nuevo para los escrutinios, vayan en paz.

Catecúmenos:

Amén.

B

Como fórmula opcional para despedir a los catecúmenos, el diácono o el celebrante puede usar estas u otras palabras semejantes:

Mis queridos amigos, esta comunidad los envía a ustedes ahora a reflexionar más profundamente sobre la Palabra de Dios que ustedes han compartido con nosotros hoy. Estén seguros de nuestro afecto, apoyo y oraciones por ustedes. Esperamos con gozo el día en que ustedes compartan plenamente de la mesa del Señor.

C

Si por razones graves los catecúmenos no pudieran salir (cfr. n. **75.3**) y debieran permanecer con los fieles bautizados, se les debe informar de que, aunque asisten a la celebración eucarística, no pueden participar en ella al modo de los bautizados. El diácono o el celebrante les puede recordar esto con estas palabras u otras semejantes:

Aunque ustedes todavía no pueden participar plenamente en la Eucaristía del Señor, quédense con nosotros como un signo de nuestra esperanza de que todos los hijos de Dios comerán y beberán con el Señor y trabajarán con su Espíritu Santo para renovar la faz de la tierra.

D

Sin embargo, si no se va a celebrar la Eucaristía, se puede añadir un canto adecuado a las circunstancias, y se despide a los fieles y a los catecúmenos con estas palabras u otras semejantes:

Vayan en paz,
y que el Señor permanezca con ustedes.

Todos:
Demos gracias a Dios.

CELEBRACIÓN DE LA EUCARISTÍA

546. Después de la despedida, se celebra la Eucaristía. Se continúa inmediatamente con la Oración universal (Oración de los fieles) por las necesidades de la Iglesia y de todo el mundo; luego se dice el Credo, cuando está prescrito, y sigue la preparación de los dones. Pero por razones pastorales la Oración universal y el Credo pueden omitirse.

USA

3. RITO DE ELECCIÓN DE LOS CATECÚMENOS Y DE LLAMADO DE LOS CANDIDATOS A LA CONVERSIÓN CONTINUA

547. Este rito se debe usar cuando se celebran conjuntamente la elección de los catecúmenos y el llamado a la conversión continua de los candidatos que se preparan, bien sea para la Confirmación y/o la Eucaristía, o para la recepción a la plena comunión con la Iglesia católica. Para una introducción teológica y litúrgica al Rito de elección de los catecúmenos, véanse nn. **118–127** más arriba, y al Rito de llamado de los candidatos a la conversión continua, véanse nn. **446–449** más arriba.

548. El rito normalmente se debe tener el primer domingo de Cuaresma, y el celebrante que preside es el obispo o su delegado.

549. En la catequesis de la comunidad y en la celebración de estos ritos, se debe cuidar de mantener la distinción entre catecúmenos y candidatos bautizados.

LITURGIA DE LA PALABRA

Homilía

550. Después de las lecturas (cfr. n. **128**), el obispo, o el celebrante que preside como delegado del obispo, dice la homilía que debe ser adaptada a las circunstancias del momento y debe dirigirse no sólo a los catecúmenos y a los candidatos sino también a toda la comunidad de los fieles, de modo que anime a todos a dar buen ejemplo, y a acompañar a los catecúmenos y a los candidatos durante el tiempo de su preparación cuaresmal para celebrar los sacramentos de la Pascua.

CELEBRACIÓN DE LA ELECCIÓN

PRESENTACIÓN DE LOS CATECÚMENOS

551. Acabada la homilía, el sacerdote que esté a cargo de la Iniciación de los catecúmenos, o un diácono, o catequista o un delegado (una delegada) de la comunidad, presenta a los catecúmenos, con estas u otras palabras semejantes:

Reverendísimo (Reverendo) Padre,
(próximas ya las solemnidades pascuales,)
los catecúmenos que ahora le presento,
están terminando su período de preparación.
Han encontrado fuerza en la gracia divina
y ayuda en las oraciones y el ejemplo de la comunidad.
Ahora humildemente piden que, después de la celebración de los escrutinios,
les sea permitido participar
en los sacramentos del Bautismo, la Confirmación y la Eucaristía.

El celebrante responde:

Acérquense los que han de ser elegidos en Cristo,
acompañados por sus padrinos.

Se llama a los catecúmenos por su nombre, uno a uno. Cada catecúmeno, acompañado por un padrino o una madrina (o ambos), se acerca y permanece de pie ante el celebrante.

Si los catecúmenos fueran muy numerosos, la presentación se hace en grupos, v.gr., cada catequista presenta a su grupo. Pero en este caso, es de aconsejar que los catequistas tengan alguna celebración previa en la que llamen por su nombre a cada uno de sus catecúmenos.

Afirmación por parte de los padrinos y de la asamblea

552. Entonces el celebrante se dirige a la asamblea. Si ha tomado parte en la deliberación previa sobre la disposición de los catecúmenos (cfr. n. **122**), el celebrante puede usar la opción A o B o palabras semejantes; si no ha tomado parte en la deliberación previa, usa la opción B o palabras semejantes.

A

Celebrante:

Queridos hermanos y hermanas,
estos catecúmenos han pedido
ser iniciados en la vida sacramental de la Iglesia
durante las próximas fiestas pascuales.

Los que los conocen,
han juzgado que es sincero su deseo.
Durante el período de su preparación han escuchado la palabra de Cristo
y se han esforzado en vivir según sus mandamientos;
han compartido la compañía de sus hermanos y hermanas
y se han unido a ellos en la oración.
Ahora quiero informar a toda la asamblea
que la deliberación de la comunidad ha decidido llamarlos a los sacramentos.
Al comunicarles ahora esta decisión, pido a sus padrinos
que, una vez más, ratifiquen ante ustedes su opinión
para que todos ustedes puedan escucharla.

Se dirige a los padrinos:

¿Juzgan ustedes, en presencia de Dios,
que estos catecúmenos son dignos de ser admitidos
a los sacramentos de la Iniciación cristiana?

Padrinos:

Sí, los juzgamos dignos.

Cuando sea apropiado, el celebrante puede también pedir a toda la asamblea que exprese su aprobación de los catecúmenos:

Ahora, les pregunto a ustedes, los miembros de esta comunidad:
¿Están ustedes dispuestos a afirmar el testimonio expresado sobre estos catecúmenos
y a apoyarlos con la fe, la oración y el ejemplo
ahora que nos preparamos a celebrar los sacramentos pascuales?

Todos:

Sí, lo estamos.

B

Celebrante:

La Iglesia de Dios desea ahora
saber si estos catecúmenos han sido suficientemente preparados
para entrar en el grado de los elegidos
en las próximas solemnidades de la Pascua.

Se dirige a los padrinos:

Y por eso me dirijo primero a ustedes, sus padrinos y madrinas:
¿Han escuchado estos catecúmenos fielmente la Palabra de Dios proclamada por la Iglesia?

Padrinos:

Sí, lo han hecho.

Celebrante:

¿Han comenzado a caminar ante Dios,
guardando la palabra recibida?

Padrinos:

Sí, lo han hecho.

Celebrante:

¿Han compartido la compañía cristiana de sus hermanos y hermanas?

Padrinos:

Sí, lo han hecho.

Cuando sea apropiado, el celebrante puede también pedir a toda la asamblea que exprese su aprobación de los catecúmenos:

Ahora, les pregunto a ustedes, los miembros de esta comunidad:
¿Están ustedes dispuestos a afirmar el testimonio expresado sobre estos catecúmenos
y a incluir a cada uno de ellos en sus oraciones y afecto al acercarnos a la Pascua?

Todos:

Sí, lo estamos.

Pregunta y petición de los catecúmenos

553. Entonces el celebrante se dirige a los catecúmenos con las siguientes palabras u otras semejantes:

Ahora les hablo a ustedes, queridos catecúmenos.
Sus padrinos y catequistas (y toda esta comunidad)
han dado buen testimonio de ustedes.
La Iglesia, en nombre de Cristo, acepta el testimonio de ellos
y los llama a ustedes a los sacramentos pascuales.

Ahora, pues, les toca a ustedes,
que ya han escuchado desde hace tiempo la palabra de Cristo,
dar su respuesta claramente a ese llamado en presencia de toda la Iglesia.

Por lo tanto, ¿quieren ustedes iniciarse plenamente en la vida de la Iglesia
por medio de los sacramentos del Bautismo, la Confirmación y la Eucaristía?

Catecúmenos:

Sí, queremos.

Celebrante:

Digan, pues, sus nombres para inscribirlos.

Los catecúmenos, acercándose al celebrante con sus padrinos o permaneciendo en su puesto, dicen su nombre; su inscripción se puede hacer de diversos modos. Puede escribirlo cada catecúmeno, o una vez pronunciado con claridad, lo puede escribir el padrino o el ministro que lo presentó (cfr. n. **130**). Mientras se inscriben los nombres se puede cantar algo apropiado, por ejemplo, el salmo 16 (15).

Si los catecúmenos son muy numerosos, la inscripción puede consistir simplemente en la presentación al celebrante de una lista de los nombres, con palabras tales como estas: **Estos son los nombres de los que piden la Iniciación** o, cuando el obispo es el celebrante y le han presentado a catecúmenos de diversas parroquias: **Estos son los nombres de los catecúmenos de la parroquia** N. **que solicitan la Iniciación.**

Salmo 16 (15)

1 Protégeme, Dios mío, que me refugio en ti.
    2 Yo digo al Señor: "Tú eres mi Dios".
    No hay bien para mí fuera de ti.

3 En los santos que hay en la tierra, varones insignes,
    pongo toda mi complacencia.
4 Se multiplican las desgracias
    de quienes van tras dioses extraños;
yo no derramaré sus libaciones con mis manos,
    ni tomaré sus nombres en mis labios.

5 El Señor es el lote de mi heredad y mi copa,
mi suerte está en tu mano:
6 me ha tocado un lote hermoso,
me encanta mi heredad.

7 Bendeciré al Señor que me aconseja,
hasta de noche me instruye internamente.
8 Tengo siempre presente al Señor,
con él a mi derecha no vacilaré.

9 Por eso se me alegra el corazón,
se gozan mis entrañas,
y mi carne descansa esperanzada.
10 Porque no me abandonarás en la región de los muertos
ni dejarás a tu fiel ver la corrupción.

11 Me enseñarás el sendero de la vida,
me saciarás de gozo en tu presencia,
de alegría perpetua a tu derecha.

Recepción o elección

554. Acabada la inscripción de los nombres, el celebrante, después de explicar brevemente a los asistentes el significado del rito que se ha celebrado, se dirige a los catecúmenos con estas u otras palabras semejantes:

N. y N., ahora los declaro miembros de los elegidos,
para ser iniciados en los sagrados misterios durante la próxima Vigilia Pascual.

Elegidos:

Demos gracias a Dios.

El celebrante prosigue:

Dios es siempre fiel a aquellos que él llama:
ahora es el deber de ustedes, como lo es nuestro,

el ser fieles a su llamamiento y esforzarse con todo entusiasmo en llegar a la plena verdad de su elección.

Entonces el celebrante se vuelve a los padrinos y los exhorta con estas o parecidas palabras:

Padrinos, ustedes han hablado en favor de estos elegidos:
acéptenlos ahora como elegidos en el Señor
y continúen apoyándolos por medio de su amoroso cuidado y ejemplo,
hasta que reciban los sacramentos de la vida divina.

Los invita a que pongan la mano sobre el hombro de los elegidos, a los que reciben bajo su cuidado, o a que hagan otro gesto del mismo significado.

CELEBRACIÓN DE LLAMADO A LA CONVERSIÓN CONTINUA

Presentación de los candidatos

555. El sacerdote a cargo de la formación de los candidatos, o un diácono, o catequista o un delegado (una delegada) de la comunidad, presenta a los candidatos, con las siguientes palabras u otras semejantes:

Reverendísimo (Reverendo) Padre,
(próximas ya las solemnidades pascuales,)
los candidatos que ahora le presento,
desean completar su Iniciación cristiana
(o bien: **se preparan para ser recibidos a la plena comunión con la Iglesia católica**).
Han encontrado fuerza en la gracia divina
y ayuda en las oraciones y el ejemplo de la comunidad.
Ahora humildemente piden, después de la debida preparación,
ser admitidos a la Confirmación y a la Eucaristía
(o bien: **participar plenamente en la Eucaristía**).

El celebrante contesta:

Acérquense los que desean participar plenamente en la vida
sacramental de la Iglesia,
acompañados por sus padrinos.

Se llama a los candidatos por su nombre, uno por uno. Cada candidato, acompañado por un padrino o una madrina (o ambos), se acerca y permanece de pie ante el celebrante.

Si los candidatos fueran muy numerosos, la presentación se debería hacer en grupos, por ejemplo, cada catequista presenta a su grupo. Pero en este caso se debe aconsejar a los catequistas que tengan una celebración especial previa, en la que llamen por su nombre a cada uno de los candidatos.

Afirmación por parte de los padrinos (y de la asamblea)

556. Luego el celebrante se dirige a la asamblea. Si ha participado en la deliberación anterior sobre la preparación de los candidatos (cfr. n. **122**), puede usar bien sea la opción A o B o palabras semejantes; si no ha participado en la deliberación previa, usa la opción B o palabras semejantes.

A

Celebrante:

Queridos hermanos y hermanas,
estos candidatos, han pedido participar plenamente
en la vida sacramental de la Iglesia católica.

Los que los conocen,
han juzgado que es sincero su deseo.
Durante el tiempo de su preparación,
han reflexionado sobre el misterio de su Bautismo
y han llegado a apreciar más profundamente la presencia de
Cristo en sus vidas.
Han compartido la compañía de sus hermanos y hermanas y se
han unido a ellos en la oración.

Y así tengo el gusto de reconocer su deseo
de participar plenamente en la vida sacramental de la Iglesia.
Ahora les pido a sus padrinos que den su opinión una vez más,
para que todos ustedes la puedan oír.

Se dirige a los padrinos:

¿Juzgan ustedes, en presencia de Dios,
que estos candidatos son dignos de ser admitidos
a los sacramentos de la Confirmación y de la Eucaristía
(o bien: **a la plena comunión con la Iglesia católica**)?

Los padrinos:

Sí, lo creemos.

Cuando sea apropiado, el celebrante puede también pedir a toda la asamblea que exprese su aprobación de los candidatos:

Ahora les pregunto a ustedes, los miembros de esta comunidad:
¿Están ustedes dispuestos a afirmar el testimonio expresado sobre estos candidatos
y a apoyarlos con la fe, la oración y el ejemplo
durante su preparación para participar más plenamente en los sacramentos de la Iglesia?

Todos:

Sí, lo estamos.

B

Celebrante:

La vida cristiana y las exigencias que se derivan
de los sacramentos no pueden tomarse a la ligera.
Por lo tanto, antes de concederles a estos candidatos su petición
de participar plenamente en los sacramentos de la Iglesia,
es importante que la Iglesia oiga el testimonio
de sus padrinos sobre su disposición.

Se dirige a los padrinos:

¿Han escuchado fielmente la Palabra de Dios proclamada por la Iglesia?

Padrinos:

Sí, lo han hecho.

Celebrante:

¿Han llegado a un aprecio más profundo de su Bautismo,
en el cual fueron unidos a Cristo y a su Iglesia?

Padrinos:

Sí, lo han hecho.

Celebrante:

¿Han reflexionado suficientemente sobre la tradición de la Iglesia,
que es su herencia, y se han unido a sus hermanos y hermanas en la oración?

Padrinos:

Sí, lo han hecho.

Celebrante:

¿Han avanzado en la vida de amor y servicio a los demás?

Padrinos:

Sí, lo han hecho.

Cuando sea apropiado, el celebrante puede también pedir a toda la asamblea que exprese su aprobación de los candidatos:

Ahora les pregunto a ustedes, los miembros de esta comunidad:
¿Están ustedes dispuestos a afirmar el testimonio expresado sobre estos candidatos
y a incluirlos en su oración y afecto en nuestro camino hacia la Pascua?

Todos:

Sí, lo estamos.

Acto de reconocimiento

557. Luego el celebrante dice con estas palabras u otras semejantes:

N. y N., la Iglesia reconoce su deseo
(de ser sellados con el don del Espíritu Santo y)
de participar en la mesa eucarística de Cristo.
Únanse a nosotros esta Cuaresma en espíritu de arrepentimiento.
Escuchen el llamado del Señor a la conversión
y sean fieles a su alianza bautismal.

Candidatos:

Demos gracias a Dios.

Luego el celebrante se vuelve a los padrinos y les instruye con las siguientes palabras u otras parecidas:

Padrinos, continúen apoyando a estos candidatos
con sus consejos y cuidado.
Que ellos vean en ustedes amor por la Iglesia
y un sincero deseo de hacer el bien.
Guíenlos en esta Cuaresma a los gozos de los misterios pascuales.

Los invita a poner la mano en el hombro del candidato a quien ellos van a recibir bajo su cuidado, o a usar otro gesto que signifique lo mismo.

Intercesiones por los elegidos y por los candidatos

558. La comunidad puede usar una de las siguientes fórmulas (opción A o B), o una fórmula parecida para orar por los elegidos y por los candidatos. El celebrante puede adaptar la introducción y las súplicas según las diferentes circunstancias. Las intenciones acostumbradas por la Iglesia y el mundo se añaden si se va a despedir a los elegidos después de las Intercesiones y se va a omitir la Oración universal durante la Misa (cfr. n. **561**).

Celebrante:

Mis queridos hermanos y hermanas,
al empezar este tiempo cuaresmal,
nos preparamos para celebrar en la Pascua los misterios salvíficos
del sufrimiento, muerte y resurrección de nuestro Señor.
Estos elegidos y candidatos, que conducimos a los sacramentos pascuales,
se fijarán en el ejemplo de nuestra renovación cristiana.
Roguemos, pues, por ellos y por nosotros al Señor,
para que seamos renovados por nuestros mutuos esfuerzos
y vayamos juntos a compartir los gozos de la Pascua.

A

Lector:

Para que, empleando bien este tiempo de gracia,
llevemos con buen ánimo las dificultades de la renuncia y prosigamos juntos las obras de la santificación,
roguemos al Señor.

℟. Escúchanos, Señor.

Lector:

Por nuestros elegidos, para que, recordando este día de su elección,
permanezcan siempre agradecidos a la bendición celestial,
roguemos al Señor.

℟. Escúchanos, Señor.

Lector:

Por nuestros candidatos que se preparan para la Confirmación y la Eucaristía

(o bien: **y para la recepción a la plena comunión con la Iglesia católica**)
para que diariamente crezcan en fidelidad a sus promesas bautismales,
roguemos al Señor.

℟. Escúchanos, Señor.

Lector:

Por sus catequistas,
para que siempre muestren la dulzura de la Palabra de Dios
a aquellos que la buscan,
roguemos al Señor.

℟. Escúchanos, Señor.

Lector:

Por sus padrinos,
para que sean ejemplo de la práctica continua del Evangelio en su vida,
roguemos al Señor.

℟. Escúchanos, Señor.

Lector:

Por sus familias,
para que, sin ponerles impedimento alguno,
les ayuden más bien a seguir la inspiración del Espíritu Santo,
roguemos al Señor.

℟. Escúchanos, Señor.

Lector:

Por nuestra comunidad, para que en este tiempo cuaresmal
crezca en la caridad y sea perseverante en la oración,
roguemos al Señor.

℟. Escúchanos, Señor.

Lector:

Por todos los que todavía dudan,
para que, fiándose de Cristo
lleguen sin vacilación a unirse a la comunidad fraterna de los fieles,
roguemos al Señor.

℟. Escúchanos, Señor.

B

Lector:

Para que estos elegidos y candidatos encuentren su alegría en la oración diaria, oremos:

℟. Te rogamos, óyenos.

Lector:

Para que, al acudir a ti con frecuencia en la oración,
vivan cada vez más unidos a tu vida, oremos:

℟. Te rogamos, óyenos.

Lector:

Para que lean tu Palabra
y con alegría la guarden en sus corazones, oremos:

℟. Te rogamos, óyenos.

Lector:

Para que, reconociendo humildemente sus defectos,
comiencen esforzadamente a enmendarlos, oremos:

℟. Te rogamos, óyenos.

Lector:

Para que conviertan el quehacer cotidiano
en una oblación grata a ti, oremos:

℟. Te rogamos, óyenos.

Lector:

Para que todos los días de Cuaresma
puedan emprender algo consagrado a ti, oremos:

℟. Te rogamos, óyenos.

Lector:

Para que con ánimo esforzado
se abstengan de toda mancha y desorden, oremos:

℟. Te rogamos, óyenos.

Lector:

Para que crezcan en el amor
y conserven la virtud y la santidad de vida, oremos:

℟. Te rogamos, óyenos.

Lector:

Para que al renunciar a sí mismos
puedan atender primero a los demás, oremos:

℟. Te rogamos, óyenos.

Lector:

Para que guardes y bendigas benignamente a sus familias, oremos:

℟. Te rogamos, óyenos.

Lector:

Para que transmitan a los demás
la alegría que han alcanzado con la fe, oremos:

℟. Te rogamos, óyenos.

559. El celebrante, extendiendo las manos sobre los elegidos y los candidatos, concluye las súplicas con la siguiente oración:

Padre todopoderoso y rico en misericordia,
guía con bondad a estos elegidos de la Iglesia
y concede que, fieles a la vocación que han recibido,
sean edificados en el reino de tu Hijo,
y sellados con el Espíritu prometido.

Mira también a estos candidatos
y concede que, fieles a los dones ya recibidos en el Bautismo,
sean más y más conformados
a la muerte y resurrección de Cristo.
Él, que vive y reina por los siglos de los siglos.

℟. Amén.

Despedida de los elegidos

560. Si se va a celebrar la Eucaristía, normalmente se despide a los elegidos en este momento usando la opción A o B; sin embargo, si los elegidos tienen que permanecer durante la celebración eucarística, se usa la opción C; si no se celebra la Eucaristía, se despide a toda la asamblea usando la opción D.

A

El diácono o el celebrante despide a los elegidos con esta o parecida monición:

Queridos elegidos,
ustedes han entrado con nosotros en el camino cuaresmal.
Cristo será su camino, su verdad y su vida.
Hasta que nos veamos de nuevo para los escrutinios,
vayan en paz.

Elegidos:
Amén.

Los elegidos salen.

B

Como fórmula opcional para despedir a los elegidos, el diácono o el celebrante puede usar estas u otras palabras semejantes:

Mis queridos amigos, esta comunidad los envía a ustedes ahora a reflexionar más profundamente sobre la Palabra de Dios que ustedes han compartido con nosotros hoy. Estén seguros de nuestro afecto, apoyo y oraciones por ustedes. Esperamos con gozo el día en que ustedes compartan plenamente de la mesa del Señor.

C

Si por razones graves los elegidos no pudieran salir (cfr. n. **75.3**) y debieran permanecer con los fieles bautizados, se les debe informar de que, aunque asisten a la celebración eucarística, no pueden participar en ella al modo de los bautizados. El diácono o el celebrante les puede recordar esto con estas palabras u otras semejantes:

Aunque ustedes todavía no pueden participar plenamente en la Eucaristía del Señor, quédense con nosotros como un signo de nuestra esperanza de que todos los hijos de Dios comerán y beberán con el Señor y trabajarán con su Espíritu Santo para renovar la faz de la tierra.

D

Sin embargo, si no se va a celebrar la Eucaristía, se puede añadir un canto adecuado a las circunstancias, y se despide a los fieles y a los elegidos con estas palabras u otras semejantes:

Vayan en paz,
y que el Señor permanezca con ustedes.

Todos:
Demos gracias a Dios.

CELEBRACIÓN DE LA EUCARISTÍA

561. Después de la despedida, se celebra la Eucaristía. Se continúa inmediatamente con la Oración universal (Oración de los fieles) por las necesidades de la Iglesia y de todo el mundo; luego se dice el Credo, cuando está prescrito, y sigue la preparación de los dones. Pero por razones pastorales la Oración universal y el Credo pueden omitirse.

4. CELEBRACIÓN DURANTE LA VIGILIA PASCUAL DE LOS SACRAMENTOS DE INICIACIÓN Y DEL RITO DE RECEPCIÓN

USA

562. Ciertas razones pastorales pudieran sugerir que, junto con la celebración de los sacramentos de la Iniciación cristiana de adultos, en la Vigilia Pascual se incluya el Rito de recepción a la plena comunión con la Iglesia católica de los cristianos ya bautizados, e incluso el Bautismo de niños. Pero tal decisión debe estar guiada por las normas teológicas y pastorales propias de cada rito.

El modelo que se presenta aquí simplemente ordena los elementos rituales que pertenecen a tal celebración combinada. Pero el modelo sólo puede usarse propiamente a la luz de los nn. **206–217**, en lo que toca a la celebración de los sacramentos de la Iniciación cristiana, de los nn. **400–410**, en lo que toca a la celebración de la Confirmación de los católicos bautizados como niños y de los nn. **473–486**, en lo que toca al Rito de recepción a la plena comunión con la Iglesia católica.

Si el Bautismo de niños va a tener lugar junto con la Iniciación de adultos, lo debería hacer a la luz de la Introducción al *Ritual para el Bautismo de los niños*, con especial atención al n. 28.1, que describe los elementos del ritual a llevar a cabo con anterioridad a la Vigilia Pascual.

563. El incluir en la Vigilia Pascual el Rito de recepción a la plena comunión puede ser también litúrgicamente oportuno, especialmente cuando los candidatos han observado un período largo de formación espiritual durante la Cuaresma. En el año litúrgico, la Vigilia Pascual, la conmemoración preeminente del Misterio Pascual de Cristo, es la ocasión preferida para la celebración en la cual los elegidos entran en el Misterio Pascual por el Bautismo, la Confirmación y la Eucaristía. Los candidatos para la recepción, que en el Bautismo ya han sido justificados por la fe e, incorporados en Cristo[1],

[1] Cfr. Secretariado para la Unidad Cristiana, Directorio ecuménico I, n. 11: *Acta Apostolicæ Sedis* 59 (1967), pp. 578–579; Concilio Vaticano II, Decreto sobre el ecumenismo *Unitatis redintegratio*, n. 3

entran plenamente en una comunidad que está constituida por su comunión tanto en la fe como en la participación sacramental del Misterio Pascual. La celebración de su recepción en la Vigilia Pascual ofrece a los candidatos una oportunidad privilegiada para recordar y reafirmar su propio Bautismo, "el lazo sacramental de unidad [y] el fundamento para la comunión entre todos los cristianos"[2].

En la Vigilia Pascual, estos candidatos pueden hacer su profesión de fe uniéndose a la comunidad en la renovación de las promesas bautismales, y, si todavía no han sido confirmados, pueden recibir el sacramento de la Confirmación que está íntimamente ligado al Bautismo. Como por su misma naturaleza el Bautismo marca la total incorporación a la comunión eucarística[3], los temas bautismales de la Vigilia Pascual pueden servir para resaltar la razón por la que lo más importante de la recepción de los candidatos es su compartir, por primera vez, en la Eucaristía junto con la comunidad católica (cfr. n. **475.1**).

564. La decisión de combinar las dos celebraciones en la Vigilia Pascual debe estar guiada por las normas del Rito de recepción, Introducción (n. **475.2**). Por tanto, la decisión debe ser coherente, en cada situación concreta, con respeto a los valores ecuménicos y debe guiarse por la sensibilidad tanto a las condiciones locales como a las preferencias personales y de la familia. Se debe siempre consultar con la persona que va a ser recibida sobre la forma de recepción (cfr. n. **475.2**). Para una introducción teológica y litúrgica a la celebración de los sacramentos de Iniciación en la Vigilia Pascual, véanse nn. **206–217** más arriba.

565. La organización misma de la celebración debe reflejar el estado de los candidatos para la recepción a la plena comunión con la Iglesia católica: tales candidatos ya han sido incorporados en Cristo por el Bautismo y se debe evitar con todo cuidado cualquier cosa que pudiera tener una connotación de igualdad con los catecúmenos (cfr. n. **477**).

[2] Cfr. Directorio ecuménico I, n. 11: *Acta Apostolicæ Sedis* 59 (1967), 578. Concilio Vaticano II, Decreto sobre el ecumenismo, *Unitatis redintegratio*, n. 22.

[3] Cfr. Concilio Vaticano II, Decreto sobre el ecumenismo, *Unitatis redintegratio*, n. 22.

RITOS INICIALES Y LITURGIA DE LA PALABRA

566. Los que van a ser recibidos a la plena comunión durante la Vigilia Pascual, así como sus padrinos, deben ocupar sus sitios separados de los elegidos, a quienes se les pedirá que se adelanten para la celebración del Bautismo.

La homilía debe incluir una referencia no sólo a los sacramentos de la Iniciación sino también a la recepción a la plena comunión (cfr. n. **489**).

CELEBRACIÓN DEL BAUTISMO

567. Después de la homilía se pasa a la liturgia bautismal. El sacerdote con los ministros se dirige a la fuente bautismal, si esta se encuentra a la vista de los fieles. De lo contrario se pone un recipiente con agua en el presbiterio.

Antes de la presentación de los elegidos para el Bautismo, haciendo las adaptaciones necesarias según el número y las categorías de los que van a ser iniciados, el celebrante puede dirigirse a la congregación con estas palabras u otras semejantes:

Queridos amigos,
esta tarde la Iglesia da la bienvenida a diversos grupos de personas
que van a recibir los sacramentos de Iniciación.
Alabamos y damos gracias a Dios por cada uno de ellos,
ya que Dios los ha traído por diversos caminos a la unidad en la fe.
En primer lugar, damos la bienvenida a nuestros elegidos:
serán iniciados a la fe cristiana
por los sacramentos del Bautismo, la Confirmación y la Eucaristía.
Oraremos por ellos y ellos profesarán su fe
y recibirán el don de una nueva vida en Cristo.

Si se va a bautizar también a niños, el celebrante puede añadir, estas u otras palabras semejantes:

Y en este día en que la Iglesia conmemora
la Resurrección del Señor,
también damos la bienvenida a los padres y padrinos que han traído a sus hijos aquí,
para dar gracias por el don de la vida
y celebrar el nuevo nacimiento en las aguas del Bautismo.

Presentación de quienes van a ser bautizados

568. Luego, se usa uno de los siguientes procedimientos (opción A, B o C) para la presentación de los elegidos para el Bautismo.

A

Cuando el Bautismo se celebra inmediatamente cerca de la fuente bautismal

El celebrante, acompañado por los ministros, va directamente a la fuente bautismal. Un diácono u otro ministro llama a los elegidos al Bautismo para que se acerquen y sus padrinos los presentan, o si son niños pequeños, son llevados por sus padres y padrinos. Luego los elegidos y sus padrinos ocupan su sitio alrededor de la fuente de tal manera que no impidan la visión a la asamblea. Siguen la instrucción del celebrante (n. **569**) y las Letanías de los santos (n. **570**).

Sin embargo, si hay un gran número de elegidos, ellos y sus padrinos pueden acercarse durante el canto de las Letanías de los santos.

B

Cuando el Bautismo se celebra después de una procesión a la fuente

Un diácono u otro ministro llama a los elegidos al Bautismo para que se acerquen frente a la congregación eclesial y sus padrinos los presentan o si son niños pequeños, son llevados por sus padres y padrinos. La procesión al baptisterio se forma inmediatamente. El ministro que lleva el cirio pascual encabeza la procesión, siguen los elegidos con sus padrinos, luego los ministros, el diácono y el sacerdote. Se cantan las Letanías de los santos (n. **570**) durante la procesión. Cuando esta ha llegado a la fuente, los elegidos y sus padrinos ocupan sus sitios alrededor de la fuente de tal manera que no impidan la visión a la asamblea. Cuando han terminado las letanías, el sacerdote hace el saludo (n. **569**).

Si son muchos los que se van a bautizar, ellos y sus padrinos simplemente toman su lugar en la procesión.

C

Cuando el Bautismo se celebra en el santuario

Un diácono u otro ministro llama a los elegidos al Bautismo para que se acerquen y sus padrinos los presentan, o si son niños pequeños, son llevados por sus padres y padrinos. Los elegidos y a sus padrinos ocupan sus sitios ante el celebrante en el santuario, pero de tal manera que no impidan la visión a la asamblea. Siguen la instrucción del celebrante (n. **569**) y las Letanías de los santos (n. **570**).

Si hay un número grande de elegidos, estos y sus padrinos pueden acercarse durante el canto de las letanías.

Instrucción del celebrante

569. El celebrante se dirige a la asamblea, con estas u otras palabras semejantes:

Queridos hermanos y hermanas,
pidamos a Dios Padre omnipotente
por nuestros hermanos y hermanas, N. y N.,
que piden el santo Bautismo,
a quienes él llamó y ha conducido hasta este momento,
para que se les conceda con abundancia luz y vigor
para abrazarse a Cristo con fortaleza de corazón
y para profesar la fe de la Iglesia.
Pidamos también que les conceda la renovación del
Espíritu Santo,
a quien vamos a invocar sobre esta agua.

Si hay niños que van a ser bautizados, puede añadir estas u otras palabras semejantes:

Invoquemos también la misericordia de Dios
en favor de estos niños (N. y N.) que van a recibir la gracia del Bautismo,
y en favor de todos sus padres y padrinos, y de todos los bautizados.

Letanías

570. Dos cantores entonan las letanías, a las que todos responden, estando de pie (por razón del Tiempo Pascual) (para el canto, cfr. n. **221**). En las letanías se pueden añadir algunos nombres de santos, especialmente el del titular de la iglesia, el de los patronos del lugar y el de los patronos de quienes serán bautizados.

Señor, ten piedad de nosotros. Señor, ten piedad de nosotros.
Cristo, ten piedad de nosotros. Cristo, ten piedad de nosotros.
Señor, ten piedad de nosotros. Señor, ten piedad de nosotros.

Santa María, Madre de Dios, ruega por nosotros.
San Miguel, ruega por nosotros.
Santos ángeles de Dios, rueguen por nosotros.
San Juan Bautista, ruega por nosotros.
San José, ruega por nosotros.
San Pedro y san Pablo, rueguen por nosotros.
San Andrés, ruega por nosotros.
San Juan, ruega por nosotros.
Santa María Magdalena, ruega por nosotros.
San Esteban, ruega por nosotros.
San Ignacio de Antioquía, ruega por nosotros.
San Lorenzo, ruega por nosotros.
Santas Perpetua y Felicidad, rueguen por nosotros.
Santa Inés, ruega por nosotros.
San Gregorio, ruega por nosotros.
San Agustín, ruega por nosotros.
San Atanasio, ruega por nosotros.
San Basilio, ruega por nosotros.

San Martín, ruega por nosotros.
San Benito, ruega por nosotros.
San Francisco y santo Domingo, rueguen por nosotros.
San Francisco Javier, ruega por nosotros.
San Juan María Vianney, ruega por nosotros.
Santa Catalina de Siena, ruega por nosotros.
Santa Teresa de Jesús, ruega por nosotros.
Todos los santos y santas de Dios, rueguen por nosotros.

Muéstrate propicio, líbranos, Señor.
De todo mal, líbranos, Señor.
De todo pecado, líbranos, Señor.
De la muerte eterna, líbranos, Señor.
Por tu encarnación, líbranos, Señor.
Por tu muerte y resurrección, líbranos, Señor.
Por el don del Espíritu Santo, líbranos, Señor.

Nosotros, que somos pecadores, te rogamos, óyenos.
Para que estos elegidos renazcan a la vida
nueva por medio del Bautismo, te rogamos, óyenos.
Jesús, Hijo de Dios vivo, te rogamos, óyenos.

Cristo, óyenos. Cristo, óyenos.
Cristo, escúchanos. Cristo, escúchanos.

El sacerdote, con las manos extendidas, dice esta oración:

Derrama, Señor, tu infinita bondad
en este sacramento del Bautismo,
y envía tu santo Espíritu,
para que haga renacer de la fuente bautismal
a estos nuevos hijos tuyos,
que van a ser santificados por tu gracia,
mediante nuestra humilde colaboración en este ministerio.
Por Jesucristo, nuestro Señor.

℟. Amén.

Bendición del agua

571. Luego, frente a la fuente, el celebrante dice la siguiente bendición con las manos extendidas (para el canto, cfr. n. **222**):

Dios nuestro,
que con tu poder invisible realizas obras admirables
por medio de los signos sacramentales
y has hecho que tu creatura, el agua, signifique
de muchas maneras la gracia del Bautismo;

Dios nuestro,
cuyo Espíritu aleteaba sobre la superficie de las aguas
en los mismos principios del mundo,
para que ya desde entonces
el agua recibiera el poder de dar la vida;

Dios nuestro,
que incluso en las aguas torrenciales del diluvio
prefiguraste el nuevo nacimiento de los hombres,
al hacer que de una manera misteriosa,
un mismo elemento diera fin al pecado y origen a la virtud;

Dios nuestro,
que hiciste pasar a pie, sin mojarse, el Mar Rojo
a los hijos de Abraham,
a fin de que el pueblo,
liberado de la esclavitud del faraón,
prefigurara al pueblo de los bautizados;

Dios nuestro,
cuyo Hijo, al ser bautizado por el Precursor
en el agua del Jordán,
fue ungido por el Espíritu Santo;
suspendido en la cruz,
quiso que brotaran de su costado sangre y agua;
y después de su resurrección mandó a sus apóstoles:

"Vayan y enseñen a todas las naciones,
bautizándolas en el nombre del Padre,
y del Hijo y del Espíritu Santo":
mira ahora a tu Iglesia en oración
y abre para ella la fuente del Bautismo.

Que por obra del Espíritu Santo
esta agua adquiera la gracia de tu Unigénito,
para que el hombre, creado a tu imagen,
limpio de su antiguo pecado,
por el sacramento del Bautismo,
renazca a la vida nueva por el agua y el Espíritu Santo.

Si es oportuno, introduce el cirio pascual en el agua, una o tres veces, diciendo:

Te pedimos, Señor, que por tu Hijo,
descienda sobre el agua de esta fuente
el poder del Espíritu Santo,

Manteniendo el cirio dentro del agua, prosigue:

para que todos,
sepultados con Cristo en su muerte por el Bautismo,
resuciten también con él a la vida nueva.
Él, que vive y reina contigo en la unidad del Espíritu Santo
y es Dios por los siglos de los siglos.

℟. Amén.

Enseguida, saca el cirio del agua, y el pueblo dice la siguiente aclamación (para el canto, cfr. n. **222**):

Fuentes del Señor, bendigan al Señor,
alábenlo y glorifíquenlo por los siglos.

Profesión de fe

572. Después de la consagración de la fuente, el celebrante continúa con la profesión de fe, la cual incluye la renuncia al pecado y la profesión misma.

Renuncia al pecado

573. Según lo sugieran las circunstancias, el celebrante, después de ser informado por los padrinos del nombre de cada persona a ser bautizada, puede usar una de las tres fórmulas siguientes para interrogar a todos los elegidos.

Se deja al juicio del obispo diocesano, el hacer más específicas y detalladas las fórmulas para la renuncia al pecado, según lo requieran las circunstancias (cfr. n. **33.8**).

A

Celebrante:

¿Renuncian ustedes al pecado
para vivir en la libertad de los hijos de Dios?

Elegidos (o padres y padrinos):

Sí, renuncio.

Celebrante:

¿Renuncian ustedes a las seducciones del mal,
para que el pecado no los esclavice?

Elegidos (o padres y padrinos):

Sí, renuncio.

Celebrante:

¿Renuncian ustedes a Satanás, padre y autor del pecado?

Elegidos (o padres y padrinos):

Sí, renuncio.

B

Celebrante:
¿Renuncian ustedes a Satanás,
y a todas sus obras
y a todas sus seducciones?

Elegidos (o padres y padrinos):
Sí, renuncio.

C

Celebrante:
¿Renuncian ustedes a Satanás?

Elegidos (o padres y padrinos):
Sí, renuncio.

Celebrante:
¿Renuncian a todas sus obras?

Elegidos (o padres y padrinos):
Sí, renuncio.

Celebrante:
¿Renuncian a todas sus seducciones?

Elegidos (o padres y padrinos):
Sí, renuncio.

PROFESIÓN DE FE

574. Después el celebrante, informado de nuevo por los padrinos del nombre de cada uno de los que van a ser bautizados, interroga a cada uno de ellos que haga su profesión de fe y luego inmediatamente lo bautiza.

Cuando los que van a bautizarse son muy numerosos pueden hacer la profesión de fe todos a la vez o por grupos.

Celebrante:

N., ¿crees en Dios,
Padre todopoderoso,
creador del cielo y de la tierra?

Elegido (o padres y padrinos):

Sí, creo.

Celebrante:

¿Crees en Jesucristo,
su Hijo único y Señor nuestro,
que nació de la Virgen María,
padeció y murió por nosotros,
resucitó y está sentado a la derecha del Padre?

Elegido (o padres y padrinos):

Sí, creo.

Celebrante:

¿Crees en el Espíritu Santo,
en la santa Iglesia católica,
en la comunión de los santos,
en el perdón de los pecados,
en la resurrección de los muertos y en la vida eterna?

Elegido (o padres y padrinos):

Sí, creo.

Rito del Bautismo

575. Después de la profesión de fe, el celebrante bautiza a cada elegido bien sea por inmersión (opción A), o por infusión (opción B). Una aclamación corta puede seguir a cada bautizo (cfr. Apéndice II, nn. **595–597**), cantada o dicha por la asamblea.

Cuando son muchos los elegidos que van a bautizarse, pueden dividirse en grupos y ser bautizados por distintos sacerdotes o diáconos. Al bautizar, bien sea por inmersión (opción A), o por infusión (opción B), estos ministros dicen la fórmula sacramental para cada elegido. Durante los Bautismos es de desear que el pueblo entone algún canto o que se haga alguna lectura bíblica o que simplemente se ore en silencio.

Si se va a bautizar a niños, el celebrante pregunta a los padres y padrinos de cada niño:

¿Quieren que N. sea bautizado(a) en esta fe de la Iglesia?

Padres y padrinos:
Sí, queremos.

A

Si el Bautismo es por inmersión de todo el cuerpo o de la cabeza nada más, debe hacerse guardando la decencia y el decoro. Para el Bautismo de un adulto, el padrino o la madrina (o ambos) tocan al elegido. El celebrante lo sumerge del todo o sólo la cabeza por tres veces sucesivas y le bautiza invocando una sola vez a la Santísima Trinidad:

N., YO TE BAUTIZO EN EL NOMBRE DEL PADRE,

Lo sumerge por primera vez.

Y DEL HIJO,

Lo sumerge por segunda vez.

Y DEL ESPÍRITU SANTO.

Lo sumerge por tercera vez.

B

Si el Bautismo se hace por infusión, uno de los padrinos o los dos ponen la mano derecha en el hombro de un adulto que va a ser bautizado, mientras que un niño pequeño que va a ser bautizado es sostenido por un padre o padrino, según la costumbre. El celebrante sacando el agua bautismal de la fuente, y derramándola tres veces sobre la cabeza inclinada del elegido, lo bautiza en el nombre de la Santísima Trinidad:

N., YO TE BAUTIZO EN EL NOMBRE DEL PADRE,

Derrama el agua por primera vez.

Y DEL HIJO,

Derrama el agua por segunda vez.

Y DEL ESPÍRITU SANTO.

Derrama el agua por tercera vez.

RITOS COMPLEMENTARIOS

576. La celebración del Bautismo continúa con los ritos complementarios (nn. **577–579**), después de lo cual de ordinario se celebra la Confirmación como se describe más abajo (nn. **587–591**) en cuyo caso se omite la unción postbautismal.

Unción después del bautismo

577. Para los niños y, si por alguna razón especial, también para un adulto o un niño en edad catequética, la celebración de la Confirmación se separa del Bautismo (cfr. n. **215**), después de la inmersión o aspersión con agua, el celebrante los unge con el Crisma inmediatamente después del Bautismo. Cuando se ha bautizado a un gran número, los sacerdotes o diáconos presentes pueden ayudar con la unción.

El celebrante dice primero lo siguiente sobre todos los recién bautizados antes de la unción:

Dios todopoderoso,
Padre de nuestro Señor Jesucristo,
que los ha librado del pecado
y les ha dado la nueva vida
por el agua y el Espíritu Santo,
los unja con el Crisma de la salvación,
para que, incorporados a su pueblo,
sean para siempre miembros de Cristo,
Sacerdote, Profeta y Rey.

Todos:
Amén.

En silencio, el celebrante unge con el santo Crisma a cada uno de los bautizados en la parte superior (coronilla) de la cabeza.

Imposición de la vestidura blanca

578. El celebrante dice la siguiente fórmula, y a las palabras **Reciban, pues, la vestidura blanca** los padrinos imponen la vestidura blanca al recién bautizado. La vestidura usada en este rito puede ser blanca o de otro color que se ajuste a las costumbres locales. Si las circunstancias lo sugieren, se puede omitir este rito.

Celebrante:

N. y N., ya han sido transformados en una nueva creatura
y se han revestido de Cristo.
Reciban, pues, la vestidura blanca,
que han de llevar limpia de mancha
ante el tribunal de nuestro Señor Jesucristo,
para alcanzar la vida eterna.

Todos:

Amén.

Entrega de un cirio encendido

579. El celebrante toma en las manos el cirio pascual, o al menos lo toca, y dice:

Acérquense, padrinos y madrinas,
para que entreguen a los recién bautizados la luz de Cristo.

Un padrino de cada neófito se acerca al celebrante, enciende un cirio en el cirio pascual, y se lo entrega a su ahijado(a).

Entonces el celebrante dice:

Ustedes han sido iluminados por Cristo.
Caminen siempre como hijos de la luz,
y guarden la llama de la fe viva en su corazón
para que puedan salir al encuentro del Señor cuando venga
con todos los santos en la gloria celestial.

Todos:

Amén.

RENOVACIÓN DE LAS PROMESAS BAUTISMALES

Invitación

580. Después de la celebración del Bautismo, el celebrante se dirige a la comunidad, a fin de invitar a todos los presentes a renovar sus promesas bautismales; los candidatos para la recepción a la plena comunión se unen al resto de la comunidad en esta renuncia al pecado y profesión de fe (cfr. *Misal Romano*, Vigilia Pascual, n. 49). Todos están de pie y tienen cirios encendidos. El celebrante puede usar las siguientes palabras u otras parecidas:

Hermanos, por medio del Bautismo,
hemos sido hechos partícipes del misterio pascual de Cristo;
es decir, por medio del Bautismo,
hemos sido sepultados con él en su muerte
para resucitar con él a la vida nueva.
Por eso, culminado nuestro camino cuaresmal,
es muy conveniente que renovemos
las promesas de nuestro Bautismo,
con las cuales un día renunciamos a Satanás y a sus obras
y nos comprometimos a servir a Dios,
en la santa Iglesia católica.
Por consiguiente:

Renuncia al pecado

581. El celebrante continúa con una de las siguientes fórmulas de renuncia.

Si las circunstancias lo requieren, la Conferencia de Obispos puede adaptar la fórmula A según las condiciones locales.

A

Celebrante:
¿Renuncian ustedes al pecado,
para vivir en la libertad de los hijos de Dios?

Todos:
Sí, renuncio.

Celebrante:
¿Renuncian ustedes a todas las seducciones del mal,
para que el pecado no los esclavice?

Todos:
Sí, renuncio.

Celebrante:
¿Renuncian ustedes a Satanás, padre y autor del pecado?

Todos:
Sí, renuncio.

B

Celebrante:
¿Renuncian ustedes a Satanás?

Todos:
Sí, renuncio.

Celebrante:
¿Renuncian a todas sus obras?

Todos:
Sí, renuncio.

Celebrante:
¿Renuncian a todas sus seducciones?

Todos:
Sí, renuncio.

Profesión de fe

582. Entonces el celebrante continúa:

¿Creen ustedes en Dios,
Padre todopoderoso,
creador del cielo y de la tierra?

Todos:

Sí, creo.

Celebrante:

¿Creen en Jesucristo,
su Hijo único y Señor nuestro,
que nació de la Virgen María,
padeció y murió por nosotros,
resucitó y está sentado a la derecha del Padre?

Todos:

Sí, creo.

Celebrante:

¿Creen en el Espíritu Santo,
en la santa Iglesia católica,
en la comunión de los santos,
en el perdón de los pecados,
en la resurrección de los muertos y en la vida eterna?

Todos:

Sí, creo.

Y el celebrante concluye:

Que Dios todopoderoso,
Padre de nuestro Señor Jesucristo,
que nos liberó del pecado
y nos ha hecho renacer por el agua y el Espíritu Santo,
nos conserve con su gracia
unidos a Jesucristo nuestro Señor, hasta la vida eterna.

Todos:

Amén.

Aspersión con el agua bautismal

583. El celebrante rocía a toda la asamblea con el agua bautismal bendecida, mientras todos entonan el siguiente cántico o cualquier otro que sea de tema bautismal:

Vi brotar agua del lado derecho del templo, aleluya.
Vi que en todos aquellos que recibían el agua,
surgía una vida nueva
y cantaban con gozo: aleluya, aleluya. *(cfr. Ezequiel 47, 1-2. 9)*

CELEBRACIÓN DE LA RECEPCIÓN

Invitación

584. A no ser que el bautizo y los otros ritos complementarios hayan tenido lugar en el santuario, la procesión regresa al santuario, formada como antes, con los recién bautizados y sus padres y padrinos portando velas encendidas. Durante la procesión se puede cantar **Vidi aquam (Vi agua)** u otro canto apropiado (*Misal Romano,* Vigilia Pascual, n. 56).

Si se ha bautizado a niños, ellos y sus padres y padrinos regresan a sus puestos.

Antes de dar la bienvenida a los candidatos para la recepción en el santuario, el celebrante puede dirigirse a la congregación con estas palabras u otras semejantes:

Queridos amigos,
esta noche también con gozo damos la bienvenida a la
Iglesia católica
a algunos hermanos y hermanas que ya están con nosotros en el
Bautismo:
ya son cristianos, y hace unos momentos se unieron a nosotros
en la renovación de sus promesas bautismales.
Ahora profesarán públicamente su fe católica
y para que se unan a nosotros en la plenitud de la comunión
a la mesa de la Eucaristía.

Luego, usando estas u otras palabras semejantes, invita a los candidatos para la recepción, junto con sus padrinos, a acercarse al santuario y hacer su profesión de fe ante la comunidad:

N. y N., por su propia voluntad
han pedido ustedes ser recibidos a la plena comunión con la
Iglesia católica.
Han tomado esta decisión después de haberla pensado
cuidadosamente
bajo la guía del Espíritu Santo.
Ahora los invito a acercarse al frente con sus padrinos
para que, en la presencia de esta comunidad, profesen la fe
católica.
En esta fe se unirán por primera vez con nosotros
a la mesa eucarística del Señor Jesús, el signo de la unidad
de la Iglesia.

Profesión de fe de los candidatos

585. Cuando las personas que van a ser recibidas y sus padrinos han ocupado sus sitios en el santuario, el celebrante pide a los candidatos que hagan la siguiente profesión de fe. Los candidatos dicen:

Creo y profeso
todo lo que la santa Iglesia católica
cree, enseña, y proclama como revelado por Dios.

FÓRMULA DE RECEPCIÓN

586. Después, los candidatos con sus padrinos se acercan uno por uno al celebrante, quien se dirige a cada candidato (imponiendo la mano derecha en la cabeza de cualquier candidato que no vaya a recibir la Confirmación):

N., el Señor te recibe en la Iglesia católica.
Su amorosa bondad te ha traído hasta aquí,
para que, en la unidad del Espíritu Santo,
puedas entrar en plena comunión con nosotros
en la fe que tú has profesado en presencia de esta familia suya.

CELEBRACIÓN DE LA CONFIRMACIÓN

587. Antes de empezar la celebración de la Confirmación, la asamblea puede entonar un canto apropiado, según lo aconsejen las circunstancias.

588. Si el obispo ha conferido el Bautismo, él debe ahora también conferir la Confirmación. Si el obispo no está presente, el presbítero que confirió el Bautismo ha de administrar la Confirmación (cfr. *Código de Derecho Canónico*, can. 866).

Cuando hay un gran número de personas para ser confirmadas, el ministro de la Confirmación puede asociar a otros presbíteros consigo mismo como ministros del sacramento (cfr. n. **14**).

Si se va a conferir la Confirmación a algunos que fueron bautizados católicos, pero no habían recibido la Confirmación, el celebrante puede dirigirse a la congregación con estas palabras u otras semejantes:

Queridos amigos,
finalmente, también celebramos el sacramento de la Confirmación,
no sólo de los recién bautizados,
y quienes ahora profesan la fe católica,
sino también, con el permiso del Obispo N.,
algunos hermanos y hermanas que habían sido bautizados como católicos,
pero no habían recibido aún la Confirmación.

El celebrante u otro ministro llama por su nombre a los bautizados católicos para que se acerquen con sus padrinos.

Invitación

589. Los recién bautizados junto con sus padrinos, los recién recibidos junto con sus padrinos y los bautizados católicos que no han recibido el sacramento de la Confirmación y sus padrinos, se ponen de pie ante el celebrante. Este se dirige primero brevemente a ellos con estas u otras palabras semejantes:

Mis queridos candidatos para la Confirmación,
por su Bautismo han sido regenerados en Cristo,
y transformados en miembros suyos y de su pueblo sacerdotal.
Ahora van a recibir al Espíritu Santo
que ha sido derramado sobre nosotros;
es el mismo Espíritu que envió el Señor sobre los apóstoles en Pentecostés
y que ellos y sus sucesores confieren a los bautizados.

La fuerza prometida del Espíritu Santo, que van a recibir,
los configurará más con Cristo
y los ayudará a ser testigos de su sufrimiento, muerte y resurrección.
Él los fortalecerá para ser miembros activos de la Iglesia
y edificar el Cuerpo de Cristo en la fe y el amor.

Luego, el celebrante (teniendo a su lado a los presbíteros que van a ayudarle), de pie y con las manos juntas, exhorta al pueblo, diciendo:

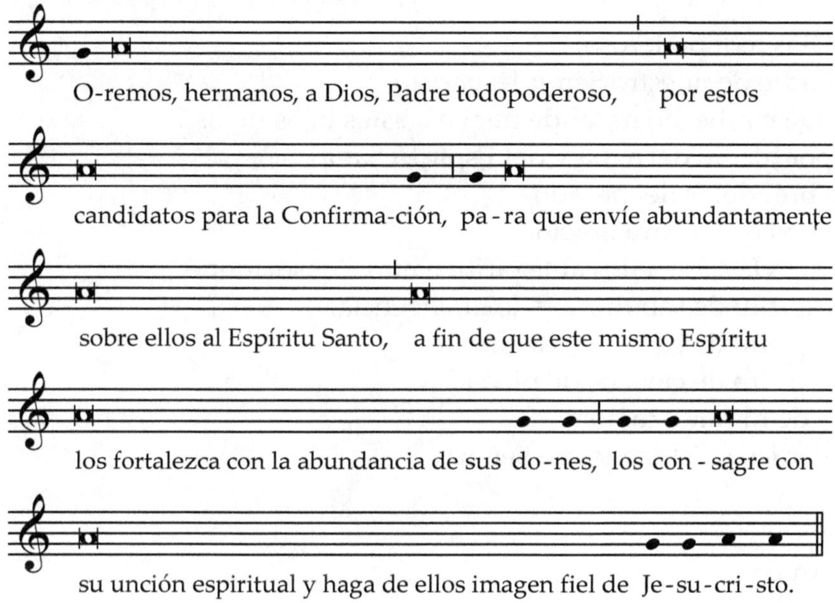

Oremos, hermanos, a Dios, Padre todopoderoso,
por estos candidatos para la Confirmación,
para que envíe abundantemente sobre ellos
al Espíritu Santo,
a fin de que este mismo Espíritu
los fortalezca con la abundancia de sus dones,
los consagre con su unción espiritual
y haga de ellos imagen fiel de Jesucristo.

Todos oran en silencio unos instantes.

Imposición de las manos

590. Luego, el celebrante (y los presbíteros que lo ayudan) impone las manos sobre todos los confirmandos. El celebrante, él solo, dice (para el canto, cfr. n. **234**):

Dios todopoderoso,
Padre de nuestro Señor Jesucristo,
que has hecho nacer de nuevo a estos hijos tuyos
por medio del agua y del Espíritu Santo,
librándolos del pecado,
escucha nuestra oración
y envía sobre ellos al Espíritu Santo Consolador:
espíritu de sabiduría y de inteligencia,
espíritu de consejo y de fortaleza,
espíritu de ciencia, de piedad
y de tu santo temor.
Por Jesucristo, nuestro Señor.

Todos:

Amén.

Unción con el Crisma

591. Un ministro presenta al celebrante el santo Crisma.

Cuando el celebrante es el obispo, los presbíteros que se asocian como ministros del sacramento reciben el Crisma de su mano.

Cada uno de los confirmandos se acerca al celebrante (o a uno de los ministros asociados para conferir el sacramento); o, si parece más conveniente, el celebrante (y los ministros asociados) se acerca(n) a cada confirmando. Uno o ambos padrinos le coloca(n) la mano derecha sobre el hombro del confirmando y dice el nombre de este al ministro o, si se prefiere, el mismo confirmando dice su nombre. Mientras dura la unción, se puede entonar algún canto adecuado.

El ministro del sacramento moja el pulgar derecho en el Crisma y traza el signo de la cruz en la frente del confirmando, mientras dice:

N., RECIBE POR ESTA SEÑAL EL DON DEL ESPÍRITU SANTO.

El recién confirmado:

Amén.

El ministro del sacramento añade:

La paz sea contigo.

El recién confirmado:

Y con tu espíritu.

Después que todos han recibido el sacramento, los recién confirmados, así como sus padrinos de Bautismo y padrinos de Confirmación, son conducidos a sus sitios en la asamblea.

CELEBRACIÓN DE LA EUCARISTÍA

592. Como no se dice la Profesión de fe, la Oración universal comienza inmediatamente y los neófitos participan en ella por primera vez. Algunos de los neófitos pueden participar en la procesión llevando los dones al altar; es conveniente que el pan y el vino sean presentados por los neófitos o, si son niños, por sus padres o padrinos.

593. En la Plegaria Eucarística I se hace mención de los neófitos en la forma propia del **Hanc igitur** (**Acepta, Señor, en tu bondad**) del *Misal Romano*, Ordinario de la Misa, n. 87, y se hace mención de los padrinos en la sección **Memento, Domine** (**Acuérdate, Señor, de tus hijos**) de la Misa ritual "Para el Bautismo". Si se usan las Plegarias Eucarísticas II, III o IV, se usa la fórmula propia para los neófitos de la Misa ritual "Para el Bautismo".

594. Conviene que los neófitos, los recién recibidos, y los recién confirmados reciban la Sagrada Comunión bajo las dos especies junto con sus padrinos, madrinas, padres y cónyuges católicos, y catequistas (cfr. nn. **243**, **498**; *Ritual para la Confirmación*, n. 32). Es conveniente también, con el consentimiento del obispo diocesano, donde las circunstancias lo aconsejen, que todos los fieles reciban la sagrada Comunión bajo las dos especies.

Antes de decir **Ecce Agnus Dei** (**Éste es el Cordero de Dios**), el celebrante puede recordar brevemente a los neófitos el valor de tan excelso misterio que es la culminación de su Iniciación y el centro de toda la vida cristiana. También puede mencionar que para los que han sido recibidos a la plena comunión, esta, su primera participación plena con la comunidad católica en la comunión eucarística, es el punto culminante de su recepción. Se pueden usar estas u otras palabras:

Queridos neófitos,
en esta noche santísima
ustedes han renacido del agua y del Espíritu Santo,
y, por primera vez,
recibirán el Pan de vida y el Cáliz de salvación.

Y aquellos de ustedes que ya habían sido bautizados
y ahora completan su Iniciación cristiana,
también tendrán el gozo de participar de la Sagrada Eucaristía.

Que el Cuerpo y la Sangre de Cristo el Señor
los conduzca a profundizar en su amistad
y en la comunión con toda la Iglesia;
que sea su alimento a lo largo de todo su camino de la vida,
y un anticipo del eterno banquete celestial.

Éste es el Cordero de Dios . . .

APÉNDICE II

ACLAMACIONES, HIMNOS Y TROPOS

595. Aclamaciones tomadas de los libros sagrados

1. ¿Quién como tú, Señor, entre los dioses? ¿Quién como tú, glo- 390.1
rioso en santidad, terrible en prodigios, autor de maravillas? *(Éx 15, 11)*

2. Dios es luz y en él no hay nada de oscuridad. *(1 Jn 1, 5)* 390.2

3. Dios es amor y quien permanece en el amor, permanece en 390.3
Dios y Dios en él. *(1 Jn 4, 16)*

4. Un solo Dios y el Padre de todos, que reina sobre todos, actúa 390.4
a través de todos y vive en todos. *(Ef 4, 6)*

5. Los que miran hacia él, refulgirán. *(Sal 34 [33], 6)* 390.5

6. Bendito sea Dios que los ha elegido en Cristo. *(Cfr. Ef 1, 3-4)* 390.6

7. Somos hechura de Dios, creados por medio de Cristo Jesús. 390.7
(Ef 2, 10)

8. Hermanos míos, ahora somos hijos de Dios, pero aún no se ha 390.8
manifestado cómo seremos al fin. *(1 Jn 3, 2)*

9. Miren cuánto amor nos ha tenido el Padre, pues no sólo nos 390.9
llamamos hijos de Dios, sino que lo somos. *(1 Jn 3, 1)*

10. Dichosos los que lavan sus vestiduras en la sangre del Cordero. 390.10
(Apoc 22, 14)

11. Todos ustedes son uno en Cristo Jesús. *(Gál 3, 28)* 390.11

12. Imiten, pues, a Dios como hijos queridos. Vivan amando, como 390.12
Cristo, que nos amó y se entregó por nosotros. *(Ef 5, 1-2)*

596. Himnos al estilo del Nuevo Testamento

1. Bendito sea Dios, 390.13
Padre de nuestro Señor Jesucristo,
por su gran misericordia,
porque al resucitar a Jesucristo
de entre los muertos,
nos concedió renacer
a la esperanza de una vida nueva,
que no puede corromperse ni mancharse
y que él nos tiene reservada
como herencia en el cielo.
Porque ustedes tienen fe en Dios,
él los protege con su poder,
para que alcancen la salvación
que les tiene preparada
y que él revelará al final de los tiempos. *(1 Pe 1, 3-5)*

2. Este es el gran misterio de amor 390.14
concebido desde antes de la creación del mundo
y dado a conocer por los últimos tiempos:
Cristo Jesús, que padeció
y murió en cuanto hombre, resucitó.
Fue anunciado a las gentes y aceptado por ellas.
Subió al cielo.
Colmó de dones a los hombres
y fue transportado, en gloria,
a lo más alto del cielo,
para perfeccionarlo todo, aleluya. *(Cfr. 1 Tim 3, 16)*

597. Tropos selectos de las antiguas liturgias

1. Cristo, creemos en ti: infunde tu luz en nuestros corazones, 390.15
para que seamos hijos de la luz.

2. Señor, venimos a ti: infunde tu vida en nuestras almas, para 390.16
que lleguemos a ser tus hijos adoptivos.

3. Cristo, de tu costado brota en abundancia una fuente de agua 390.17
que lava las manchas del mundo y da nueva la vida.

4. Sobre el agua resuena la voz del Padre, resplandece la gloria 390.18
del Hijo, y el amor del Espíritu Santo comunica la vida.

5. Iglesia santa, extiende tus manos y recibe a tus hijos que el 390.19
Espíritu Santo ha regenerado por el agua.

6. Alégrense, ustedes, que han sido bautizados, pues son vasos 390.20
de elección en el reino de Dios; sepultados juntamente con Cristo, en él han renacido por la fe.

7. Esta es la fuente de vida, que brotó del costado de Cristo. Y 390.21
lavó al mundo entero. Esperen el reino de los cielos, los que de esta fuente han renacido.

